陶 论
——新时代中国建陶大变局

秦威 著

中国建材工业出版社

北京

图书在版编目（CIP）数据

陶论：新时代中国建陶大变局/秦威著. --北京：中国建材工业出版社，2024.6

ISBN 978-7-5160-4019-5

Ⅰ.①陶… Ⅱ.①秦… Ⅲ.①陶瓷工业－产业发展－研究－中国 Ⅳ.①F426.71

中国国家版本馆CIP数据核字（2024）第025469号

陶论——新时代中国建陶大变局
TAOLUN——XINSHIDAI ZHONGGUO JIANTAO DABIANJU
秦威 著

出版发行：中国建材工业出版社
地　　址：北京市西城区白纸坊东街2号院6号楼
邮　　编：100054
经　　销：全国各地新华书店
印　　刷：北京雁林吉兆印刷有限公司
开　　本：710mm×1000mm　1/16
印　　张：19
字　　数：340千字
版　　次：2024年6月第1版
印　　次：2024年6月第1次
定　　价：78.00元

本社网址：www.jccbs.com，微信公众号：zgjcgycbs
请选用正版图书，采购、销售盗版图书属违法行为
版权专有，盗版必究。本社法律顾问：北京天驰君泰律师事务所，张杰律师
举报信箱：zhangjie@tiantailaw.com　　举报电话：(010) 63567684
本书如有印装质量问题，由我社事业发展中心负责调换，联系电话：(010) 63567692

序 一

化笔为剑　快意恩仇

初识秦威，大概是在2003年之后的一段时间，那时我在《佛山陶瓷》杂志做主编、社长；秦威经常解答读者的一些提问，刊登在杂志上。印象中，他对各种色料的疑难问题进行了非常专业的解答。有时解答文章发过来后，他又急匆匆地亲自跑到杂志社，说经过再三思考又有新的思路，怕原文误导读者而良心过不去，要看着我们修改。他一直做幕后的解答人，坚持不懈，因而通过《佛山陶瓷》杂志这个平台，他着实圈了一批铁杆粉丝。

初见秦威，他的个子高高的，脸型特别像知名演员沈腾。虽然他的外貌很像沈腾，但是性格可一点不像。沈腾，能说会道，眉目传神，具有表演天赋；而秦威呢，性格比较腼腆，一说话脸就红，带着笑容，说完之后快速地把头低下，然后再抬头偷瞄他人一眼。凭着这样的第一印象，如果推断秦威后来能成为行业内登台亮相、滔滔不绝、轻松拿捏会场气氛的主持人，估计没有人会相信。

而后来的发展却出乎人们意料，秦威走了一条"工而优则文""文而优则媒""媒而优则咖"的路子。从优秀的工程师，转而发表文章，进入行业自媒体，进而成为细分专业的网红大咖。连着三级跳，着实令人刮目相看。

秦威的路子再一次证明：爱好＋特长＋长期的坚持，等于成功之路。

秦威对行业内大事件都有自己独到的见解，并能及时写出文章来加以发表。如今，我们回头看看，他当时的很多看法，时至今日仍然不过时。他经常抨击行业的不良现象，文章针砭时弊，分析鞭辟入里，例如《陶瓷企业倒闭潮或将到来》；有时，他又能一叶知秋，从细微变化推断行业巨变，这方面的文章有《陶瓷喷墨打印对色料行业的影响》；他对行业的止步不前忧心如焚，如《陶瓷产品的市场单一化加速行业洗牌和竞争白热化》。

于是，我们看到了多重角色下的秦威。

他有时化身为行业的杜甫，希望"安得广厦千万间，大庇天下寒士俱欢颜"，有悲悯之心，如《同舟共济共渡难关——2022年陶瓷下行之年》。

他有时化身为"恨铁不成钢"的老师，希望学生完成家庭作业，写出了《陶瓷人过年放假前还需要干完这"三件大事"》。

他对行业倾注了心血，为行业的兴盛而喜，为行业的受阻而忧。如果仅仅是单纯的情感表达，而没有专业的观点和建议，那么这些文章就不值得一读。而一旦作者长期关注他所热爱的专业，就会发现他从不左顾右盼，总是一往无前，直抒胸中的观点。一个人只有出于公心才会如此无私无畏。

　　现在行业内不但对各种配方相当保密，而且也很少有人操心去关注整个行业的兴盛衰落。更多的人是闷声做自己的事儿，或者"闷声发大财"。像秦威这样抽出很多时间和精力去关注行业发展的人不多；而且关注的深度之深、时间之长并公开分享自己的看法，这样的人就更少了。

　　秦威能把自己这几年的一些心得体会和文章，集结成册出版发行，相信对整个行业、对关注他的粉丝都会有重要的意义。

　　我们了解行业，既需要大部头的《年鉴》类书籍，也需要像秦威这种有血有肉、有年轮沉淀的民间高手，巧手织补，描绘行业的画卷。从这个角度，我盼望秦威新书的出版。憧憬闻着纸墨书香，先睹为快，不亦乐乎？

2023 年 12 月

序　二

思想盛宴　见解独到

岁月如梭，时光荏苒，陶瓷行业在这段时间里经历了巨大的变革与发展。《陶论——新时代中国建陶大变局》一书的面世，如同一场行业的思想盛宴，将作者秦威多年的行业经验与深刻见解凝聚于一页页纸张之上。

秦威，陶瓷色釉料行业内一位享有盛誉的资深技术专家，他不仅深谙陶瓷的生产技术，更是一位对行业充满热忱、怀揣梦想的年轻骨干专家。这本书是他在过去几年中，通过行业报刊等媒体发表的言论文章的集大成，是他对陶瓷行业深度思考的结晶。

《陶论——新时代中国建陶大变局》以系统全面的视角，概括了当前陶瓷行业的现状。从陶瓷数码打印技术的普及，到人才的管理与培养，再到企业品牌建设，每一章节都如同一幅画卷，勾勒出陶瓷行业的方方面面。秦威通过对行业的痛点问题进行深入剖析，为读者揭示了行业发展中的挑战与机遇。

这本书不仅是一本专业书籍，更是秦威对于陶瓷行业的情怀与热情的真挚表达。他所提出的对于陶瓷展会和环保问题的独到见解，不仅展示了他对行业未来的深刻洞察，也为行业的发展指明了方向。

对于广大的陶瓷技术人员而言，《陶论——新时代中国建陶大变局》无疑是一部珍贵的工作手册。书中蕴含的丰富经验和实用方法，将成为他们在工作中的得力助手。对在校大学生来说，这本书更是一份宝贵的专业教材，将帮助他们建立对陶瓷行业的全面理解，为未来的职业生涯打下坚实基础。

对于陶瓷企业的负责人而言，《陶论——新时代中国建陶大变局》将为他们提供新的视角和思维方式。书中通过对企业管理、品牌建设等方面的深入探讨，有望带领他们在激烈的市场竞争中取得更大成功。

在这个变革与创新的时代，《陶论——新时代中国建陶大变局》是一份不可多得的行业瑰宝。愿这部热情洋溢的作品，成为陶瓷行业迈向更广阔未来的催化剂，为行业的蓬勃发展注入更多力量。

2023 年 12 月

序 三

智慧结晶　洞察未来

　　《陶论——新时代中国建陶大变局》一书的面世，标志着陶瓷行业迎来了一位资深专家的智慧结晶和对未来发展的深刻洞察。作者秦威，身为陶瓷色釉料领域的技术研发专家，长期在生产一线担任要职，凭借近二十年的从业经验，为我们呈现了一场关于陶瓷行业的思想盛宴。

　　在这本书中，秦威以其丰富的实践经验和对行业的深刻理解，针对企业管理、人事组织、生产经营等多个方面的问题进行了深入剖析。作为陶企的管理者，读者可以在其中汲取灵感，得到对业务运营的启迪。

　　我与秦威相识已有十多年，深知他是一位对陶瓷行业充满热情且怀有深厚情怀的人。他不仅是业内的技术专家，更是一位富有人文关怀的领导者。在与他的交流中，总是能够引发许多共鸣，让人不禁感叹于他对这个行业的深沉热爱。

　　《陶论——新时代中国建陶大变局》所涵盖的领域极为广泛，既包含了企业人事管理的精髓，也涵盖了生产经营的方方面面，尤其是作者对于行业热点话题的独到见解，使本书成为了业内一部不可多得的佳作。

　　在这个飞速发展的时代，陶瓷行业也面临着巨大的挑战和机遇。秦威在《陶论——新时代中国建陶大变局》中的研判和探讨，为行业的未来发展方向提供了借鉴，也为我们提供了一剂良药。相信通过阅读本书，读者能够更好地理解陶瓷行业的发展趋势，更加明晰管理之道，为企业的可持续发展积蓄力量。

　　最后，由衷地祝愿《陶论——新时代中国建陶大变局》能够成为陶企管理者们不可或缺的参考之作，助力他们在激流勇进的市场中稳步前行，开创更加美好的明天。

罗树兴

2023 年 12 月

前　　言

  我国建筑卫生陶瓷行业经历了近二十年的高速增长期，与陶瓷相关的配套行业，如机械设备、窑炉以及色釉料墨水等辅料行业也得到充分的发展与壮大。国产陶机设备以及陶瓷墨水等产品实现了弯道超车，产品质量和工艺技术都实现了重大突破和整线对外输出。陶瓷产品的更新换代速度明显加快，釉料产品也在不断地更新迭代，部分产品实现了数字化喷墨打印。

  整体来看，过去的十年是中国陶瓷行业增长速度最快的十年，中国建筑卫生陶瓷行业也在2017年时达到产量巅峰，突破100亿平方米。2018年以来我国建筑陶瓷产量总体呈下降趋势，这主要受上游原燃料成本明显提升、下游房地产需求走弱以及"双碳"目标背景下各主要产区均受到不同程度的限电、限产及能耗指标的影响。截至2022年，我国建筑卫生陶瓷产能已下降至73亿平方米左右。国内与陶瓷相关联的配套企业也出现市场遇冷、订单减少以及出口压力大等严峻形势。

  由此可见，陶瓷行业的发展跟房地产行业息息相关。特别是陶瓷产品逐步向大板化、岩板化转变，陶瓷机械设备行业的设备创新每一次都是引领陶瓷产品创新的发动机。数字化喷墨打印技术的普及以及升级，一定程度上提高了陶瓷墨水的使用量，拓宽了其应用领域，但是同时也进一步减少了对于传统釉用色料的需求。

  当前，房地产行业充满挑战，终端市场对于陶瓷产品需求低迷。出口的减少意味着国内市场产品供大于求的现状进一步加剧，从而导致瓷砖产品价格不断创出新低，陶瓷企业为了降低产品成本而降低原料采购标准的事情也时有发生。即使部分企业喊出提质保价，市场反应也流于平淡，消费者对于产品的了解，更多来源于现场的直观认识和企业的宣传背书。因此，陶瓷行业未来几年必将是洗牌阶段的后期，市场竞争和产业链竞争也愈发严峻，不少陶瓷及相关的色釉料企业选择退出市场。其中，部分陶瓷企业选择转烧锂电材料或者是转战新能源。而传统色料企业也在转型，不少企业开始转向白料等硅酸锆的生产。

  当今世界正经历百年未有之大变局，一切事务都存在着变量与不确定性。中国陶瓷行业市场依旧是全球最大的内需市场之一，只是在市场缩量阶段对于企业的核心竞争力提出了更高的要求和标准。以往的暴利增长模式以及传统的营销模式难以维持高成本、低流转模式的存在，陶瓷行业变革以及技术创新依旧是有待突破的方向。作为行业从业者，笔者历经陶瓷行业的高速增长期与当前的缩量困难时期，本书精选了近几年的观点言论，希望能够为读者以及当前陶瓷行业的变革创新提供一些思路与启发。

本书内容主要精选自笔者近几年在行业媒体上发表的行业观察分析及企业管理方面的专题研究文章，共分为七部分二十一章，主要结构如下：

第一部分，分析近些年陶瓷行业现状和发展趋势，分为三章。第一章分析了陶瓷数码打印技术的普及对于传统色釉料行业企业的影响。自2010年陶瓷墨水国产化加快之后，国内陶瓷企业上马喷墨打印生产线加速，抛釉砖的市场份额逐年增加，对于陶瓷墨水的需求急速增加。无论是传统的色料企业还是陶瓷墨水企业，都迎来一个高速发展期和行业产品转换升级的阶段。当然，部分企业因转型难或者产品技术升级乏力而面临被淘汰的风险。第二章主要从行业洗牌和热点政策对于陶瓷行业的影响，来谈企业如何做好自己、做好产品。第三章讲到行业转型升级与未来一段时间的发展趋势，以及新冠疫情对于行业的影响和消费降级之后的产业未来要如何应对。

第二部分，主要讲陶瓷企业的管理与人才的培养问题。正值陶瓷行业老一代逐步退出经营，"陶二代"们逐渐上手操盘，如何管理好一个陶瓷企业，需要方法和工具，以及实践经验。这一部分也是分为三章来展开。其中第四章主要讲管理方法和当前陶瓷行业企业管理现状，强调了组织搭建与团队合作的重要性和精益化管理在于细节的把控。第五章主要讲公司的用人原则和陶瓷从业人员的择企标准，因为企业的竞争终归是人才的竞争。第六章主要讲企业经营，以创业容易守业难来切入主题，企业负责人在日常管理中也要通过学习不断提升自身修养和经营能力。

第三部分，主要讲产品趋势与当前市场情况。这一部分的内容相对较多，也比较全面，包含了行业大环境下的企业如何应对挑战、以及市场流行的趋势与对相关政策的解读。其中第七和第八章主要讲行情趋势与市场对于产品的需求点及相关市场的分析。第九章谈到色釉料行业的产值情况和未来的创新需求点在哪里。第十和第十一章主要分析出口市场及产业思考。

第四部分，主要讲企业的品牌建设和如何塑造品牌形象。结合新媒体和社会热点话题等要素，来强化和指引企业如何借助新媒体来进行市场推广活动。其中第十二章主要讲品牌的建设和如何打造好"佛山陶瓷"这块招牌。第十三、十四章主要讲如何结合行业热点事件和利用微信去进行市场推广活动，以及帮助企业吸引流量和提高行业知名度。

第五部分，主要讲当前陶瓷行业所面临的痛点问题以及相关的标准制定。原料标准化的目的最终是打造陶企绿色健康采购，切实降低陶瓷的采购成本。其中第十五章主要讲行业账期过长所引发的连锁反应，以及由账期过长所导致的爆雷风险现象。第十六章主要讲行业内的一些潜规则和对于当前由房地产所引发的系统性风险的控制与如何去规避财务风险。第十七章主要讲行业内标准制定的问题、对当前行业内潜在危机的分析，以及对于部分陶瓷原料商等投机倒把行为的剖析。

第六部分，主要讲关于陶瓷展会的一些观点和看法。第十八章主要讲如何办好一场陶瓷展会以及陶瓷企业如何利用好陶瓷展会去拓展客户，进行市场推广。第十九章主要结合陶瓷行业的现状，谈对于每年年底的陶瓷行业企业年会、协会年会的一些看法与观点。

第七部分，主要讲环保政策与行业创新的话题。其中第二十章主要从环保政策的角度，结合当前行业情况来分析未来行业的发展趋势与企业今后需要去做哪些事情，特别是碳交易以及"双碳"目标等对于行业今后的影响等。第二十一章主要讲产业升级与技术创新方向的话题，包括对于陶瓷煤转气实施后的影响以及当前陶瓷行业新工艺、新材料研究方向的分析。

本书是笔者陶瓷三部曲中的其中一部，由于时间比较仓促和个人能力精力有限，写作过程中难免存在一些问题和缺陷。另外，作为笔者阶段性的言论观点的文章精选，文中观点仅代表个人当时的一些看法，有一定的时效性。由于个人知识的局限性和立场角度不同，书中如有不足之处，还请同行见谅，批评指正，共同探讨。大家一起为陶瓷行业的健康发展建言献策，添砖加瓦。

在此，感谢所有为本书能够顺利出版而付出努力的朋友及行业前辈老师们。本书的出版有幸得到了以下企业的资助及个人帮助，他们分别是：山东国瓷康立泰新材料科技有限公司的张天杰先生、肇庆市新润丰高新材料有限公司的罗树兴先生、广东中达新材料科技有限公司的徐志成先生、佛山市陶结义无机材料有限公司的廖继明先生、佛山市展邦锆材料有限公司的吴团花女士、佛山市三水区富威顺化工有限公司的张俊峰先生、佛山市中冠无机材料有限公司的卫翠婷女士、佛山市华都陶瓷色釉有限公司的陈殊女士、佛山市新集化工科技有限公司的李建成先生、广东三水大鸿制釉有限公司的蔡佑杰先生、佛山市杨森化工有限公司的江正耕先生、佛山市美添功能材料有限公司的刘桂彬先生、肇庆市中元高新材料有限公司的李文芳女士、广西藤县创域新材料有限公司的黄显华先生、佛山市华意陶瓷颜料有限公司的李爱林先生、佛山市扬子颜料有限公司的吴爱勇先生、佛山市国方纤维材料科技有限公司的方国福先生和佛山市陶瓷研究所控股集团股份有限公司的乔富东先生，再次深表感谢！

著者
2024 年 1 月

目　　录

01　行业视角与观点

第一章　行业现状与趋势 / 003
　　色釉料企业发展模式转变 / 003
　　数字喷墨打印技术对色料行业的影响 / 005
　　陶瓷色釉料及原辅材料产业发展展望 / 007
　　陶瓷行业能挺得过 12 月份吗？/ 015
　　传统陶瓷色釉料行业的转型之路 / 016
　　陶瓷色釉料行业的现状之产业聚集化 / 017
　　新冠疫情反复下陶瓷人如履薄冰 / 018

第二章　行业观点与思考 / 019
　　商场如战场，落后就要挨打！/ 019
　　陶企爆雷进入高发期，供应商难逃魔咒 / 020
　　内循环时代做好"自己"，诚信是"金" / 021
　　陶瓷行业的杠杆率到底有多高？/ 022
　　凝聚行业力量，赢在未来！/ 024
　　2024 年中国陶瓷行业展望 / 025
　　"三孩"政策或将给陶瓷行业添把"炉火" / 027
　　陶瓷行业的"高考作文"你给多少分？/ 029
　　陶瓷行业切不能有"教条主义"盛行 / 030
　　2025 年会是中国陶瓷的筑底之年吗？/ 031

第三章　行业转型升级与展望 / 032
　　理性看待一片砖所引发的争论 / 032
　　新冠疫情下的陶瓷行业究竟何去何从 / 034
　　致敬陶瓷人坚守行业终会迎来机会 / 035
　　新冠疫情对陶瓷行业的影响有多大？/ 036
　　陶瓷企业将倒闭 50% 可能不是危言耸听 / 037

I

2023 黑兔之年陶瓷前景充满机遇与挑战 / 038
2023 年国内陶瓷色釉料市场展望 / 039
2023 年陶瓷色釉料产业的市场与需求 / 040
陶瓷行业休眠期正在袭来 / 041
消费降级与陶瓷减产降价祸及产业链 / 042
"折腾"能否拯救下滑的陶瓷行业 / 043

02　企业管理与人才

第四章　管理方法与组织 / 047

陶瓷行业企业管理现状 / 047
管理行为与组织结构在陶瓷企业管理中的重要性 / 050
世界杯的团队合作与陶企的现场管理 / 053
一个优秀的企业必定有一个强大的组织 / 055
陶瓷行业实施精益化管理的关键在于细节把控 / 056
陶瓷企业管理需要大智慧和用好人 / 057
陶瓷企业如何推进 5S 管理 / 058

第五章　公司管理与用人 / 063

陶瓷行业的竞争终归是企业人才的竞争 / 063
陶瓷行业也需要"女排精神"与"郎妈妈" / 065
"负利"时代的陶瓷行业工厂如何留住人才？/ 066
双碳时代下，"陶二代"们愿意来接班吗？/ 068
传统密集型劳动行业或将迎来辞退潮 / 069
陶瓷干饭人选择平台比努力更加重要 / 070
陶瓷行业名校为何 2022 年招不满人？/ 071

第六章　企业经营与思考 / 072

陶瓷色釉料企业为何"创业容易守业难" / 072
陶瓷人过年放假前还需要干完这"三件大事" / 075
为什么陶瓷人要多读书、重实践 / 077
陶瓷行业不景气钱该往哪里花？/ 078
2022 年陶瓷贸易公司的新活法在哪里？/ 079
面对挑战，陶瓷行业需要潜心练好内功 / 080
2025 年陶企上市是唯一的出路吗？/ 081

同舟共济，共渡难关——2022年陶瓷下行之年 / 082
由一块"石头"引发的"无限"遐想 / 083
陶瓷行业内卷之下的"求学之路" / 084

03　产品趋势与市场

第七章　战略转型与行业洗牌 / 087
陶瓷行业要推"中国智造"而不是"中国制造" / 087
陶瓷企业倒闭潮或将到来 / 088
岩板生态圈的洗牌已经进入倒计时 / 090
陶瓷色釉料行业将进入"产品寡头"时代 / 092
陶瓷釉料行业面临新的"寒战" / 094
陶瓷岩板行业大洗牌临近，一批"炮灰"企业或将登场 / 096
陶瓷产品的市场单一化加速行业洗牌和竞争白热化 / 098
2021年陶瓷行业将整体进入"倒金钟"形态发展趋势 / 100
2021年是陶瓷色釉料行业洗牌之年 / 102
市场期待陶瓷墨水企业3月份涨价 / 103
2022年陶瓷行业将加快"两端"分化，市场洗牌继续 / 105

第八章　市场趋势与产品需求 / 107
陶瓷喷墨打印技术对色料行业的影响 / 107
打铁还需自身硬，好产品才有好未来 / 109
陶瓷喷墨数字化加速坯体色料需求逐年减少 / 111
渗透墨水能否成为传统色料厂家的救命稻草？ / 113
干混色料为何烽烟再起？ / 114
陶瓷岩板大板色料市场分析 / 116
陶瓷包裹色料市场需求分析参考 / 119
海运费暴涨，陶瓷色釉料企业或迎来备货性大订单 / 121
明年应紧盯岩板大板"朋友圈"做生意 / 123
陶瓷市场回归本质，明年依旧看需求 / 125
2022年陶瓷墨水涨价20%才能不亏本 / 126
2022年陶瓷坯黑市场还有得做吗？ / 127
"大浪淘沙"冷眼旁观陶瓷小热门 / 128
2022年下半年陶瓷行业是否会"凉凉" / 129

四川陶瓷产区岩板滞销企业转型难 / 130

第九章　行业产值与技术升级 / 131

陶瓷墨水国产普及化阶段回归到色料技术的比拼 / 131

后岩板时代数码釉＋干粒抛或将被升级版全抛釉代替 / 133

陶瓷岩板助推添加剂行业产值破 5 亿元 / 135

陶瓷岩板之后的热点将会在哪里？/ 136

2021 年陶瓷墨水及色釉料行业总产值 100 亿元 / 137

2023 陶瓷坯黑市场没落之后谁将是下一个热点？/ 139

2022 产业调查白皮书数据解读之添加剂企业篇 / 140

降本增效——探析 50％含量硅酸锆深受市场欢迎的原因 / 141

第十章　出口市场分析与展望 / 142

"顶风"点火的印度陶瓷所带来的启示 / 142

国内陶瓷市场低迷之际色釉料出口为何风景独好？/ 144

2023 年色釉料产业出口机遇与挑战 / 145

稳住国内陶瓷市场，跨境实现增长 / 147

2023 年俄罗斯陶瓷市场需求展望 / 148

2023 年陶瓷色釉料企业"走出去"之越南市场展望 / 149

2023 年越南陶瓷市场展望及影响 / 150

非洲陶瓷市场与色釉料原辅材料行业的发展机遇 / 151

第十一章　政策思考与产业调查 / 152

陶瓷停产之后的三大臆想 / 152

物流行业为什么能牵动整个陶瓷行业的经济形态？/ 154

陶瓷原料市场需要更加专业的供应商 / 155

陶瓷行业 2022 年第四季度会迎来寒冬吗？/ 156

陶瓷色釉料行业产能调查十分有必要 / 157

房地产如果不行了瓷砖还怎么卖？/ 158

"金九银十"能否挽救超低的开窑率？/ 159

瓷砖提质保价可能是个伪命题 / 160

04　品牌建设与推广

第十二章　品牌建设与塑造 / 163

陶瓷色料企业的品牌建设 / 163

陶瓷暴利时代结束，进入品牌创建时代 / 167
市场不景气的时候更需要做"品牌" / 168
从岩板要不要做品牌说起 / 170
"佛山陶瓷"这块金字招牌该如何发扬光大？ / 172
从特斯拉维权事件看陶瓷产品的售后服务 / 174
陶瓷原辅材料行业企业要不要做品牌？ / 176

第十三章　微信及互联网营销策略 / 178

微信群的出现将颠覆传统的"朋友圈"交友模式 / 178
陶瓷企业营销要融合新媒体时代的"微信" / 180
陶瓷行业需要互联网＋，还是＋互联网？ / 182
陶瓷企业宣传不要让打卡变成"打扰" / 184
如何将陶瓷行业内朋友圈的生意越做越大？ / 186
陶瓷圈的"共享"模式为二三线企业"组局"冲刺 / 188

第十四章　行业热点与新媒体营销 / 189

陶瓷行业能与"元宇宙"擦出火花吗？ / 189
数字化时代陶瓷行业资源共享落地将更加丰富 / 190
陶瓷营销还得看"大角鹿" / 191
科达与国瓷康立泰强强联合"1＋1＞2" / 192
茅台酱香咖啡给陶瓷营销带来的启示 / 193
短视频时代流量代表财富，思路决定出路 / 194

05　痛点分析与标准制定

第十五章　账期问题与观点 / 197

账期问题永远是原料商的"痛点"之一 / 197
账期长短取决于陶瓷行业是否正常运转 / 199
天冷请"关门"之供应商的痛点 / 201
2020年新冠疫情下原材料供应商的自我救赎 / 204
陶瓷行业的"钱"为什么那么难收？ / 206
陶瓷岩板黑标准制定与岩板黑市场乱象剖析 / 208
2022年下半年陶瓷企业若无款，整个行业都缺钱 / 212
陶瓷色釉料行业当自勉从拒绝超长压款账期开始 / 213

第十六章　行业潜规则与风险控制 / 215

为什么陶瓷色釉料企业"讲规矩"行不通？/ 215

生意越来越难做，只因你在陶瓷行业待太久 / 217

陶瓷厂的"地磅坑"，你踩过没？/ 219

陶瓷厂"坑"系列之二：创收的公司财务部门 / 220

陶瓷行业潜伏的金融风暴或将奔袭而来 / 222

陶瓷行业下半场"活下去"不是一句"口号" / 224

陶瓷行业下半年谨防系统性风险的发生 / 226

陶瓷系统性风险所引发的连锁反应还在后面 / 227

复合硅酸锆行业是否会走向岩板黑的老路？/ 228

陶瓷供应商内卷之下的降价策略失效了 / 229

价格之战终究是两败俱伤 / 230

第十七章　标准制定与潜在危机 / 232

陶瓷大宗原料采购价格指数的一些设想 / 232

制定陶瓷颜料行业产品标准是一件好事 / 234

陶瓷色料行业团体标准升级更新十分有必要 / 235

陶瓷行业内为何大家对统计数据十分敏感？/ 236

陶瓷原料"投机倒把"的事情不能干 / 237

陶瓷行业正在遭遇"中年"危机 / 238

06　陶瓷展会与行业年会活动

第十八章　展会经济与观点 / 241

谈谈参加陶瓷展会营销的几个关键点 / 241

新冠疫情或将改变世界"展会"新模式 / 244

新媒体+网络时代的展会经济真的就不行了吗？/ 246

新媒体助力陶瓷展会经济更加蓬勃发展 / 248

关于陶瓷展会的一些思考 / 249

2022年新冠疫情之下的陶瓷展会充满挑战 / 250

2023年陶瓷展会或许迎来大转机 / 251

陶瓷展会下的"色釉辅"专业馆有盼头 / 252

如何理性地看待一场陶瓷展会的成功与否？/ 253

2024年陶瓷展会需要考虑的几个问题 / 254

第十九章　陶瓷行业年会看点与思考 / 255
　　陶瓷行业需要一场什么样的年会活动？/ 255
　　2022年放假前陶瓷人还要做的三件大事 / 257
　　2024年陶瓷行业年会能否玩出新花样？/ 258
　　陶瓷行业年底的几场活动还能开吗？/ 259

07　环保政策与创新

第二十章　环保政策与新能源 / 263
　　陶业环保整顿，窑炉停产与陶瓷涨价可否同行？/ 263
　　陶瓷窑炉预热利用需谨慎 / 265
　　"碳达峰"与"碳中和"为何利好持证陶瓷企业长久发展 / 267
　　陶瓷行业纳入碳交易后的成本或许再增加 / 268
　　锂电是风口，低碳将是陶瓷新的增长点 / 269
　　2023年陶瓷转烧锂只会"死路"一条 / 270

第二十一章　产业转型与技术升级 / 271
　　传统陶瓷色釉料企业转型与出路 / 271
　　"煤改气"倒逼企业降本提质 / 273
　　陶瓷技术创新的未来方向在哪里？/ 275
　　未来陶瓷行业会不会转烧"电"？/ 276
　　陶瓷材料行业内卷下的转型之路 / 277
　　术业有专攻之"小巨人"陶瓷企业成长之路 / 278
　　新工艺、新材料与2023年陶瓷企业的创新方向 / 279

后　　记 / 280

01

行业视角与观点

第一部分分析近些年陶瓷行业现状和发展趋势,分为三章。第一章分析了陶瓷数码打印技术的普及对于传统色釉料行业企业的影响。自2010年陶瓷墨水国产化加快之后,国内陶瓷企业上马喷墨打印生产线加速,抛釉砖的市场份额逐年增加,对于陶瓷墨水的需求急速增加。无论是传统的色料企业还是陶瓷墨水企业,都迎来一个高速发展期和行业产品转换升级的阶段。当然,部分企业因转型难或者产品技术升级乏力而面临被淘汰的风险。第二章主要从行业洗牌和热点政策对于陶瓷行业的影响,来谈企业如何做好自己做好产品。第三章讲到行业转型升级与未来一段时间的发展趋势,以及疫情对于行业的影响和消费降级之后的产业未来要如何应对。

第一章　行业现状与趋势

色釉料企业发展模式转变

目前陶瓷色釉料行业的分工进一步专业化与专一性，特别是陶瓷墨水的普及，加剧了釉用色料市场的萎缩后，部分传统色料生产企业开始转向釉料的生产，不可否认的是，釉料市场的需求量和利润回报率目前都高于传统的色料及墨水。由于不具备实力或是其他原因，在这一波技术革新中没有实现转型的色料生产企业，主要有以下三种发展趋势。

第一种就是转向生产利润较低和生产投入资金相对较少的坯体色料，而目前坯体色料市场需求量相对较多的产品有：橘黄、橘红、纯黄等；咖啡色；黑色；珊瑚红、珊瑚黄等。之前行业中的大部分陶瓷色料生产企业都生产这些产品中的部分品种，因此，大家的产品价格差异主要是在配方上，而随着工艺技术的不断完善，以及技术人员之间的流动造成当前市场中的色料产品配方相互融合，进而导致单纯的以技术配方为成本优势的条件已经逐步减弱。因而，当前出现的是一种以规模和资金实力为竞争的新模式。

规模效应主要是在产量和管理成本上下功夫，以目前几家专业的坯体钛黄生产厂家为例，降低成本的方式首先是在原材料的采购上面，大量采购的一个好处就是价格相对会比单批次小量进货有优势。在付款条件一致的前提下，以钛白粉为例，单批次进货200吨的价格可能是每吨10.3万元，而单次进货量为一车20吨时价格可能是11.3万元。因此，在进行单一产品生产时，在原材料的采购方面进行集中大量采购的优势，就是可以直接降低产品成本在每吨1500~2000元。另外，就是进行单一品种生产过程中，生产设备不需要经常转换，浪费也会减少，并且窑炉长期生产也可以保障产品的品质稳定。

管理成本的控制也是当前色釉料企业的主要控制成本因素之一，特别是进行单一性坯体色料生产型的企业，在管理上基本是家族式的管理模式，厂长往往是企业负责人的亲戚或是朋友，不光是管理还要从事生产劳动。另外就是由于已掌握或是从外面购买技术配方,而不再需要专门的产品研发人员,而且车间的生产工人也是能省就省,如通过使用更多的机械设备来减少人工操作等。

第二种就是撇开原有的传统色料生产,直接进入成品釉料的生产。陶瓷色料市场的专业化分工使得部分产品实现了较低成本的生产,某些产品的市场销售价格甚至比部分中小型色料生产厂家的配方成本还低,因而不具备技术及规模优势的传统色料生产型企业,宁可从同行处调货,也不愿意自己冒风险投资生产。在这部分市场中可以看到,行业中目前做得比较成功的色源和利德嘉这两家锆系色料生产厂家,其生产的锆系列产品基本上占据着国内50%的市场,以及出口市场的70%以上。而从传统色釉料生产型转型成品釉料市场比较成功的企业有万岛、远泰。全抛釉市场的崛起使得万岛等一些传统的色釉料企业成功进行了产业升级与转型。

第三种色釉料企业的转型则是始终牢牢地掌握市场的发展方向,掌握最新技术研发的核心。其中的代表有道氏、康立泰等企业。这类企业转型相对较快,能够紧紧地把握市场的节奏,跟随和研发创造最新的技术。如道氏在之前的金属釉流行风潮中赚得第一桶金后,马上也进入到传统色料的生产中,当发现传统色料不好做时,能够马上寻找新的市场,并能够联合科研机构进行新技术的研发与创新,投入到陶瓷墨水的研发与生产。

总的来说,企业也可以分为三等:一等企业是创新型的企业,能够紧紧把握市场脉搏,适时推新,用科技来赚钱;二等企业则是利用自身的资金和人才优势来不断跟随市场发展,被动地接受市场的改变;三等企业则是维持固守型企业。

2021年10月15日

数字喷墨打印技术对色料行业的影响

近年来，陶瓷喷墨打印已逐步实现国产化，且技术也在不断完善，国产喷墨打印机械设备成本采购价不断下降。此外，国外喷头企业的技术改进，进一步放宽了对陶瓷墨水所需色料粒径的要求。当前，大宗资源类商品价格不断下调，特别是化工相关原材料受到影响而波动下调，煤炭价格更是下降明显。由此看来，陶瓷喷墨打印所需的陶瓷无机色料的原材料成本也会相应降低。基于这些有利因素，预测陶瓷喷墨打印技术将在国内各陶瓷产区逐步普及。陶瓷行业逐步放弃传统丝网印刷技术，将对釉用色料形成较大打击，特别是对于目前流行的仿石材类瓷片产品、棕黄系列产品等的需求量将逐步减少。

传统的棕色系列色料是目前在市场上和技术上最容易实现喷墨打印要求的传统色料。常见的棕色系列和黑色系列产品，其生产技术和产品技术配方相对比较简单，就佛山地区来说，每家陶瓷色料企业都能生产。随着喷墨墨水的普及，它将会逐步代替这些传统的色料，市场份额遭分食后的逐年减少将会使产品价格竞争更加激烈。特别是不具备产量优势的企业，在原材料成本和其他费用上根本就不具备应对价格战的实力。

从当前佛山和淄博产区的市场反应来看，陶瓷喷墨打印技术对于锆系列色料产品的市场打击较小，而锆系列产品中的锆黄产品更是没有任何其他色料可以代替。锆系列中的红色系列产品本身就不多，特别是包裹系列单价较锆铁红明显高出很多，因此锆铁红还是具有明显的不可代替性和价格优势。钒锆蓝由于有钴蓝系列产品可以代替，特别是氧化钴价格的下降，更是对钒锆蓝市场产生深远影响，目前只是果绿类产品在调色过程中需要钒锆蓝。

对于色料生产企业来说，锆黄和锆铁红技术配方难度相对较大，不是任何陶瓷色料企业都可以投入生产的。氧化锆的价格波动较大，对于不少从事陶瓷色料生产的中小企业来说，更是没有足够的资金投入到大规模生产中，小规模的生产所导致的高成本在市场中不具备竞争优势。因此，锆黄色料市场目前来说，基本上被几家较大的色料生产企业所垄断，而且，只要是生产锆黄的厂家，其出货量必大，外贸市场占有率必占绝对优势。稀土价格目前在盘整当中，氧化锆的价格维持在35万~40万元，进行锆黄生产对于资金的需求也是一笔不小的数字。

干法球磨和干法布料系统的出现，以及配色技术的发展和抛光砖的逐步淘汰，使坯体色料需求量不断减少。坯体色料在喷墨打印方面短期内不具备实施条件，而作为高档产品的玻化砖产品也具有市场空间因素和不可代替性。近几年才投入生产的魔术师布料系统在短期内不会被淘汰，因此坯体色料的市场空间还是存在的，特别是生产抛光砖的坯体色料加入量较釉用色料明显高出很多，以一条日产10000平方米的抛光砖生产线来算，单是橘黄一种产品的需求量都在20～60吨。由于近年仿石材和木纹系列产品依旧是市场的主流产品，因此钛系列的橘黄类产品市场空间还是很大，特别是这两年出现了专业的只烧钛系列产品的色料厂家和专业的坯体咖啡色生产厂家。

对于釉用色料生产厂家来说，坯体色料在分担工厂日常费用和拓展企业利润空间上具有不可替代的作用。特别是当市场需求回暖时，要果断地投入生产和通过低价格战略迅速占领市场，而坯体黑色和咖啡色虽然有一定的市场需求量，但是由于所使用的原材料主要是铬铁矿，因而容易产生质量波动，特别是福建作坊式工厂实施的超低价格战，使得黑色和咖啡色这两块市场十分混乱。在坯体的珊瑚红色料方面，目前基本上被两家福建厂家所垄断，在规模化大批量的专业化生产前提下，福建地区的珊瑚红产品价格已经到达底线。

笔者认为，今后几年的陶瓷色料市场将呈现出三极分化的趋势，传统色料空间将进一步被挤压，墨水价格下降将导致品质的下降和不稳定性的增加。传统的釉用色料将会向更加高品质的方向发展，对于国内陶瓷色料生产厂家来说，在保障品质和提高产品性能的同时，也要寻找新的利润增长点。

2020年9月12日

陶瓷色釉料及原辅材料产业发展展望

2022年，陶瓷色釉料行业遭遇了市场需求断崖式下降，上半年疫情影响叠加天然气涨价，导致各陶瓷产区轮流出现停产潮，下半年受房地产企业爆雷等影响导致需求降到历史低点，特别是对传统色料和抛釉类企业影响深远。展望2023年的陶瓷色釉料市场，情况依旧不容乐观，开年后各陶瓷产区开窑率不高，部分原料价格波动大，大部分企业订单减少并寻求外贸出口作为主要突破口。

2022年陶瓷产业链上下游整体概况与色釉料行业产值

2022年中国陶瓷行业整体发展情况

中国建筑卫生陶瓷协会调研数据显示：2022年，全国瓷砖名义产能从2020年的123.2亿平方米增长到125.6亿平方米，增长率为1.91%。据调研，其中有近25亿平方米产能的装备由于设备老化、政策等原因，已无法正常满足现在政策环境以及市场环境下的生产要求，因此125.6亿平方米是名义产能，全国陶瓷砖有效产能约100亿平方米。2022年，行业的实际产量约为73亿平方米，同比下降10.5%，产能利用率约为73%。2022年，抛釉砖成为产能占比最大的品类。瓷片在过去两年间产能大幅萎缩，目前产能占比为16%，居第二位；中板是过去两年间增速最快的品类，占比为12%，跃居第三；其次是仿古砖，占比为11%；大/岩/薄板产能也接近翻倍，占比为8%。

《2022我国陶瓷卫浴行业市场大数据报告》显示，2022年1—12月，全国陶瓷砖实际产量同比去年降低15.21%。产区方面，2022年广东、江西、福建、四川、山东、辽宁、湖北等主要陶瓷产区陶瓷砖产量均出现较大幅度下滑，其中下滑幅度最大的省份是湖北省，累计产量同比下滑38.7%；其次是福建省，累计产量同比下滑25.8%。2022年1—12月，规模以上建筑陶瓷工业主营业务收入比上年同期降低4.1%。2022年全年，全国瓷砖总需求量同比下滑5.3%。

根据海关相关数据统计，2022年，我国陶瓷砖进出口总额为50.45亿美元，其中出口总额为48.99亿美元，进口总额为1.45亿美元。以人民币计，2022年，我国陶瓷砖进出口总额为339.82亿元，其中出口总额为330.15亿元，进口总额为9.67亿元。国家建筑卫生陶瓷检测重点实验室高级工程师刘亚民此前在《陶瓷资讯》发表的文章《2022年建陶出口增长20.22%！权威解读数据背后的真相和趋势》中提到，2022年是近五年来建筑陶瓷出口额最多的一年。

整体来看，2022年国内陶瓷产业链上下游整体下滑幅度为8%～9%，需要指出的是，国内建筑卫生陶瓷产量进入下降周期，但是建筑卫生陶瓷产能显示出较之上一年增长。因此，国内陶瓷厂家未来还需要时间进行整合与淘汰至少20%以上的产能。当然，需要看到的是，即使中国广义陶瓷产量在下降，但是在全球建筑陶瓷市场方面依旧是全球最大的消费市场和生产工厂。随着疫情的结束与对外贸易的放开，中国陶瓷依旧充满机遇与新机会。

陶瓷色釉料及原辅材料产业发展情况及行业产值

2022年国内色釉料及原辅材料行业整体产值下滑8%～9%，除了陶瓷墨水以及色釉料之外，结合《2022全国陶瓷色釉料及原辅材料产业调查》的情况来看，全行业包含添加剂辅料之后的行业总产值为188.7亿元。其中，陶瓷添加剂，包括减水剂、增强剂等硅酸锆纳米液，合计产值为88.7亿元左右，其余部分包括陶瓷墨水、色釉料、熔块干粒和抛釉等，产值合计约为100亿元。行业产销方面，上半年呈现良好的市场需求情况，其中部分抛釉类企业在6—7月份甚至实现了逆势增长，超过历史最高产能。下半年进入8月份之后，市场逐步趋冷，需求遭遇断崖式下降。特别是传统色料行业，提前进入停产放假情况的企业逐渐增多。

另外，从单个企业来看，色釉料行业年产值超过10亿元的企业并不多见，除两家上市企业之外，整个行业年产销值超过5亿元的色釉料企业不超过5家。从细分领域上来看，色料产品以及硅酸锆和干粒产品叠加在一起的产值在57亿元左右；陶瓷墨水产业的产值在27亿元左右；抛釉以及熔块干粒类产品的产值在76亿元左右；广义适用于陶瓷企业的添加剂类产品的产值在27亿元左右。

传统色料、釉料产业的发展情况及行业产值

2022年传统色料行业的市场生存空间进一步被陶瓷墨水所挤占。传统色料行业80%以上的企业主要产品为陶瓷坯黑类产品。其中市场主流占比最大的品类为中低端的坯黑类产品，市场销售价格集中在每吨4000～5000元。中档用于中板和薄板类的坯黑类产品市场售价主要集中在每吨9000～13000元。而真正用于陶瓷大规格和厚板的岩板黑类产品，上半年从市场需求每月在3000吨左右，到下半年近乎腰斩而逐步退出市场，而此类岩板黑产品的价格也是从上市初期的接近每吨31000~33000元，到2022年下半年时价格下滑超过25%。部分色料厂家为了迎合陶瓷厂的低价要求，使用略低于标准含量99%的铬绿产品，比如以95%或者是90%含量的氧化铬绿产品来进行岩板黑类色料的生产，行业内卷导致岩板黑类产品价格直线下跌至每吨23000~26000元的价格区间。因此，2022年传统色料行业的总体产值，抛开陶瓷墨水色素部分来看，单纯色料部分的产值在23亿~25亿元之间是合理的。

抛釉类企业在2022年的情况整体相对平稳，主要基于目前国内瓷砖主流产品依旧是抛釉类产品。其中国内主要陶瓷产区内的抛釉砖生产线超过600条。而且随着国内瓷片类产品生产线的逐步淘汰，对于熔块的需求在持续地减少。2022年全年来看的话，国内全年不停产的熔块窑炉保持在50台左右，熔块的整体产能和产量在持续减少。而且，熔块类产品的主要方向上也是走外贸出口订单。抛釉类产品的单价下滑叠加上原料价格波动。抛釉类企业的利润十分稀薄，稍有不慎就有亏损。而且，2022年下半年部分陶瓷企业的资金链断裂以及经营不佳，导致个别抛釉类企业产生烂账，以及打折收款都造成了釉料类企业全年亏损等情况的发生。目前，抛釉类作为主流，在产值方面肯定占比高出熔块类产品，估值方面来看的话，国内抛釉类产品的年产值在50亿元以上。

陶瓷墨水行业及上市企业的发展情况与行业产值

2022陶瓷墨水行业遭遇原材料氧化钴价格暴涨，导致开年以后陶瓷墨水成本直线上升。由于陶瓷墨水中蓝色以及黑色墨水占比较高，而氧化钴作为蓝色和黑色的主要原料之一，氧化钴价格短时间暴涨之后，导致这两个色系的墨水成本直线上涨。受房地产企业爆雷影响，2022年不少头部陶瓷企业销售迟滞、回款困难，导致色釉料企业在回款方面也受到很大影响。陶瓷墨水企业受到原料端涨价压力大、收款账期变长等不利因素影响。除了头部两家上市企业在国内墨水市场占比继续上升至75%之外，外资企业以及其他中小国产墨水企业也面临市场竞争压力大、销售端涨价难等问题。

上市陶瓷墨水企业方面，国瓷材料发布2022年三季度报告，公告显示，其2022年前三季度营业收入为2443010176.08元，比上年同期增长7.46%；归属于上市公司股东的净利润为457013015.83元，比上年同期下滑24.02%。报告期内经营活动产生的现金流量净额为184293001.52元，总资产7676153874.10元。报告期内公司投资收益－5696841.43元，比上年同期减少134.23%，主要是联营企业亏损和远期结汇损失；营业外支出6156234.13元，比上年同期增加

414.01%，主要为报告期处置报废资产和疫情捐赠支出。

道氏技术发布2022年度业绩预告显示，报告期内归属于上市公司股东的净利润8500万～11050万元，比上年同期下降80.33%～84.87%。公司2022年经营业绩波动主要原因包括两点：一方面，2022年上半年钴镍产品的市场价格波动幅度较大，钴金属产品自3月份起呈单边下滑趋势，同时公司产品销售单价亦出现下滑，而主要原材料成本的下跌幅度滞后于产品价格下调幅度；另一方面，公司上半年采购的钴产品价格相对较高，导致结存的部分钴原材料及以钴为原材料生产的产成品成本高于可变现净值，公司对该部分存货计提了存货跌价准备。报告期内，预计非经常性损益对公司净利润的影响金额约为2997.94万元。

综上可知，由于2022年氧化钴等原材料价格大幅波动，行业内两家上市企业的业绩受影响较大。即使上半年针对国内市场墨水价格有限提价，但是原材料成本增长幅度过高，以及营业外支出项目增加，由此导致净利润下滑明显。因此，为行业未来考虑，两家上市企业避免墨水价格内卷以及实现业务向其他领域拓展十分有必要。

2022年陶瓷色釉料及原辅材料产业发展现状与机遇分析

陶瓷色釉料行业企业情况及产业现状

根据色釉料网在2022年的色釉料及原辅材料行业产业调查中发现，截至2022年12月30日，国内目前具备一定生产规模、自身持有土地证的色釉料以及原辅材料产业企业176家，其中包含外资墨水企业5家。疫情以及国内房地产遭遇拐点之后，国内相关陶瓷产区内的传统色釉料企业开始部分转型，并有部分企业相继放弃生产转作贸易商或撤离行业。如江苏地区的拜富企业直接转向了硅酸锆的生产，广东地区的宝力高等直接转卖厂房退出行业。从色釉料行业细分领域看，抛釉以及熔块干粒企业的数量占比超过70%，传统色料企业占比在逐年下降，单纯只生产坯体色料和少量釉用色料的传统色料企业大概为30多家。

陶瓷色釉料产品流行趋势与辅料行业情况

黑白灰系列瓷砖依旧是2022年的市场主流产品，当然岩板类产品在2022年上半年也是走出了一段小高峰，特别是厚岩板黑色砖系列使用高档坯黑类产品较多，单条生产线最多时可以消耗一两百吨的岩板黑类产品。因此，从时间点上来看，上半年市场主流是以高档岩板黑和中低档坯黑为主，高档岩板黑类产品市场每吨色料需求量在 3000~4000 吨左右，而中低档的坯黑类产品市场每月色料需求超过 15000 吨。因此，上半年国内陶瓷市场整个坯体色料市场仅仅是黑色类色料需求为 15000~19000 吨。但是，时间进入 8 月份之后，市场需求明显减少，首先是高档岩板黑类产品断崖式下降至每月不超过 500~600 吨，同时，中低档的坯黑类产品需求同样是对半腰斩下跌至 3000~4000 吨的市场存量。

从辅料行业来看，首先是大中岩板等生产线的先后产能释放，在上半年促进了添加剂市场的恢复。传统的减水剂市场保持相对稳定的运行，虽然也遭遇液碱等减水剂原料价格波动，但是出于留存和稳定客户的需要，大部分添加剂企业并没有跟进市场进行价格调整，部分添加剂企业甚至还降低单价来抢夺订单等。白色岩板以及大中板等产品的风行为增白剂以及硅酸锆类产品提供了较强的支撑，而且由于海运以及锆砂供应紧张和价格大涨，2022 年硅酸锆类产品也经历了价格在短时间内大涨。另外，如悬浮剂以及印油、印膏类产品的市场需求相对较小，特别是陶瓷生产线向喷墨数字化转型之后对于印油类产品的需求在逐年减少。

陶瓷釉料技术创新与干粒在抛釉中的应用

色料方面的技术创新在近些年遭遇瓶颈，在原料以及工艺等没有创新情况下，色料产品更多的只是在做规模化采购以争取原料成本优势以及特异类的专一小品种类。釉料方面的创新点相对多一些，比如道氏技术推出的巨晶干粒。巨晶干粒是道氏最新研制的一款陶瓷材料产品，该产品属建筑陶瓷行业内首创产品，全程自主研发。巨晶干粒产品总体分为三大板块、六大工艺，运用场景广泛。同时其通过配方优化创新，使结晶体在快速烧成中呈现出更大的晶花形态，增强了材料的装饰性，提高了成品附加值，是建筑陶瓷领域又一项重大技术突破，可应用于岩板的表面装饰，为客户提供更多选择。

再如艾陶制釉推出的次生原料熔制高附加值熔块技术，在目前大环境中优势十分明显。因为目前陶瓷行业中各种锶、钡、铝、锌、锆等材料大多依赖进口，价格高且受国际环境影响，价格波动大，需求及成本基本难以管控，特别是碳酸锶和氧化锌价格居高不下。艾陶制釉团队利用性价比高的含锶、锌、钡的次生原料，结合长石、白云石、石英等基础原料，经高温熔融生成稳定的硅酸盐结构，制成陶瓷熔块。该技术利用高温熔制的生产条件，所制成的 702 熔块应用在全抛釉生产过程中具有两方面优势：第一，能更好地适应快速烧成，大大降低传统生料釉在生产过程中的缺陷，釉面气泡、针孔明显改善，助熔效果强，防污性能好，发色稳定；第二，一般掺加量均在15%~20%，同时可减少碳酸锶、氧化锌等高值原料的使用量，有效降低釉料综合成本。

大板喷墨装饰与通体布料喷粉

陶瓷行业升级到数字化喷墨生产线之后，陶瓷喷墨打印机设备厂家对于瓷砖产品的升级起到关键作用。如新景泰大板背景墙喷墨装饰技术，包括机器（扫描式喷墨机、单Pass机）和专用墨水技术。该技术突破了传统瓷砖的工艺瓶颈，通过喷墨机将低温（650~720℃）的无机墨水打印到大板或玻璃上，再经过窑炉或钢化炉低温烧制，生产出颜色鲜艳、低碳环保的建材家居产品，丰富了大板背景墙的花色，使陶瓷大板更好地融入传统墙地砖的使用空间，拓宽大板的应用场景，解决普通大板因同质化而产能严重过剩的问题，提供了一个低碳环保的技术路线。

再如赛普飞特推出的数字化高速精密多色陶瓷通体布料喷粉机。数码喷墨机实现了瓷砖表面纹理的数字化、智能化装饰，而赛普飞特研制的该种数码喷粉机则实现了瓷砖坯体内部纹理的数码化装饰，为生产全通体高档次的各种规格陶瓷板提供了技术保证，为提升陶瓷产品的竞争力提供了有力支撑。据介绍，佛山市赛普飞特生产的数字化高速精密多色陶瓷通体布料喷粉机通过技术创新，生产出来的产品在外观、纹理、强度等多方面与天然石材高度接近，且纹理流畅自然、效果逼真、装饰效果更加自然，可以替代石材，对节约资源、保护环境具有积极意义。该款设备已在杭州诺贝尔集团有限公司、广东宏陶陶瓷有限公司、广东金牌陶瓷有限公司等知名陶瓷企业投产，设备运行良好，获得用户高度认可。

2023年国内陶瓷色釉料及原辅材料产业展望

陶瓷开工复产良好，市场期待回暖

2023年开年以来，截至3月份，国内陶瓷各产区陶企已陆续开工复产，部分媒体报道广东地区开窑率只有不到四成。国内在产能和生产线排名较靠前的头部陶企，如新明珠、马可波罗、东鹏控股等企业能否全部生产线开起来，对今年的色釉料市场影响深远。今年广东产区最明显的特点是点火时间晚，点火生产线少。广西产区藤县中和陶瓷产业园，以宏宇、协进、欧神诺、蒙娜丽莎为代表的一批陶瓷企业基本已点火出砖。在湖北、湖南产区，当地大部分陶企都已点火复产，产能正在逐步释放。从泉州陶企开工后的表现看，窑炉点火数量也高于去年同期，开窑率达 80% 左右。山东点火陶企增至八成，但有效产能尚未得到全部利用。江西高安、上高、丰城等地陶企基本全面复产。据西部瓷都夹江县陶瓷协会消息，早在 2 月 3 日，四川夹江大中型陶瓷企业基本复产，企业销售部门复工率达到 90% 以上，生产线复工率达到 75% 以上。目前来看，疫情结束之后的第一年陶瓷开工复产整体还算正常，整个产业链对 2023 年充满期待。

高质量发展与整装设计服务提升

2023 年是陶瓷色釉料行业企业转型升级创新的关键时间点，未来陶瓷产业的发展必定是以新一代信息技术、新材料、新能源、新装备等为驱动，通过大力推进科技创新，形成陶瓷行业发展新动能、壮大陶瓷行业新的增长点。但科技创新发展陶瓷产业，一定要多维度统筹谋划，不断打造陶瓷产业核心竞争力，推动陶瓷产业高质量发展。特别是传统的色料企业要把握发展机遇，由色料向数字喷墨打印墨水化方向发展的主题不变，还是要走实现色料至墨水的整个工艺流程化发展的道路，做精单个产品和品类的优化。釉料企业则应在数码釉料方面继续创新研发，提高釉料的附加价值，实现釉料产品的单一功能化与装饰个性化的趋势。

当然，无论是色料企业还是釉料企业，都应将终端产品设计以及配套环境设计的服务进行延伸和专业专一化。不能仅仅是单一地模仿国外个别单项的某个产品。而是要实地结合国内的喜好来进行售前研发和整体方案搭配设计。整装行业的兴起为未来陶瓷企业的产品设计提供了思路，但是同样也给我们广大的色釉料行业企业，指明了未来的趋势与研发方向。

国内市场企稳，外贸市场需求新增长

2023 年国内陶瓷市场充满希望，按照全球陶瓷产能分布以及对于色釉料等原辅材料的潜在需求市场来看，目前中国依旧是全球最大的陶瓷产能和生产线最多的国家。但就陶瓷喷墨打印墨水市场来看，国内现有的陶瓷墨水年度潜在需求在 5 万吨左右，而目前全球陶瓷行业整体陶瓷墨水需求在 10 万吨左右。因而，可以看得出即便中国市场整体产量呈现出下滑的趋势，但是从全球占比以及原料需求上依旧是一个巨大的市场。然而我们也要看到，国内缩量市场将为国内增量企业带来一个痛苦的产业洗牌过程。

因此，在 2023 年开年伊始不少色釉料及原辅材料企业都将目光锁定到出口市场，更多的原辅材料企业和釉料企业开始在海外布局。当然，也有一些严重依赖出口市场订单的企业开始将工厂向东南亚转移，除了受到贸易摩擦的影响外，也是出于企业布局的考虑。

从中国建筑卫生陶瓷协会公布的相关数据来看，2022年国内色釉料出口排前三的省份分别是浙江、山东、江西。色釉料出口数量21522.75吨，出口金额10334.29万元。从主要的出口方向上来看，亚洲占比63.44%，非洲占比35.44%。其中沙特阿拉伯、越南、坦桑尼亚、尼日利亚、印度等依旧是目前国内色釉料企业出口的主要方向。特别是科达系在非洲建厂之后，目前东非市场依旧处于增长通道。因此，对于国内的色釉料及原辅材料产业链上的企业来说，2023年外贸的主要方向就是上述这些国家和地区。

机遇与挑战

2022年国内陶瓷色釉料行业产值与上年同比下滑8%~9%，全行业全年总产值保持在188.7亿元左右。其中，大中板类产品逐步替代瓷片类产品趋势明显，同时也为陶瓷墨水市场的增长提供了需求支撑。色釉料行业相对进入稳定洗牌期，国内留存色釉料及原辅材料行业企业大约176家。两家上市陶瓷墨水企业国内市场占有比率较之去年上升5%，釉料企业受下半年陶瓷企业大规模停产影响，下半年抛釉市场需求下降超过45%。行业技术创新方面依旧以釉料以及干粒类产品为主，其中陶瓷企业降本增效促使釉料企业逐步减少干粒用量、降低釉料成本，市场导向要求釉料企业进行相应的技术创新。

展望2023年的色釉料及原辅材料行业的发展前景，充满机遇与挑战，首先是国内房地产已经定调，层面上划定了国内陶瓷企业无法再出现上个周期的规模扩张和增量市场行情。在未来的国内缩量市场行情中，除了价格优势之外更需要有产品创新来提升色釉料墨水产品的附加值。此外，疫情结束之后与国外的交流会逐步恢复，这当中对于出口市场还是充满许多机遇，特别是中东以及非洲市场增长潜力巨大，色釉料和原辅材料企业需要走出去拓展市场，提升自身产品的核心竞争力，实现企业高质量发展。

2022年6月5日

陶瓷行业能挺得过 12 月份吗?

随着环保督察组的入驻和天然气等能源以及相关原材料价格的一再上涨,高企生产成本、不可控的政策因素,加之一片惨淡的市场行情,使陶瓷企业更加无奈和焦头烂额。销售淡季从来没有像今年这样来得早、去得晚,无论是色釉料企业还是几大卖砖的集散地,生意在 8 月份近乎停滞。8 月份的惨淡延续到 9 月份,又迎来了停窑和停产。当然,这当中既有销售不畅造成的库存积压严重,还有因为原料和燃料价格大涨导致的成本与售价倒挂,生产厂家干脆停产,好过生产得越多亏损越大。由于环保督查组的检查趋紧,属地环保部门处理从严从速,以避免隐患所导致的政策性停产。不得不说,未来除了拥有自己土地和生产牌照的企业能够活下来之外,必要的环保投入和环保改建都是一笔潜在的巨大投资。

从国内循环方面来看,房地产被重新定义之后,很难再有前 20 年的黄金发展期。从陶瓷行业蓬勃发展的轨迹来看,与 1998 年房改之后是延后重叠吻合的。即房地产好,相关的水泥、钢材、陶瓷、玻璃等行业全都跟着一起好。在陶瓷行业吸引资本进入之后,头部上市企业通过资本再不断地扩张和不计成本地抢占市场。通过打造品牌走高端的类似"奢侈品"的路线,未来也不见得会好到哪里去,因为独栋别墅等存量逐步减少,在叠加富人的集聚和富者更富的趋势来看,未来的高端市场在人口进入萎缩期后一样难做,很难支撑住多个品牌。而走中低端的薄利多销路线的主要消费市场集中在城镇化和新区建设等,也很难再大面积扩张。所以,国内岩板产能极有可能在未来 1～3 年内淘汰三分之一的生产线出局。

综合各方面消息来看,如果在国庆之后市场没有大的改善,大部分陶瓷相关以及色釉料企业提前停产的计划将会是大概率的事件。除了品牌和头部企业之外,二三线的陶瓷企业如果过早停窑之后不再批复款项的话,那么前期为了走量和抢占市场而未涨价,甚至降价销售的色釉料企业的经营状况就十分令人担忧了。即使目前部分材料的价格还在往上涨,但是冷却下来的市场留给大家更多的选择客户和思考问题的缓冲时间。

2021 年 9 月 23 日

传统陶瓷色釉料行业的转型之路

  谈起转型是一个比较沉重的话题，一个行业或者一个企业在历史和产品的市场选择中，能否生存下来往往就在一念之间。特别是对于陶瓷行业来说，生产型的企业经不起时间的折腾。市场变化很快，产品除了要能够顺应市场的需求，更要做到物美价廉。其实，在性价比和物美价廉之间，笔者更加倾向于性价比。一分钱一分货的道理谁都懂，既要产品质量最好，又要价格最低，所谓的物美价廉在一定程度上成为行业和产品创新的绊脚石。使用低档次和质量欠佳的原材料生产出来的产品，与优质原料生产出来的产品品质之间的差异不应只是价格上的，更应体现在后期使用和满足使用标准之外的附加功能上面。

  过度技术开发应用、唯最低成本最佳的思维和想法都是不可取的，如同在陶瓷岩板黑产品的生产上面，新产品创新阶段对于色料产品价格本身不是很关注，而是首先要求色料质量能够满足应用，满足技术应用指标的产品价格上即使很高也能够接受。但是，当这个产品技术扩散后，市场竞争越发激烈，岩板厂家之间爆发价格竞争，迫使陶瓷厂技术人员降低生产成本，那么，首先从坯料、色料辅料等方面开始降低原料标准。这也是为什么岩板黑产品的价格和品质，随着陶瓷厂降低标准，而出现下滑的原因之一。

  不难看出，传统的色釉料企业已经在开始行业内的第三次转型。第一次转型是色料与釉料部分的分离并专业化，第二次转型是陶瓷数字化进程中色料墨水化与釉料数码化。那么，第三次的转型更多的是企业面的全方位拓展。上市企业通过兼并或者拓展新的部门开展新的业务，部分色釉料企业转入岩板相关增白原料方面的业务，通过釉料材料或者坯体原料部分来拓展色料部分的减少。其次是向相关联的行业渗透和寻找新的应用市场，比如涂料以及日用瓷等其他相关行业拓展。总体而言，陶瓷终端的需求和生产线在下降，色釉料行业经过本轮市场筛选后留存下来的企业将更加屈指可数。

2022 年 6 月 23 日

陶瓷色釉料行业的现状之产业聚集化

近年陶瓷色釉料行业伴随着房地产的下行,开始出现进一步的萎缩与行业聚集整合的迹象。从中国经济高速发展的二十年来看,房地产行业高歌猛进的同时造就了相关的色釉料和辅料行业蓬勃发展。特别是最近的十年,陶瓷相关的产业园在全国遍地开花,形成了东南西北中各有代表的态势,其中尤以江西高安和广西藤县发展得最为迅速和不断创新高。而传统的陶瓷产区,如广东佛山、山东淄博、福建晋江周边等发展欠增长。在以陶瓷大中岩板为主要代表的第6代产品创新浪潮中,各地产区产品及差距在进一步地拉开。对于产品的升级换代来说,深受影响的是色釉料行业,利好的是窑炉等机械设备制造商。陶瓷产品的数字化与追求黑白灰色系对于陶瓷相关色料墨水的需求进一步减少,促使传统的色釉料行业企业面临再一次的生死抉择。市场萎缩、产品单一、熔块产品部分遭到淘汰,大部分传统色釉料企业对于未来充满了迷茫。

通过我们所做的《2022陶瓷色釉料及原辅材料行业产业调查白皮书》来看,国内的陶瓷色釉料及原辅料行业产业集群主要集中在广东地区、江西地区、山东地区。其中色料行业,包括墨水企业,主要在广东地区,抛釉类企业与色料企业在广东地区的比例接近对半。江西地区的色釉料企业主要在高安等地区,其中色料生产型企业不超过8家,具有工厂且有一定产量(每月3000吨以上)的抛釉类企业不超过10家(包含外省驻江西分公司)。山东、安徽地区企业主要以熔块为主,全年开启熔块炉不超过50台,具有一定规模的色料墨水生产企业不超过5家,釉料熔块类型注册企业超过100家,但是实际生产且有自己工厂窑炉的熔块企业不足20家。再来看福建地区的色料企业主要以坯体色料为主,具有一定规模且自由生产工厂的色料企业不超过10家,抛釉类企业也非常少,市场上常见的不超过5家。

整体来看,国内陶瓷色釉料产业近年呈现出进一步萎缩和加快转型的态势,部分传统色釉料企业要么退出市场,要么转型从事其他行业。陶瓷墨水产业更是集中在两家上市公司,市场份额超过80%,外资加上国内中小陶瓷墨水企业不超过20家。传统陶瓷色釉料产业链上,具有自家厂房土地和占据一定市场份额的企业可能已经不足百家。

2022年11月10日

新冠疫情反复下陶瓷人如履薄冰

在2019年新冠疫情之前大家还在犹豫是否上陶瓷岩板项目，因为上不上车都可能是一条不归路。当然，不少陶瓷行业内做机械设备的厂家开始发掘岩板加工等配套设备，特别是岩板相关的窑炉等设备确实赚得盆满钵满。到了2022年来看，不少陶瓷相关行业从业多年的老板已经在考虑还要不要做陶瓷了？虽然说疫情之下，信心比黄金还珍贵。但是不少行业内的人士已经对这个行业不看好，开始悄悄地转行撤离了。未来国内陶瓷市场容量，不少人都认为会在30亿~40亿平方米。如果真的是这样的市场体量的话，当前的陶瓷产能还要继续淘汰出三分之二的产能，这也将是未来几年市场存在巨大变量的时段，或许我们这一代陶瓷人刚刚好见证中国陶瓷工业从孕育、发展到顶峰，再到于困境中艰难转型的过程。

雪崩之下没有一片雪花是无辜的，行业大洗牌之际，不是说越大的陶瓷企业抗风险的能力就越强。甚至之前有朋友说，只要上市了就相当于是拿到了免死金牌，大家觉得可能吗？上市真的就能保证企业长命百岁吗？我看是很难，要不怎么会有不少爆雷之后的ST[①]和摘牌的公司！重组是很多行业自救的一种方式，当然也不排除新兴的互联网行业被国资收购入股的可能。说不定国内市场本轮陶瓷重组洗牌和秩序重建之后，不超过10家的陶瓷大厂兼并收拢国内陶瓷行业，这个时候可能真的会迎来国家队的入编。

其实新冠疫情之下的制造业多半都是如履薄冰，作为制造业最主要的成本之一的人工成本，一直呈增加趋势。一旦以往规模走量的模式被市场阻断，庞大的人工团队会立刻变成企业的负担。因而我们也看到近期部分陶瓷企业，因为停工放假、裁员问题而引发抗议事件。一边是企业员工个人小家庭需要薪水来养家，一边是企业停产裁员自救，都是为了生存之争，其实真的都挺不容易。各行各业疫情之下都很艰难，哪有什么岁月静好，不过是有人为你负重前行。

2022年12月1日

[①] ST：ST是股票市场中特殊交易状态的缩写，通常表示股票存在重大风险，例如可能会被暂停交易、公司面临重大损失或违反相关法规。

第二章　行业观点与思考

商场如战场，落后就要挨打！

"落后就要挨打"，是人们熟知的一句话。但许多人并不知道"落后就要挨打"这个命题究竟是谁提出来的，是什么情况下提出来的，是针对什么问题提出来的。实际上，在20世纪80年代，尽管这句话被广泛引用，但也没见有论者明确指出它是谁说的，出处在哪里，上下文如何，真正的含义是什么。其实，最早提出"落后就要挨打"这个命题的人，是斯大林。1931年2月4日，斯大林在全苏社会主义工业工作人员第一次代表会议上发表的《论经济工作人员的任务》演说中提出并作深刻阐述：打落后者，打弱者，已经成了剥削者的规律，这就是资本主义弱肉强食的规律。你落后，你软弱，那你就是无理，于是也就可以打你，奴役你；你强大，那你就是有理，于是就得小心对待你。

市场经济背景下，技术落后与管理不善同样要遭受各种"毒打"，资金充足或者有一定"背景"的企业尚可以挨过几轮打或者寻求"上进"改变，当然，也有不少企业固执顽守，不寻求新的企业利润增长点，还在一味地以为只要有"资金"或是产品目前有优势就可以停止进步，这样的企业也是在穷途末路之上，还能走多远没有人知道。陶瓷行业发展到今天，相关的配套服务企业链也早已完善，特别是随着自动化机械的不断普及和国产设备等配套设施的建立，企业若还想延续早些年那种粗放式的发展模式已经不能适应当前的市场环境了。从相关媒体报道可以看出，今年进入5月份以来，首先是全国多数一线城市的房地产价格进入滞涨或者下调区间，相信6月份以后的房价下调也成为定局，各地方政府的土地出让金也是大幅度缩水，有些城市的土地出现流拍。对于陶瓷行业，先是环保整顿，再是频繁出现企业工资拖欠事件，还有一些企业已经曝出资金链断裂的内幕消息。

当前，作为陶瓷企业，不光要做足企业内部的管理工作，加强企业内部的"反腐败"工作以"节流"，还要像鹰牌陶瓷那样，将旧厂房改造成佛山市泛家居电商创意园，开拓电商市场，由企业搭建平台玩起电商来"开枝"。

2020年7月7日

陶企爆雷进入高发期,供应商难逃魔咒

2023年以来,陶瓷行业形势愈发严峻。从近期多家上市陶企公布的三季度业绩报告来看,7家上市公司中2家亏损、5家营收下滑,虽然具体数据比去年"好看"了许多,但依旧陷入了增长乏力的窘况。另外,东鹏控股公开向恒大等房企追讨欠款更是揭露了当下陶企收款难的事实。日前,东鹏控股发布公告表示,要向恒大、融创等房企追债9.32亿元。公告披露的诉讼、仲裁案件周期是2022年10月22日到2023年10月22日,涉及房企有恒大、融创、中南建设、荣盛地产、金科地产等。头部陶企都活得如此艰难,产业链下端的原料及色釉料墨水企业的日子就更加难过了。

近年来,房地产市场的爆雷引发了一系列连锁反应,其中之一是陶瓷企业的爆雷潮。这一事件对陶瓷行业产生了深远的影响,凸显了该行业在原料供应链和市场波动方面的脆弱性。首先,房地产市场进入存量阶段直接冲击了陶瓷行业的需求。陶瓷产品在建筑和家居装饰中占有重要地位,而房地产业的低迷导致了对陶瓷产品的需求急剧下降。这使得许多陶瓷企业面临订单量锐减、销售额急剧下降的困境,从而增加了它们陷入财务危机的风险。

其次,陶瓷企业在生产过程中对原材料的依赖性较高,尤其是对泥沙、色釉料等原料。这些原材料的价格和供应稳定性直接关系到陶瓷企业的生产成本和运营稳定性。然而,原料供应商往往面临着市场波动和价格波动的风险,这在房地产市场低迷的背景下变得尤为明显。原料价格的上涨可能使陶瓷企业的生产成本大幅增加,从而影响其盈利能力。陶瓷企业应该建立稳固的原料供应链,并与供应商建立长期合作关系,包括同色釉料网之类的分类平台进行合作,增加和扩充原料供应商目录;选择性地同有实力和信誉佳的供应商合作,确保原料供应的及时及价格波动幅度可控。

不得不说,房地产市场爆雷给陶瓷企业和原料供应商都带来了严峻考验。特别是头部品牌陶企大多与大的房地产公司存在合作,而本轮的房地产危机,国内排名前十的公司都存在问题,这是一个系统性的债务危机。原料供应商在头部陶企中的应收货款也是最多的。由此产生的连锁反应才是最可怕的,一旦有头部陶企倒下,其身下压着的供应商可是千千万万了。不仅仅是色釉料墨水原辅材料供应商,机械设备等其他陶瓷配套企业在来年的4—5月份也将面临最危险的时刻。

2023年12月28日

内循环时代做好"自己",诚信是"金"

2020年7月,国务院正式公布《保障中小企业款项支付条例》,要求建立长效机制解决拖欠中小企业款项问题,自2020年9月1日起施行。就陶瓷行业来说,拖欠货款是一个老生常谈的话题了,以至于说到企业之间的产品竞争到最后拼的是谁给的账期长。

我们这个行业有点奇怪,从最上端的陶瓷厂家开始,经销商要拿砖走,得先打钱才能提走砖,但是到了化工原料这一块就很难做到现款提货,甚至保证不了合理的账期。就拿色料和釉料供应商来说吧,1个月对账收款是很正常的吧,3个月有利润加进去也无可厚非,但是有的陶企大厂动不动就是账期6个月起步。还有那些做煤的企业主,随便一个陶瓷厂都是压着上千万的货款。所以说,这边陶瓷厂家来卖砖是收了钱去的,原材料这一块成本又都是供应商在支撑着,好像这个钱都不知道去哪里了。

最近在网络上看到一个段子是这么说的,昨天我朋友终于把欠了我两年的3000元钱还给我了,这其实本来就是我的钱,按常理讲这也是理所应当的对不对? 但是我总感觉像是白捡来的一样高兴,你说奇怪不,现在借钱你真的还得看能力,不是只看对方的能力,还要看自己有没有承受对方不还钱的能力。

每次我给欠我钱的人打电话叫他还钱,我都会觉得不好意思,心跳加速,感觉很紧张,你说奇怪不,搞得好像我欠人家钱似的。总之,这年头借钱出去,你稍有不慎将以失去友情为利息,以人财两空为代价,就算最后还了钱,很多时候好像都搞得双方不怎么高兴,真正能够懂得感恩的人没几个。可以这么说,借钱是对你的支持,不催是信任,还钱是诚信,不要拿别人的支持和信任来毁掉自己的诚信吧。即便的确是没钱,也应该态度端正地时常告知人家一声,你没忘记,你正在真真切切地为还钱努力着。

这年头做人真的是太难了。与其一味迎合别人的需求,不如定位好自己的社会角色。每个人在社会上都是一个个体,每家公司又何尝不是! 相信大家对于每家公司都有自己的心中定位。

2020年9月17日

陶瓷行业的杠杆率到底有多高？

在年底来谈论行业杠杆率这个话题确实比较严肃，听说有厂家开始准备再过1个月就停窑了。按照今年陶瓷行业的付款情况来看，色釉料厂家对陶瓷厂家基本上是3~6个月的收款账期。原材料供应商对应的色釉料行业的情况也好不到哪里去，相对于陶瓷厂家盘子大、占用资金量大的情况稍微好一点点。目前来看，有色金属材料方面，如贵重类的氧化钴、氧化镍、五氧化二钒等产品，相对需要现金或者是月结的情况较多。对于釉料材料来说，煅烧氧化铝、碳酸钡、碳酸锶、煅烧锌等产品基本上厂家都是现金发货，最多也就是1个月的账期，部分釉料企业存在的2~3个月账期的情况基本上是经销商在压款。

整体来看，上半年陶瓷行业回款情况相对好一些，由于陶瓷岩板大板的销售情况火爆，市场中合格的泥沙等色料产品相对稀缺，部分陶瓷厂家购买优质的陶瓷岩板大板所需原材料可以现金结算。下半年开始，随着大板工艺技术以及机械设备的升级改造，岩板大板类对于泥沙类的要求降低，且对于岩板大板色料的品质要求放低，市场化工料供应充沛，导致厂家之间启动价格战并竞相延长付款周期。陶瓷厂家选择性增加，挑选供应商和推延付款的情况比较普遍。

今天我们先来学学什么叫"杠杆"。杠杆率是指资产负债表中总资产与权益资本的比率，杠杆率是衡量公司负债风险的指标，从侧面反映出公司的还款能力。杠杆率的倒数是杠杆倍数，杠杆倍数越高，越容易受到收益率和贷款利率的影响。杠杆是一把双刃剑，当企业盈利时，增加杠杆能扩大盈利，但是加得过多，风险就会上升。因此高杠杆带来收益的同时也放大了风险。这么说似乎有点抽象，一时半会不好理解。通俗点说，杠杆这工具有点像"镜像印钞机"，可以让你的钱经过金融系统合法衍生翻倍，相信炒过股票的人都知道，2016年的时候，不少证券公司都是敢给本系统炒股者10~20倍杠杆的。

今年的情况还真的比较特殊，正常情况咱们现在的首套房贷是市场年化利率4.15%，但是如果用房子抵押贷款，部分银行可以低至年化3.8%。即你如果有一套价值300万元的房产，即使你还欠着100万元的房贷没有还完，只要你懂得金融操作和了解市场行情，那么胆子大的人可以变相融资回600万元。就像最近网络上黄奇帆说的30亿元本金拿到银行去贷款，通过1∶2的利息放贷获得60亿元，这样就有了90亿元的资金。然后，拿着90亿元去发行ABS，这才是重点中的重点。ABS，全名叫"资产证券化"，听起来很是难懂，简而言之，就是通过出售资产的未来现金流进行现在的融资，就是把明天的资金拿到今天来用。对于传统的金融机构来说，循环的速度比较慢，10亿元的ABS可能需要1年时间，下一轮循环就需要3～4年。但是，具备互联网基因的蚂蚁金服却非常"高效"，速度非常快。蚂蚁金服90亿元的资金拿到资本市场搞ABS，不到3天时间就完成了，紧接着进行下一轮贷款，40多次ABS之后就会形成3600亿元的资金池。

回到前面说的300万元的房产，通过银行贷款七成拿出210万元，其中200万元存在银行定期1年，年化收益3.5%，以此抵押可以1∶2开出银行担保承兑400万元。按照目前陶瓷厂家平均4个月的付款周期来计算的话，即第5个月才开始支付第1个月的供应商货款，那么以第5个月支付100万元的承兑来计算，前4个月应收账款都在400万元以上，那么是不是可以理解为400万元的承兑可以变相融资供应商1600万元的资金，而陶瓷生产周期基本为从备料到出砖到市场大致需15～20天的时间，陶瓷厂家基本是收得到瓷砖的预付款，当然如果是同房地产合作工程项目的话，相应的应收款账期也会延长。由此可以想象出陶瓷厂家的融资杠杆率。

当然，以上只是假设做生意的角度来看，实际的市场情况可能比我们想象的更加复杂。但是有一点还是可以肯定的，那就是多学点金融知识肯定是有好处的。

2020年11月6日

凝聚行业力量，赢在未来！

陶瓷色釉料及原辅材料行业单就产值来说不大也不小，在陶瓷行业，色釉料行业可能受到的关注度还是相对较多一些，但是单纯就原辅材料行业来说，无论是行业媒体或是行业协会的活动当中，基本上很少见到原辅材料行业企业的影子。在传统纸媒时代，色釉料行业和原辅材料行业通常都是划归到化工板块，有些媒体将色釉料、原辅材料行业与机械行业划归到一个板块，也就组成了之前报纸的机械化工版面。

如果说在传统纸媒上，陶瓷厂家包括机械厂家因为实力雄厚，每年都愿意花费巨额资金进行产品宣传的话，那么色釉料及原辅材料行业的厂家更多是在纸媒上打个名片广告。实力再雄厚一点的色釉料企业还会参加陶瓷相关的展会，既可以塑造企业的品牌形象，更重要的是还可以接到来自国外的订单。

但是随着陶瓷行业供应链的完善与企业的多轮洗牌之后，目前通过展会来结交认识新的海外客户变得十分困难。因而，色釉料企业来参加陶瓷展会的目的更多是一种企业的宣传广告，也同时具有让同行及陶瓷厂家见证自己所处的行业地位的效应。

作为陶瓷的上游配套企业，陶瓷色釉料及原辅材料行业规模通常不是很大，年产值10亿元以上的厂家可能不超过10家，包括两家上市企业在内，整个行业的产值可能不到100亿元，但是色釉料及原辅材料相关联行业的产值肯定是超过100亿元的，比如釉料的大宗原料碳酸钡、碳酸锶、煅烧铝、煅烧锌等都是大宗原料供应商，而且与色料和墨水相关的有色金属材料类的氧化钴、氧化镍、氧化锑等都是贵重小金属类。如果算上色釉料及原辅材料相关联的大小企业，这个圈子的体量也是相当惊人的。

由此看来，如果能将色釉料及原辅材料的圈子进行资源整合，借助产业链以及行业协会等相关的平台，通过一些切实可行的落地项目，将这个供应链的上下游企业打通还是有利可图的。特别是针对色釉料企业对于原料价格波动的敏感性，如何整合资源通过抱团取暖的方式既保证原料供应的及时与价格稳定，又能保障持续稳定的订单，以及行业内企业间的信息共享，以避免踩坑等都是可以去做的事情。

2020年12月31日

2024 年中国陶瓷行业展望

中国陶瓷行业一直以来都是世界陶瓷制造业的中流砥柱。经过近二十年的高速发展，我国逐渐成为全球领先的陶瓷生产和出口国之一，包括陶瓷生产线整线输出等。2024 年，中国陶瓷行业将迎来新的机遇和挑战，展望未来，总结出以下三个方面的发展趋势。

一、科技驱动的创新升级

随着科技的不断发展，中国陶瓷行业将迎来一场全新的创新升级。在制造技术方面，先进的数控技术、3D 打印技术等将进一步提升陶瓷制造的精密度和效率，使产品更具竞争力。同时，智能制造、物联网技术的应用也将使得陶瓷生产线更加智能化，提高生产效益，降低成本。在产品创新方面，陶瓷行业将更加注重设计和工艺的提升，推出更具创意和艺术价值的陶瓷产品。数字化设计技术的应用使得设计师能够更加灵活地发挥创造力，打破传统的制造模式，推动陶瓷行业向更高端、个性化的方向发展。这种科技驱动的创新不仅会提升中国陶瓷的国际竞争力，也将为行业注入新的发展动力。

二、绿色环保成为发展主题

在全球环保意识不断提升的背景下，绿色环保将成为中国陶瓷行业的发展主题之一。陶瓷生产过程中的废气、废水处理将得到更加严格的监管，行业将更加注重减少对环境的影响。同时，研发和应用更环保的原材料也将成为行业的重要方向，推动传统的陶瓷生产方式向更加环保、可持续的方向转变。在产品方面，绿色环保将成为陶瓷产品的一大卖点。无毒、无害、可降解的陶瓷产品将更受消费者青睐。绿色环保不仅是一种市场需求，更是陶瓷行业可持续发展的重要保障。通过绿色环保的理念，中国陶瓷行业有望在全球市场中占据更为重要的地位。

三、文创融合引领消费升级

文创产业的崛起已经成为推动中国经济转型的一大动力，而陶瓷行业正是其中的受益者之一。2024 年，我们可以看到陶瓷行业将更加注重与文创产业的融合，推出更多具有文化内涵的陶瓷产品。通过与文创产业的深度合作，陶瓷行业将更好地挖掘中国传统文化的深厚底蕴，推出更具有历史和艺术价值的陶瓷艺术品。同时，陶瓷产品的包装、营销也将更加注重文化元素的融入，使消费者在购买陶瓷产品的同时，能够感受到文化的魅力。文创融合将为陶瓷行业带来更广阔的市场空间，也将推动陶瓷消费的升级。

综上所述，2024年中国陶瓷行业虽然面临着总产量对半缩减，环保压力加大及国内需求减少，出口压力进一步增大的危机与风险。但是，可以看到的是，头部企业以及区域性头部陶企在科技的推动下使得陶瓷行业焕发出新的生机，绿色环保将成为行业的发展主题，文创融合将引领陶瓷消费的升级。中国陶瓷行业将在新的时代背景下实现更高水平的发展，陶瓷色釉料及辅料行业也必须要紧紧围绕高质量发展的主题，加强产品研发创新，提升服务水平，通过为客户创造更高的附加值来促进自身的升级。

2024年1月4日

"三孩"政策或将给陶瓷行业添把"炉火"

人多力量大。人多的时候干一件事情的好处自然不言而喻。在中国人的传统观念里面，不孝有三，无后为大。时至今日，笔者依稀记得当年自己刚刚过完28岁的虚岁生日，每次回家相亲似乎已经不可避免。特别是家里老人家都是希望自己的子女早日成家，成家之后再立业是中国自古以来的"孝道"之一。就拿当今时代来说，别看现在的小年轻们个个生活得潇洒活脱，真正到了该结婚的年龄段时，社会会告诉你彩礼还是需要的，家里如果没有"矿"的话，还是早点进厂、找个老婆比干什么都强。

不得不说的是，环顾自己身边那些90后的朋友，结婚生子对于他们这代人来说真的是一件"难事"。不仅仅是"经济"上需要解决一堆问题，而且当今社会的快节奏生活与单一的微信朋友圈子，要想找到自己的另一半，有时候还真的靠运气。南方快节奏的城市生活圈，不是每个人都能遇上"我心悦你，不在朝夕"的人，所以笔者还是建议这个群体"宁可错过，不可放过"。

言归正传，依稀记得从我进入陶瓷行业的第一天起，这个圈中江湖的前辈们就告诉我说，这是一个夕阳产业。至少在他们看来这个行业的前景似乎并不是很乐观。但是令我难以理解的是这些不看好这个行业的大佬，反而在这个行业中赚得人生的第一桶金。不少人还继续加大投入，当然经过了近20年的高速发展，我国陶瓷行业已经进入了新的一轮洗牌当中。陶瓷产能在近10年前后翻了几番，窑炉越来越大，产量也是几万平方米一天。

所以说每个产业似乎没有所谓朝阳或者夕阳，反倒是看个人的人生能否在夕阳的时候抓住朝阳的机遇。陶瓷产业进入数字化时代，生产更加智能和环保。以陶瓷岩板为代表的新一轮陶瓷扩张时代也意味着行业新一轮洗牌的开始。未来陶瓷或将不再局限于硬装方面，智能化以及定制化的未来是可期的。陶瓷行业从原先的"三高"夕阳产业将会向智能定制化整体家居转变，以后再谈起陶瓷将会是更加高端科技与清洁环保的智慧陶瓷。

为什么要说"三孩"政策将会给陶瓷行业的窑炉再添把火？陶瓷不可能被代替，只有被陶瓷代替的行业。即使这个行业的产值并不大，但是它所面向的是全球产业链的布局与中国在制造领域强项的展现。陶瓷最终的去向是房地产，未来或许还会与家装等其他行业关联，但是终归还是要与房地产行业同生共荣。网上有个段子说，生二胎的那部分人是 70 后和 80 后，现在放开三孩政策，要生的还是之前生二胎的 70 后和 80 后。如果你把这个看成一门生意的话，不断地打老客户的主意，只能说明他们已经找不到新的客户了。看似搞笑，其实也说明了我们这一代 70 后和 80 后所遭遇的这个尴尬的历史阶段。

应了那句"出来混总归是要还的"，所以说，如果这代人还能生得起的话，至少还能为将来的房地产行业贡献点力量。对于陶瓷来说，新生人口增量所带来的人口红利还是能够触手可及的。还是那句老话，陶瓷不是夕阳产业，以后代表陶瓷的必将是具备数字化应用情景的高端制造业和私人定制化的整体智能家居。

2021 年 6 月 3 日

陶瓷行业的"高考作文"你给多少分？

6月份，"高考"肯定是一个绕不过去的热点话题，而且每年各个省的高考作文题目也都是最先曝光的，有一种说法就是"得作文者，得语文也"。作文对于语文成绩的重要性不亚于企业年报对于上市企业行情的影响。

陶瓷行业的"高考"作文无非就是年中的半年报，还有下年初的年报。长期炒股的人都会关注这些上市企业的业绩以及年报，以至于上市公司对待年报的工作上是不能有丝毫马虎的。这年报既要写得"好看"，还得让投资者看到未来的希望。当然我说的好看更多的是指数据上的好看，比如营收同比增长多少，投资新项目未来可产生可观收益多少等。当然，年报基于平时的经营数据，但是对于大多数的中小企业管理者来说，即使没有类似的年报披露，但是内部的财务报表以及相关的"三表"不仅仅是要会看，还得从中能够分析出问题所在及潜在的原因和怎样去改善。所以说，在今天看来作为一个"合格"的企业负责人，不但自身需要具备多项才能，而且还需要不断地学习和更新知识点。

当然了，年报大多是做给公众看的，内部的财务报表应该是做给"自己人"看的。陶瓷行业本身上市企业不多，但是各家企业的经营状况或许只有企业负责人自己知道，对于不少陶瓷企业来说，企业的情况在供应商看来更加地"知根知底"。特别是对陶瓷行业来说，大多数陶瓷厂的供应商基本上都是非常固定的，除非原材料波动特别大和市场差异化很大的时候才考虑更换一下供应商，要么就是采购部门更换了新经理或者是企业负责人自己的意思要更换一下供应商。所以说，供应商这个群体对于陶瓷厂家的经营情况应该是非常了解的，至于说为什么还有供应商踩雷到倒闭的陶瓷厂家，原因不外乎利润特别高容易让人迷失理智，另外就是做了很多年，剩下的都是"利润"了。当然，也有碰到不差钱的主儿或者是自信过度的明知山有虎偏向虎山行的不理性者。终归还是那句：不是梁静茹给了他"勇气"，肯定是"利润"在扰乱"心神"。

说到底，陶瓷行业每年也有一份"高考"试卷，只是答卷人有可能是陶瓷厂自己，也有可能是广大的供应商。至于陶瓷企业的这份"高考"试卷能得多少分，相信除了厂家自己心里有本账之外，供应商的心里也是有一本账的。与其去每家陶瓷厂的采购部门翻翻每年的"高考"试卷得分如何，不如看看近些年来的供应商名单就大体能够知道一个分数线了。

2021年6月10日

陶瓷行业切不能有"教条主义"盛行

曾经有人说陶瓷行业的入门门槛很低，特别是陶瓷色釉料行业，很多技术人员都是半路出家干这个的，包括笔者本人也都是非专业半路半打半爬地进入到色料这个行业。陶瓷虽然说入门门槛较低，但是作为需要经过高温化学固相反应合成的最终产物的陶瓷相关产品，除了要有一定的基础知识之外，更多的是需要在生产中的实践与经验的累积。并不是抱着一本教科书就能做出一个性价比和社会效益最佳的产品。当然，肯定也会有人说，你若不是按照教科书中的理论分子式配比来的配方是假配方，或者更有甚者说这是掺加假货。这里不禁让我想起一位伟人说的一句话，"不管白猫，还是黑猫，抓住老鼠就是好猫"。理论知识固然重要，但是实践才是检验真理的唯一标准，在品质与成本之间找到最佳的协调点才是我们广大技术人员应该去做的事情。

所以这里衍生出的第二个问题就是对于一个产品的定位和市场的认可。比如说格力的空调很贵，是用了真材实料，其他品牌的空调不用同样的材料难道就是造假了吗？又或者说我们色料行业的坯体黑色，原本使用铬铁矿以及一些废渣生产出来的低档坯黑产品，无论是经济效益还是社会效益，不见得就比使用国标原料的差多少。固废利用以及物尽其用本身也是应该大力鼓励的，本身技术的创新也就是实用主义。过度开发和过度使用其实也是一种不环保的行为和加重了对资源的消耗。所以，应该理性地看待低档坯黑的存在，不应否定低档坯黑的技术创新行为，也不应抹杀这部分企业对于行业以及社会所做出的贡献。

什么是教条主义？教条主义亦称"本本主义"，是主观主义的一种表现形式。普遍意义上来讲为：不分析事物的变化、发展，不研究事物矛盾的特殊性，只是生搬硬套现成的原则、概念来处理问题。作为陶瓷行业的技术人员，笔者以为应注重实践和总结经验，再提升一点就是将自己的经验和总结分享发表以供行业共勉进步和探讨创新。当然，涉及一些技术关键要素的东西还是以自愿为前提，毕竟产品的技术与配方的保密关乎企业的生存。所以，不求所有人都能够分享自己的经验，但求行业能够务实求进，以理论为依据，注重企业研发费用的投入和人才的引进，尊重专业技术人才和行业前辈们作为先行者的技术创新。

2022 年 4 月 7 日

2025年会是中国陶瓷的筑底之年吗？

不知道大家是否关注到，中国建筑卫生陶瓷协会编写的《建筑陶瓷、卫生洁具行业"十四五"发展指导意见》（以下简称《意见》）中，特别提到瓷砖行业的发展与国内房地产市场走向是息息相关的。国家对房地产的定调是"稳"，这也奠定了瓷砖行业"十四五"期间发展的基调。也就是说，未来的5年对于国内陶瓷相关上下游产业链企业来说，不管是建筑陶瓷还是卫生洁具，落实高质量发展和碳达峰碳中和目标都是行业"十四五"期间面临的主要课题，所有的行业规划、产区规划、企业自身规划都要围绕这两个"课题"来做。种种迹象表明，未来的一段时间内行业洗牌将在"双碳"下加速进行，低效无创新类的陶瓷及相关配套企业可能面临大量倒闭的风险。

再来看建筑陶瓷砖方面，从产量来看"十三五"期间产量已经见顶，从103亿平方米的峰值已经回落到八九十亿平方米，特别是2019年疫情开始作为一个产能的分水岭。按照相关数据的预测，未来5年国内陶瓷产能还将进一步地缩减，大概率保持在50亿～60亿平方米的区间。产品方面也会从低附加值低端砖类，向高附加值的数码釉料叠加数码模具和干粒工艺的大板岩板类产品发展。当然，大规格岩板类产品的市场缩量过程加速行业洗牌，上市企业通过资本运作会更多地沉底做好渠道以及通过区域价格战淘汰竞争对手出局。

整体来看，《意见》同时指出，岩板和发泡陶瓷是"十四五"期间要重点发展的两类产品。陶瓷行业要加大研发创新力度，开发时尚化、创意化、功能化、装配部品化的新品种。可以预见的是，陶瓷行业内的优质陶瓷企业及相关的配套企业，会借助政策和产业优势进一步做大做强，专精特新概念是未来五年的发展趋势，陶瓷企业要在复杂严峻的市场环境下，尽快寻找到属于自己的"赛道"，利用自身优势努力存活下来，等待寻找新的崛起机遇。

2022年8月25日

第三章　行业转型升级与展望

理性看待一片砖所引发的争论

　　养成了晚上睡觉前看微信朋友圈的习惯，不光是睡觉前，早上睁开眼睛的第一件事情居然也是干同样的事情，这难道就是现在流行于当前老少爷们中的手机综合征？笔者微信加了好几个与陶瓷相关的朋友圈，昨晚因为一位行业内技术型的编辑在朋友圈中转发了一篇《广东砖和山东砖的区别》的文章，从而引发了圈中好友的一些思想上的"碰撞"。

　　这篇文章主要内容如下。广东砖的质量相对来说好一些，购买瓷砖一定要谨慎，目前瓷砖市场砖的种类繁多，超过千种，很多山东瓷砖厂家打着广东瓷砖厂家的牌子销售！广东砖的底色发白，山东砖的底色发暗，墙砖的底色发红。广东砖制作精良，手感细腻，对光看表面，光滑平整无翘曲。广东砖的制作工艺精细，几何尺寸差距很小，可通过多块砖平铺和尺量对角线鉴别。广东砖的密度大，同样大小尺寸的砖质量大，拎起瓷砖的一角敲击瓷砖，声音清脆，背面滴水测试，吸水率低。广东佛山的都是7800t或7200t压机，如宏宇、欧神诺等大厂甚至用的是进口萨克米压机，山东陶企用的都是广东的淘汰货，只能到4200t。山东砖的密度小，像墨水、油渍会渗透到里面，抗污度差。另外，广东瓷砖在窑炉内烧制的温度达到1200℃，但是很多山东的厂家一味追求利润，而放弃对质量的要求，因为现在的柴油和天然气价格很高，还不好买，减少烧制时间和降低温度会节约大量成本，但质量也就相差甚远了。山东砖比广东要便宜得多，现在物流费用也高。从广东运过来一块砖就要十几块，山东砖店里一块800mm×800mm的抛光砖才卖30元！你觉得能好吗？买瓷砖最好是买品牌的，不要买小厂和私抛厂的，品牌的虽贵一点，但质量一定是有保障的。一次性投资我们就做好，等住进去10年了，你再看地面还是和刚铺时一样才是好的。

　　与其说这是一篇点评两地瓷砖优劣的文章，不如说是一篇教大家如何挑选瓷砖的攻略，更像是一位不懂技术的小编乱掺和的文章。因此，看到这样的文章大家也没有必要那么激动。不过总的说来，佛山是国内最早引入进口陶瓷设备进行瓷砖生产的陶瓷产业区，特别是相关配套的化工和机械企业也大部分集中在佛山地区，就是当下来说，佛山地区的瓷砖生产工艺与技术在国内也是排名前位的，高端产品也在国内外响当当。由于近几年的佛山"腾笼换鸟"战略，不少佛山陶瓷厂家实施"走出去"战略，加之各地陶瓷产业园的百花齐放，如今来看，全国各地基本上每个省份都有陶瓷产业了。特别是陶瓷行业的喷墨打印技术革命，促使各地陶瓷喷墨打印生产线的陆续投入生产，瓷砖产品的同质化似乎还有加重的趋势，而且全抛釉和超平釉的出现也拉小了各地瓷砖的品质差异。

因此，再来说广东的瓷砖一定好过山东砖的确有些片面。正如山东淄博陶正的徐总在朋友圈中所言："现在，广东砖、山东砖生产方式和生产设备几乎相同，压机窑炉包括现在的喷墨打印机几乎都是现有的几大品牌，质量业内公认各有千秋，只是品牌建设和设计方面也确实有提高的空间，如此说山东陶企用的都是广东的淘汰货，这种黑白不分的片面之词确有明显的诬损之意。"由此看来，不仅是山东砖与广东砖的差异，就是其他产区的产品也是各有特色。笔者以为，在此比较单一地区产品的好坏似乎没有必要，正如福建地区的劈开砖做得有特色，佛山地区之前的抛光砖，现在是博德的微晶石有特色，还有蒙娜丽莎的薄板。山东淄博地区的熔块产品也是各地陶瓷产区的宠儿，特别是锆白熔块的性价比无人能敌。四川夹江地区的全抛釉产品也是做得有特色，面对农村市场十分具有性价比优势。还有其他陶瓷产区，如湖南湖北产区的产品也是各有特色，既然市场能够容纳下它，必然有其存在的独特性，消费者在选择产品时关注的是质量和价格，谁又会去在意你是喷墨打印还是滚筒，抑或是丝网印刷工艺？由此看来，产品的好坏除了要通过国家标准的检测指标之外，消费者的口碑和市场是否买单也是一个重要的因素。

2019年12月22日

新冠疫情下的陶瓷行业究竟何去何从

  最近几天的媒体都在报道液化气涨价导致的陶瓷生产厂家成本直线上涨，迫使不少陶瓷相关企业又开始陷入停产的风口浪尖上。要知道不少产区在上个月底才慢慢解封由于限电导致的停产。所以说好不容易熬住了原材料的大幅涨价和限电市场萎缩等不利因素的影响，开起来不到半个月，却又被燃料现实紧缺、价格暴涨所困扰。这年底的关卡真的是一波接一波地来。不仅仅是陶瓷生产厂家，相关的配套企业也是被绑在陶瓷厂的这趟列车上，被房地产吓得一阵一阵地难受。包括最近媒体披露的相关上市陶瓷企业的财务状况，跟恒大相关的陶瓷厂家的财务状况也是不容乐观。整个行业的发展与生存都面临着新的挑战。

  除了原料暴涨以及当前的液化气价格创下历史新高之外，目前陶瓷行业内的相关活动也是由于疫情再次在多省市的传播而延期。佛山地区的陶博会等也是一延再延，《陶瓷信息报》的高安年会，还有中国建筑卫生陶瓷协会的南昌年会等都是延期举办。我们不得不再次面临去年疫情二次扩散时的紧急状态。我们当前不仅需要面对生产以及经济活动面的不稳定情况，还要面对疫情叠加当前复杂多变的国际环境。作为企业，当前最重要的不再是生产、扩张和发展问题，而是要如何保障资金安全和平稳过冬的问题。

  总体而言，当前的外部环境不稳定，再加上原料和燃料的价格短期暴涨，让刚刚复产的部分陶瓷企业风险提升。原本以为上市企业的情况会相对好一些，但是相关上市企业的公开报表显示，受恒大连累，其财务报表并不好看。所以当下我们所有人更应该要看好自己的钱袋子，控制人员成本和非必要的支出，平稳过冬过年才是最重要的事情。

2021 年 11 月 4 日

致敬陶瓷人坚守行业终会迎来机会

广东的天气对于一个来自中原外省的人来说，既有几分喜欢冬天的暖和，也有讨厌那夏日里晒得人都快要冒烟的暴晒模式。当然，总的来说，在一个地方待久了或许你的身体也会逐步地去适应当地的气候，要不然怎么说一方水土养育一方人。而对于一个行业来说，每个人不一定会一辈子从事一个固定的职业，但是经过时间的磨炼和社会的筛选，终归是要在一个行业里来生活的。人生不一定要很精彩，但是一辈子很短，总会有你出彩的时候。所以，正如一篇网文所说的那样，请善待你的工作，不管你是否真心地喜欢，疫情对于企业的生存充满了挑战，能够在一个行业里坚守下来的企业都是不容易的，值得你去珍惜和用心去做好每一件工作上的事情。

时间如梭，岁月如歌。人生如梦，回忆如风。即使在广东感受不到冬天的寒冷，但是从多方媒体的新闻资讯里已经看到陶瓷行业的冬天来了。这里的风不是春天来了，万物复苏的春风；也不是炎热的夏天，迎面吹来一股惬意凉爽的风；更不是秋天里，秋风扫落叶，满地皆凄凉的萧瑟秋风；而是冬天里，冰天雪地、朔风凛冽的刺骨寒风。停产过年原本是一件让不少人年底期盼的事情，但是今年的这种行情之下，账面上满满的是应收款的数字不断在增加，还有原料的价格成本同比更是让人直冒冷汗。纵然是个别囤货的中间商仓库里堆放了不少已经升值很多的化工料。但是这冬天般的行情，盈利只是数字上的虚数，要将货物抛出去，外面的应收款收回来，那才是今年的最终收获。

风水轮流转，三十年河东，三十年河西。不曾看到沉默了多年的煤厂负责人因为这波煤炭行情赚得已经麻木，还有跟新能源相关的"锂""钴"两位有色红人更是被资本吹上了天，价格行情犹如风暴前的海浪一般，一浪更比一浪高。正如不少陶瓷行业企业主的发家史那样，行情总是会有，也许是3年，也许是5年，只要坚守在一个行业，熟悉一个行业，你终归还是有机会的，即使是抓住行情的尾巴，也能让你获得资本市场的丰厚奖励。

2021年12月2日

新冠疫情对陶瓷行业的影响有多大?

自 2019 年年底的新冠疫情暴发以来,全球已经在新冠疫情下运行了近两年时间。不得不佩服这个病毒,似乎具备超强的自我更新升级能力,不断地升级和突变出更容易感染人类的毒株。当前全球以及国内的疫苗接种率不断提高,而且目前中小学都已经开始普及疫苗,为冬季的病毒流行季提前打了预防针。因为疫情的反反复复,目前世界经济也是止步不前,而且可以想象疫情防控的巨量资金支出导致当前世界各国的债务风险高企。需求不旺叠加出口不畅,如果今年的冬季再次赶上疫情加重,那么明年的整体经济形势就不容乐观了。

上周,一位银行系统的朋友过来拜访时提到,在他最近走访的近 1000 家中小微企业当中,目前不仅是业务萎缩的问题,特别是到了年底的人员奖金和业务提成等年底集中开支的缺口越来越大,外面的应收账款都是当前不少中小微企业所面临的具体困难。按照这位朋友的预测,年前和年后都将出现一波中小微企业倒闭潮。而且我们也能刷到目前不少城市都已经开始出现了断供潮,工作的不稳定加上房地产目前看不清走势,对于大多数人来说要安守本分端稳饭碗,对于企业负责人来说则是要关注现金流,看不准和不确定的投资尽量别去碰。

当下,我们不仅要学会疫情下如何让自己的企业存活下来,还要时刻关注整个市场环境的变化以及周边局势的影响。特别是对陶瓷辅料的色釉料行业来说,整个市场都在缩量的时候,企业之间的产品价格战会比以往更加频繁和激烈。在整个行业都处于亏损边缘的大环境当中,没有哪家企业有实力去消耗和增加内卷,病毒的影响或许是短期的、阶段性的,但是行业的发展与可持续性还是需要大家共同来维持和维护好。

2021 年 12 月 9 日

陶瓷企业将倒闭 50％ 可能不是危言耸听

"成也萧何，败也萧何"。笔者若干年前写过一篇关于陶瓷厂家渠道商的文章，把中间商和房地产等渠道商比拟为陶瓷厂家眼中的"萧何"。生意好的时候，陶瓷厂家也好，陶瓷色料企业也好，感觉中间商等大客户有些回款快，有些出货量大，还有一些在自己不在的区域里影响力大等。特别是部分陶瓷厂家主要走房地产路线，虽然出货量非常大，但是单价利润压得也是非常低。又或者是走的渠道商路线，品牌高端一点的基本不考虑在中小县城开门店，品牌一般的即使在一些中小县城有不少合作门店，但是补贴等各种福利设定的条款较多，要想拿到陶瓷厂家的补贴还是需要做不少工作和拓宽销售渠道。正如一位在县城开品牌瓷砖专卖店的朋友所讲的，行情好的时候，陶瓷厂家催打款排队提货；行情差的时候，还是催着打款追着发货，也不管你卖不卖得动。

不得不说，目前至少已经有两位陶瓷行业大佬在非公开场合讲过，2022 年至少有一半的陶瓷企业将倒闭或者被淘汰出局。不少人都在观望着今年的广州陶瓷工业展和佛山的陶瓷展会情况，都是抱着下半年将进入更加残酷的市场环境心态。当前来看，几大产区都陷入停产潮，如果陶瓷厂家缩减一半，也就是说下半年整个陶瓷行业的开工率能够维持在 40％ 以上都是较为困难的。除了部分出口市场的情况稍好之外，国内整个陶瓷相关的上下游，以及关联的装修与房地产相关的产业链，都将遭受第二轮减产打击。特别是当前陶瓷行业的账期爆雷和长期款项挪作他用等情况，部分陶瓷企业资金链的断裂是迟早的问题。

当前陶瓷行业所面临产品同质化和终端市场逐年萎缩的问题，对于陶瓷岩板这个产品来说，甚至连 3 年的时间都没有，大家一窝蜂地涌入和扩建生产线，导致岩板产品内卷，价格下降，品质也一再下降。不得不说，每一次陶瓷技术的创新，终究是机械设备厂家食得头汤赚得盆满钵盈，后面进来的大部分都是来撑场子交学费的。百亿下的陶瓷行业，企业更多地需要为专精特新方向寻找新的突破点。

2022 年 6 月 30 日

2023黑兔之年陶瓷前景充满机遇与挑战

2023年你还会看好陶瓷行业吗？这或许是最艰难的一年，许多从业十几年的老色釉料人都说今年是行情最差的一年，但是今年也许是未来几年中行情最好的年份。毕竟今年的出口方面还是有不少可圈可点的亮点，但是回头看国内市场，大部分原辅材料商反映的是市场较之去年同比下降30%，而且利润下滑超过50%。更有企业由于原料单价上涨过半，产值较往年同比增加，但是净利润依旧是同比下滑严重。纵然是市场千奇百态，总体反映出2022年的钱不好挣了，回款时间也延长了。

2023年是黑兔年。就陶瓷行业来说，从今年大面积的停窑和大部分陶瓷企业库存爆仓的情况来看，结合现在房地产的行情，2023年的市场容量整体上还会继续下探，也就是未来5年内中国瓷砖总产能还是处在一个下行的通道，大企业日子不好过，中小微企业也难得有好日子过。因而来看2023年的陶瓷市场，依旧是国内紧缩，国外出口存在机会。

近些年陶瓷行业年年都喊"过冬"，其实观察整个产业链可以发现，无论是生产型的陶瓷企业，还是相关的色釉料配套企业，都处在一个紧缩的态势。陶瓷企业增加生产线和扩大产能的只能说是个别企业，特别是陶瓷色釉料行业拥有自有厂房和生产车间的企业逐年在减少。市场甚至已经传出有好几家陶瓷企业处在破产边缘，所以过完年后总是能洗牌淘汰出一些厂家。

2022年11月24日

2023年国内陶瓷色釉料市场展望

2022年接近尾声，陶瓷色釉料行业全年呈现出一个大写的A字形趋势。也就是说2022年，还是有生意相对较好的几个月份，其中第二季度相对来说是行情非常不错的，包括岩板黑色以及抛釉类产品，部分企业在6月份前后甚至是环比增长超过往年同期。但是，相比较利润而言的话，全年整个行业不少企业的净利润下滑较为明显，出现亏损的企业也不在少数。包括行业内的龙头上市企业在内，下半年都出现了严重的市场下滑，部分色釉料企业出现应收账款剧增等情况，且出现裁员。当然，也有部分陶瓷色釉料企业相对良性一些，主要由于具备一定的产品市场独占性和较强的市场竞争力。部分辅料行业受影响相对较少，但是受原材料成本涨幅波动较大、同行价格竞争内卷影响，利润进一步下降，账期延长和部分陶瓷企业可能存在倒闭重组等烂账风险加大。

2023年基于房地产的现状和未来陶瓷行业的"双碳"目标等，国内陶瓷行业的总量缩减是大趋势，至于是在什么样的位置找到平衡点还很难说，或许未来几年国内陶瓷产能持续下降，并在每年40亿～50亿平方米之间可能找到一个新的平衡点，也有可能还会更低。那么意味着现有的陶瓷生产线还需要淘汰出局一半，包括新建岩板生产线等都是未来2～3年内可能受影响缩减一半以上产能。从色釉料行业来看，目前行业已经相对地进行了整合与产业的聚集，因而可以预见企业规模数量本来已经较少了，无非就是单个企业之间的缩量与增量，产品竞争更多的是服务与产品设计，特别是釉料企业的设计实力未来将是重点拓展方向。"高质量发展"与"专精特新"是未来一段时间里的发展主题，色釉料行业企业一定要抓住重点去发展和维系客户。

展望2023年的国内陶瓷色釉料市场，似乎没有更多的亮点与让人值得期待的地方，这也是一个行业重塑与资源重组的时间段，因而在这个行业的从业人员一定会非常痛苦。特别是作为企业的负责人来说，承受的外部市场压力与来自企业自身低效率产能等内部绩效问题，会伴随企业未来很长一段时间。要么选择退出市场，选择所谓的躺平以寻找新的机遇，要么是承受住压力，吸收新的专业人才来改变企业命运。

2022年12月25日

2023年陶瓷色釉料产业的市场与需求

2022年中国建筑卫生陶瓷产量延续下滑的趋势，但接近73亿平方米的产量依旧在全球陶瓷市场占据主导地位。陶瓷企业也在最近几年的行业洗牌中逐步两极分化，上市成为头部陶瓷企业的必经之路，陶瓷行业从传统的"三高"行业，也开始进入到资本运作和面临国内市场的洗牌。未来国内陶瓷市场品牌还将进一步收紧，市场将进入新一阶段的垄断并由少部分企业掌握定价权，如果依旧是各方诸侯打价格战的话，整个行业将面临继续亏损和内卷加重。因此，接下来是资本市场的资金输血头部企业后开启新一轮的兼并与淘汰赛。色釉料企业面临同样的问题，客户压价导致利润下降和总量下降。

陶瓷色釉料企业依附于陶瓷厂，作为陶瓷的上游配套企业，色釉料企业其实是最难受的。原料上游端基本是资源性的国资等企业控制的矿物等原料产品，导致色釉料企业在采购过程中根本没有议价权，特别是大宗有色金属类产品，往往都是卖方市场定价。再来看销售端，墨水色料等产品作为陶瓷生产的原料之一，但是对成本影响相对较少，而且色釉料行业内卷严重，导致在销售端陶瓷厂家面前基本没有定价权。市场真实情形是陶瓷企业一边压价，色釉料同行内卷一边降价抢单，因此中国的色釉料企业的负责人其实一直过得很"艰辛"。更有戏言：做色釉料行业的产品，除了需要提高产品服务之外，还需要提供"情感"服务来挽留和稳定客户。

2023年国内陶瓷市场依旧是陶瓷墨水和抛釉的天下，从中国建筑卫生陶瓷协会公布的数据来看，目前国内市场占比最大的依旧是抛釉生产线，多达600条以上，其次仿古砖和屋面瓦加起来约有500多条生产线，剩下的就是大小岩板之类的，有300多条生产线，还有瓷片地铺石抛光砖等加起来400多条生产线。因此，国内色釉料市场除了陶瓷墨水之外，对于坯体色料的需求，如果岩板类依旧流行，黑白灰基本上就是没得玩了，而且地铺石之类色料使用越来越少。因此，色釉料企业接下来需要特和精，国内缩量市场肯定是未来几年的主旋律，需要提前做好布局和向外拓展其他产业。

2023年3月30日

陶瓷行业休眠期正在袭来

8月份的微信朋友圈中都是外出旅游的分享，小朋友们放暑假连带着大人一同放假。俗话说得好，"六七八，没办法"。对于陶瓷行业来说，高温天气所带来的难受，一点不比窑炉的炙烤差，不仅仅是陶瓷生产在夏天进入淡季，不少传统行业都开始按下暂停或者是延缓按键。停产保价又或者说是停产保命，就连关联的水泥行业都开始发文进行行业自律减停产了。由此看来，七、八月份借由天气原因停产或者部分停窑是大势所趋，上半年整体经济形势报表已出，下半年要想有很大的转变估计难度偏大。当前来看，出口乏力、内需不振，以往广东市场50%内销，另外50%产量出口，但是今年出口部分滞销转国内市场，不少陶企仓库爆仓，不停窑减产都不行了。或许，陶瓷行业将会迎来一段休眠期。

据行业相关媒体报道，去年广东产区全年开窑率最高的月份不及七成。而到目前为止，广东陶瓷产区开窑率依旧不足六成，虽然进入5月份后天然气价格下调，不少生产线点火，但是产品滞销、仓库爆满累积到7月底后，不少陶企6月底就开始逐步停窑减产。如果按照去年全国建筑卫生陶瓷产量的73亿平方米来估算，并结合当前开窑率来看，2023年的全国建筑卫生陶瓷砖产能大概率还会继续往下走。当前，陶瓷墨水企业所反馈的开机率不到七成，特别是传统的色料行业企业，目前开窑率更是不及50%。瓷砖卖不动，库存爆满，下半年形势不容乐观。

以往我们常说动物们过冬靠休眠来保命，陶瓷行业企业喊了多年的"过冬"，一年比一年难过的日子终究来临。那么对于当前的陶瓷行业来说，哪些产区或者哪些产能被淘汰出局还有待观察。除了市场缩减形势严峻之外，各地环保政策陆续收紧，广东陶瓷行业将于2024年正式纳入碳市场，计划今年发布配额通知。2023年半年内，广东、广西、江西、福建、湖南、河北、四川、山东等27个省、自治区、直辖市均发布了碳达峰实施方案。可以预见，陶瓷行业的休眠期正在来临，如何过冬保命就看各自本领了。

2023年8月24日

消费降级与陶瓷减产降价祸及产业链

传统的消费旺季"金九银十"已经过了，各家冷暖自知。反倒是国庆中秋双节黄金周让各地的旅游景点火爆了一回。从目前的各项数据来看，今年国庆期间，中国人创造多项消费纪录。首先是交通出行，据统计，"十一"一天的火车票已经卖了 2287 万张，这是历史上最高的数字。其次是住宿餐饮，从各大酒店预订平台的数据来看，国庆期间，酒店预订量已经超过了 2019 年的 3 倍水平。再次是购物娱乐，从各大电商平台的数据来看，国庆期间，衣服、箱包、运动装备等旅行用品都卖得非常火爆。这样的消费状况，在全球范围内也是罕见的。在新冠疫情的影响下，很多国家和地区的消费市场都受到了严重的冲击进而萎缩。由此可见，衣食住行依旧是未来市场经济增长的主要爆发点。

话说现在的年轻人不结婚不买房，未来对于陶瓷行业的影响肯定是深远的。中国房子到底是不够住还是多出来多少，目前，各方的专家学者也是意见不一。但是不得不提的是，多方信息反馈，当前消费转向正在发生。然而，这是否能够说明，中国进入了"低欲望社会"呢？低欲望社会是研究战略管理的日本学者大前研一提出的概念。他认为，在经历了通货紧缩、经济持续低迷的 20 年后，许多日本年轻人既不愿意结婚生子，也不愿意买房买车，"低欲望"是这一群体的共性特征。当然，也不可否认，"低欲望"在国内年轻人中产生了一些共鸣，"反向消费""二手消费""极简消费"，乃至"断舍离"理念得到了一部分人的认可。

陶瓷行业依附于房地产，在欧美的脱钩政策之下，瓷砖出口无望、内需缩减的大环境必将持续一段时间，陶瓷产品的消费降级与否不清楚，但是有一点不可否认，那就是进入高质量发展阶段，过往"投资越多发展越快"的路径模式，正在逐步被打破。在当前经济复苏缓慢、敏感通胀预期越发明显的情况下，资源类包括陶瓷产品未来肯定会涨价，当前的降价和减产或许只是行业新一轮洗牌的开始。

2023 年 11 月 2 日

"折腾"能否拯救下滑的陶瓷行业

对于不少陶瓷企业来说,由于都是"自家"企业,因此,从管理上来看,不少企业负责人都是属于喜欢折腾的人。网上有个段子,说的是本来就穷,折腾对了就富了,折腾错了顶多还是穷,没什么可犹豫的。人生就是豪赌,怕输永远赢不了,敢闯才有机会,敢拼才有未来。对于喜欢折腾的人来说,折腾可能是一种生活的态度和做事的风格,生活是一个不断探索和挑战的过程,只有不断折腾、尝试新事物,才能感受到生活的丰富和多样性。

对于不少陶瓷企业家来说,不少人都是通过国企改革的红利来实现创业而立业的。通过不断追求自己的梦想和目标,在陶瓷行业内的创业过程中可以找到内心的满足和快乐。在追求让他们感兴趣的事情的同时,不断学习和成长,帮助发现自己的潜力和价值。正如我当初,就是因为对于不同的原料经过煅烧能反应成色料,感到好奇和感兴趣而进入行业一样。同时,喜欢折腾也意味着敢于面对困难和挑战,但正是这些经历让创业者们变得更加坚强和有韧性。因此,生活和工作的本身在于折腾,就像我当初做自媒体一样。我们的快乐来自对生活和工作的积极态度和持续的努力。

当前,整个陶瓷行业都在经历着洗牌与行业重塑。特别是不少企业的领头人对当前的行业逐渐失去信心,看不到未来的希望而放弃企业或者放弃这个行业。有些企业变卖了工厂,有些转行做其他产业,还有一些人干脆离开了陶瓷行业。但是,依旧有一群有情怀和有闯劲的企业负责人在潜心做好生产,抓研发跑市场,国内不行跑国外,不会英文学英文。这个行业还是有许多人在坚守,因为他们喜欢他们的工作,喜欢他们的行当,喜欢去折腾和钻研创新技术。

实干兴邦,折腾兴业。在这个充满机遇与挑战的市场经济时代,任何行业都是一样地充满着各种壁垒和看不见的规则。特别是当前的不少陶企都已经是"陶二代"们在逐步上手操盘了,或者他们会遇到一些挫折与失败,但是总归来讲,与其坐着等着消亡,还不如主动出击,折腾是一种生活和工作的态度。我相信,只要盯住一个点,持续地发力去折腾,最终肯定会有所收获。

2023 年 11 月 30 日

02

企业管理与人才

第二部分主要讲陶瓷企业的管理与人才的培养问题。正值陶瓷行业老一代逐步退出经营，"陶二代"们逐渐上手操盘，如何管理好一个陶企需要方法和工具，以及实践经验。这一部分也是分为三章来展开。其中第四章主要讲管理方法和当前陶瓷行业企业管理现状，强调了组织搭建与团队合作的重要性和精益化管理在于细节的把控。第五章主要讲公司的用人原则和陶瓷从业人员的择企标准，因为企业的竞争终归是人才的竞争。第六章主要讲企业经营，以创业容易守业难来切入主题，企业负责人在日常管理中也要通过学习不断提升自身修养和经营能力。

第四章　管理方法与组织

陶瓷行业企业管理现状

陶瓷行业是一个值得来掘金的行业!

　　目前,佛山地区的陶瓷色料生产厂家大概有160多家,其中还有许多小厂甚至都没有挂牌经营。特别是最近这两年,有许多新的陶瓷色料厂家加入到这个利润还算可以的行业中来,其中不乏一些之前在色料厂家从事技术或者销售的精英人士。在大家都觉得这个行业已经没有什么利润或者说没有发展潜力的时候,不少人都选择了退出或者是一种躺平的态度。但是,也不乏一些有独特眼光的人士,正抓紧时间跑步进入陶瓷色釉料行业。正如股神巴菲特说的,他的投资理念中很重要的一条就是:我们也会有恐惧和贪婪,只不过在别人贪婪的时候我们恐惧,在别人恐惧的时候我们贪婪。当然,前提是你必须看得清楚这个行业。虽然,当前的原材料价格都在翻倍上涨,行业利润在不断被挤走,但是相比较于其他行业来说,与陶瓷化工相关的材料等利润空间至少还是有10%以上。

家族式管理还能走多远?

　　据我所了解的信息,目前佛山地区的色釉料企业大部分都是家族式的管理模式,其中除了台资企业之外,许多本地老板开的小工厂都是由企业负责人本人的亲戚来管理。由于陶瓷色釉料企业生产过程中的技术保密需要,许多涉及产品配方的工作都是由企业负责人的"自己人"在做。由于不少企业之前时有发生仓管或者品管人员跳槽到同行中从事技术研发工作,因此,陶瓷色釉料企业在原材料和生料配料环节很注重保密工作。由于生料中一般会分"大料"和"小料"两个部分,故有时仓库之间没有协调好很容易发生配错料的质量事故。

　　其次,家族式管理的一个很常见的弊端就是任人唯亲和以人来决定事情怎么做。陶瓷行业是一个专业性很强的行业,许多工作都需要做试验和根据常年的一线生产经验来处理，试想一个对专业技术什么都不懂的人怎么去管理生产？当然，任何事情都有正反两面，家族式管理模式也有好的一面，在企业的创业阶段可以很好地凝聚企业的士气和保持企业内部员工绝对的忠诚，以及在生产过程中保持较好的执行力。但是，一个企业要想走得更远，相信还需借鉴国外的标准化管理模式，毕竟几十个人的企业和上百人的企业是有很大不同的。

企业负责人是怎么想的？

在企业的日常管理中，企业负责人最想知道的是企业中的管理层或者员工在想什么？我们经常在广告中看到这样一句话：思想有多远，就能走多远！做企业也是一样，企业的最高管理者决定着企业的发展方向和命运。特别是企业的经营策略直接影响到企业的生存，毕竟在行业产品同质化的今天，选择一条适合自身企业目前生产情况的经营策略关系到企业的死活。

在企业的日常管理行为中，开会是一种最常见的形式。除了一些特别的会议之外，开会本身就是管理层同企业负责人之间的思想交流过程，我们常常见到的是企业负责人问员工有什么想法和建议，或者说是大家心里对这个企业是怎么想的，通常每个人都会对自己的想法有所保留，因此，企业负责人不见得很了解公司管理层的真实想法。我想说的是，作为企业最高管理者的企业负责人，你又是怎么想的？你是否可以将你的一些对企业的愿景通过开会或者私下沟通来同管理层交流一下？作为企业的管理层或者员工，他们不是乘客，而应该是企业这艘航母的海员，只有大家都知道了航向，才能更加同心协力地到达目的地。

行业缺的不是钱，缺的是管理人才！

陶瓷色釉料行业经过近些年的高速发展，目前在佛山地区聚集的专业人才数量在全国来说都是占有很大的比重。同时，相对于山东、福建以及江西地区的陶瓷行业工资平均水平，佛山地区陶瓷专业技术人员的平均工资收入应该说排在第一位。由于这两年陶瓷厂的大量外迁，外地新崛起的陶瓷产业园区也大量在佛山本地的报纸期刊等媒体招聘专业技术人员，佛山地区陶瓷专业技术人员的向外流失也是一个不争的事实。

不可否认的是，目前在陶瓷色釉料行业存在着技术瓶颈难以突破的问题，如同我的一位朋友所说，色料搞来搞去就是一个深度的问题，好像都没有什么新的产品或者创新色料的出现。目前大家所做的无非就是新材料的应用和矿化剂的不断优化以降低成本，要有重大的突破还是有难度的，但是有一点可以肯定，色釉料受原材料矿物质化的波动影响，必须不停地调整和优化配方，真正能够实现色釉料的品质稳定还是一个值得去研究的方向。

  陶瓷行业不缺钱，看看每年的大型展览会以及各自的展厅，还有每家陶瓷企业花在宣传广告上的费用就知道了。但是放眼我们这个发展了这么多年的行业，难说有几家企业是在管理方面有很突出的表现，无论是企业面的宏观管理还是深入到企业一线的现场管理，可以说没有几家企业能够拿出来给大家展示。一家企业的核心竞争力到底在哪里？技术是第一生产力，但是一套完备的、适合企业的管理模式是使企业走得更远而不可或缺的必备条件。

2021 年 4 月 26 日

管理行为与组织结构在陶瓷企业管理中的重要性

管理是一门可以学习和掌握的科学手段

管理行为的本身是一门科学技术，它不是一种经验。因此，对于管理行为人来说，年龄和经验并不是唯一的考核标准。既然管理是一门技术活，那么对于任何人来说，只要掌握了一定的管理方法和手段，就可以很好地完成企业日常生产工作的管理。教科书中对于管理的定义是：社会组织中，为了实现预期的目标，以人为中心进行的协调活动。它包括4层含义：（1）管理是为了实现组织未来目标的活动；（2）管理的工作本质是协调；（3）管理工作存在于组织中；（4）管理工作的重点是对人进行管理。就管理的手法来说，目前主要有两个大的方向：一部分管理人员认为要以物件为标的，以物件来对应相应的人员进行管理；另外一部分则倾向于以人为中心，通过管理对应的人来管理机械设备等。总的来说，无论是哪种模式对于管理工作本身来说，只要能够结合公司的实际情况都能够取得较好的管理效果。从笔者自身的经验出发来看，通过具体的物件来管理的效果会好于直接管理人员。

管理行为在企业中的具体表现和重要性

管理工作具体到企业日常行为中就是制订、执行、检查和改进。制订就是制订计划（或规定、规范、标准、法规等）。执行就是按照计划去做，即实施。检查就是将执行的过程或结果与计划进行对比，总结出经验，找出差距。改进，首先是推广通过检查总结出的经验，将经验转变为长效机制或新的规定；其次是针对检查发现的问题进行纠正，制订纠正、预防措施。我们国内的很多企业只学习到了一些表面的东西，例如对厕所的管理，国外一个企业管理水平的高低可以在厕所里找到答案。这里需要探讨一下，是不是厕所越干净，管理水平就越高了？我个人觉得不是这样去理解的，但是厕所可以说是我们日常使用很频繁的地方，也是一个相对较脏的地方，正是因为每个人都要去使用，是每个人都能看得见的地方。如果连这样的一个公共场所的卫生都做不好，很难想象个人会去主动打扫和维持自己工作周边的环境卫生。

在这里我想向大家介绍一下两个名词：维持、创新。维持行为通俗地说就是没有质的改变，比如我做开发工作的，每次因材料波动而进行的配方调整都是维持工作，因为我们所做的工作是保证最终的产品前后的一致性，企业日常工作中有80%的工作量都是在做维持，不光是我们这个色料行业，只要是进行产品生产类型的企业都是这样的，因而，维持行为的本身是企业的一个很基础的工作，必须做好才能生存下去。创新行为是一种质变的改善行为，如果说每天擦桌子是维持行为的话，那么把四条腿的桌子去掉一条腿，改成三条腿的桌子后一样放得稳，这就是创新。当然，我这个比喻打得比较通俗，但是创新是一个企业走得更远、更加强大的必由之路。创新所创造的价值是翻倍的，20%的创新行为可以产生80%的企业利润。所以说创新行为是企业的生命之泉。那么创新来源于哪里？管理得当的企业，其企业的创新主要来源于生产一线的员工。中国企业中的海尔集团在企业中推行5S管理之后，企业在短短的5年间利润实现翻两番，其中培养出了一大批基层管理人员，更重要的是，企业中80%的创新技术和改进措施都是由生产一线员工提出和改进的。管理人员在日常生活中主要起到一种指导的作用，良好的员工素质本身完成了管理工作中的检查和自我检查行为。

组织结构的建立与重要性

也许大家会问，为什么我把组织结构放在最后面来讲，是不是它不重要？我的回答是否定的。组织结构的制订和建立是企业的一个最根本和主要的原则性问题。特别是我们陶瓷行业中的许多色料企业，由于规模不大不小，许多企业都是家族式的管理模式，因此许多企业都不注重组织结构的设置和建立。我们中国有句古话说得好，"无规矩不成方圆"。任何一个组织或者说企业，在成立之初就应该建立有效的组织结构和实施有效的管理行为。其中管理行为主要体现在：一是有没有固定的会议；二是厕所的卫生状况如何。当然以上两点是管理行业中对管理行为的一种简单评判的方法。

组织结构的重要性还表现在，通过组织结构可以很明了地表明组织各部分排列顺序、空间位置、聚散状态、联系方式以及各要素之间相互关系的一种模式，是整个管理系统的"框架"。在组织框架下全体成员为实现组织目标，在管理工作中进行分工协作，在职务范围、责任、权利方面所形成的结构体系。其本质是为实现组织战略目标而采取的一种分工协作体系，组织结构必须随着组织的重大战略调整而调整。因而，随着企业规模的壮大，组织结构也需要相应调整，广大的基层管理人员也是伴随着企业的壮大而成长和提高。高楼大厦拔地起，除了地基必须打牢固之外，框架结构也是重点之一。如果说员工和管理人员是这座大厦的基础，那么组织结构就是这座大厦的框架。两者是相辅相成的，缺一不可。

任何一个企业在设立之初都是有一个发展目标的，我相信我们所处的每一家公司也都有一个走得更高更远的宏伟目标。这个目标也许是企业负责人或者是最高管理者的一种美好的愿景，作为每一个在企业中工作的员工，我们应该坚定自己的信念，融入企业的文化中去，用心去感受和体会企业的每一个成长的脚步，因为这当中有你我的辛勤劳动，正是因为有了大家的同心协力，我相信我们陶瓷行业的明天会更加美好！

2021 年 4 月 26 日

世界杯的团队合作与陶企的现场管理

世界杯即国际足联世界杯（FIFA World Cup），是世界上最高荣誉、最高规格、最高含金量、最高知名度的足球比赛，与奥运会并称为全球体育两大最顶级赛事，其转播覆盖率甚至超过奥运会。世界杯每4年举办一次，任何国际足联会员国（地区）都可以派出代表队报名参加这项赛事。巴西国家男子足球队目前是夺得该项荣誉最多的球队，共获得过5次世界杯冠军，并且在3次夺得世界杯后永久地保留了前任世界杯雷米特金杯，现在的世界杯是大力神杯。德国在1974年首次捧杯并沿用至今，都统称为"世界杯"。

团队的重要性不言而喻，特别是在当下市场竞争愈发激烈的情况下，一个人再有万般能耐也不敌一个团队的有效运作，特别是对于陶瓷企业来说，几百人的工厂不在少数，车间各个环节都关系到产品质量和企业利润。仅仅依靠个人力量是很难将企业做大做强的，正如微信朋友圈中佳窑的程总所言："所谓的天时、地利，在整体实力面前都是次要的，谁要是过分看重这些华丽外表，而忽视内在的洞察，终会吃亏的。"像足球这种集体运动，拼的是技术，打的是管理水平。虽然球队里面的角色相对来说是固定的，球员的技术占有很大的关系，但是如何根据对手的防守态势及时调整攻略也是十分重要的。

谈到管理，不得不说说咱们陶瓷行业这些年的管理。记得很多年前，听一位教授级5S管理专业的老师曾经说过这样的话，一个企业的管理水平主要体现在两个方面：第一个是厕所管理，也就是管理卫生间；另外一个就是看是否有管理行为，暂时理解为管理会议吧。先来说说厕所管理，日式管理模式进入中国已经很多年，而且不少陶瓷企业都是打着7S的口号，却干着一些不着边际的事情。再来看看企业是怎么理解厕所管理的，不少企业认为5S管理就是打扫卫生，做清洁劳动，如果你也是这样想的话那就大错特错了。不少陶企完全不顾员工素质提高和行为改善步骤，或许他们本身就是做表面文章。打扫卫生的目的有3个，一是改善工作环境，二是检查发现问题，三是解决问题。再说一个简单的例子吧，笔者之前工作的企业有很多球磨机，通过做5S每周大扫除，以及每天操作设备人员的打扫和检查，可以及时发现一些潜在的安全隐患，如有些球磨机的皮带有隐裂，如果不及时更换，皮带在工作时可能发生断裂打到工人身上，后果非常严重。这只是一根小皮带，还有一些像爪式打粉机的内部螺丝松动，如果不及时紧固或者更换，可能是会有伤亡事故的。

  足球比赛的一个看点就是教练都是根据现场实际情况，以及对手的打法来调整和改变策略，其实这也是一种现场管理。我们常说管理的成败在细节，那么细节到底是什么？笔者个人认为，现场管理才是细节管理中的主要现场，快速地解决现场出现的问题才是有效的管理。作为陶瓷企业，生产环节是一个十分复杂的过程，任何工序出现问题都会导致下一个工序无法完成或者是有质量隐患。大到生产线的窑炉，小到输送带出现故障，都会给企业带来严重的损失，因此，管理的重中之重就是现场管理，而现场不仅仅是保证设备的正常运转，还要保证不出现问题、预防可能出现的问题。

  由于篇幅的原因，在此笔者就不一一展开了，总的来说，管理工作本身是一项宏伟的工程，管理的本身是一门技术，是有方法可循的。到底是要以物来管"人"还是以"人"来管物，要根据各家企业的实际情况来决定，有些企业是机械设备多、人员少，有些企业刚好相反，因此管理也是需要因人而异的，但是靠"人"来管理是最"笨"的，同时也是最"累"的。这也是为什么大多陶瓷企业负责人老说"累"的重要原因之一。

2023 年 7 月 9 日

一个优秀的企业必定有一个强大的组织

如果说一个企业的主心骨是企业负责人本人思路的话,那么能成为企业的"框架"并赋予能量的就是企业的组织了。从广义上说,组织是指由诸多要素按照一定方式相互联系起来的系统。从狭义上说,组织就是指人们为实现一定的目标,互相协作结合而成的集体或团体,如党团组织、工会组织、企业、军事组织等。狭义的组织专门指人群而言,运用于社会管理之中。在现代社会生活中,组织是人们按照一定的目的、任务和形式编制起来的社会集团,组织不仅是社会的细胞、社会的基本单元,而且可以说是社会的基础。

从管理学的角度,所谓组织(Organization),是指这样一个社会实体,它具有明确的目标导向和精心设计的结构与有意识协调的活动系统,同时又同外部环境保持密切的联系。而在企业的日常管理当中,组织工作的体现既包括团队的一些拓展活动,也包括部门人员之间的互动。作为生产类型的企业,生产部门与办公室等其他部门的互动相对不多,市场部门掌握的客户反馈信息能否及时反馈到技术部门等,都是需要有一套互动体系来联动的。这个时候组织工作的重点更多的是通过一些人员的互动,来促进文件系统的升级和改进后期工作内容。

当然,对于一些中小企业来说,更多是以人为中心的管理模式。而且不少陶瓷企业更多的是建立在以亲戚关系为核心的管理裙带关系,这些陶瓷企业的负责人,可能幻想着依托血缘上的关系,来要求这些人为企业忠诚地服务,即使是有收受回扣的行为,那也是肥水不流外人田。对于陶瓷行业来说,特别是生产型陶企的采购和具体负责生产管理的技术人员,都易遭受供应商的糖衣炮弹侵袭而腐败。所以,作为企业来说,除了制度上的健全和待遇上的预防腐败之外,通过行之有效的组织管理来为企业保驾护航更加迫切。

综上所言,陶瓷企业内部的腐败问题不能仅仅是依靠一些血缘关系,或者是个人的信任来预防和解决。健全的制度和完善的监督机制,虽然可以保证大部分的人按照企业内部法则来行事,但是涉及一些经济利益的问题,还是需要有一套强大的企业内部组织管理和工作法则来监督与执行。所以说,一个优秀的企业肯定离不开一套强大而有执行力和约束力的企业内部组织行为守则。

2021 年 7 月 1 日

陶瓷行业实施精益化管理的关键在于细节把控

"快要吃不上饭了，你还给我谈管理"。越是生意淡季，反倒是加强企业内部管理的最佳时期。对于大部分色釉料企业来说，不是每一家企业都能够配置齐全岗位人员的，因此要求各个企业的主要负责人必须是多功能的复合型人才。而在具体的管理事宜上面，如何能够最大限度地调动起员工的工作积极性又是一个很重要的事情。因此，在固定的工作职责上采取固定的工资收益，与灵活的岗位所采取的灵活的提成薪酬制很有必要。大部分管理书籍和管理工具是建立在成熟的配置健全的企业构架和人员配置上面的，因此，不要指望着多读书就能做好管理工作。当然，读书的好处是不言而喻的，在此只是叙述一下任何理论思想均是来源于工作当中的总结，但是一套好的管理理论和工具方法，必然是在工作中不断地改进和完善的。

正如前面所讲到的，任何管理的成败都在于细节，而决定细节的主要因素就是人。因此，管理不是一本生硬的教科书，或者说是一套硬件工具。只有在自己企业沉淀下来并不断地总结磨合之后能够适应企业向前发展的人，才是企业管理的最大宝藏。但是，当前常见的是不少职业经理人都是通过不断地跳槽，来丰富自己的履历和经验，把曾经就职的企业当作跳板和物质收入的依靠。作为制造业的陶瓷行业，职业经理人未必就是陶瓷行业的最佳选择。特别是对于那些以跳槽当作跳板的所谓"职业经理人"，行业内更是应该形成一种风气，理应将更多的资源投入到技术创新中来，而不是玩一些资本游戏和各种借助热门事件进行炒作的网红经济。当然，我们也看到陶瓷行业内不少头部企业在科技创新方面所取得的成绩。而且作为色釉料行业，基本上都是依靠实干兴企的企业家在前面披荆斩棘。作为一个陶瓷配套分支的小行业，色釉料行业近年逐步被市场引导分化为更加细致的小行业。其中传统的色釉料行业基本上分解为三大部分：陶瓷墨水企业、釉料企业、坯体色料企业。

当然，还有个别的头部综合型陶瓷色釉料复合型企业，但是这类企业市场存量已经非常少。色釉料企业的体量决定了自身必须依靠精益化的生产和精细化的管理来减少开支，提高人员的工作效率。着力提高和提升产品的技术创新力度，才能在新一轮的行业洗牌中不被市场所淘汰。

2021 年 7 月 22 日

陶瓷企业管理需要大智慧和用好人

其实说到管理这个话题，笔者自认为是没有多少发言权的。因而，今天聊的陶瓷企业管理，更多是谈建立在书面认知上面的一些管理工具。当然，管理工作我也不是没有干过，从车间主管到厂长都是做过的，但是时间都不是很长。因此，如果真的要谈管理的实践工作，我个人觉得倒不如邀请我们广大陶瓷相关企业的企业主和负责人来讲，或许会讲得更加到位。

众所周知，管理有许多特殊的领域，例如行政管理、经济管理、企业管理，以及各种行业、部门和过程的管理。这些领域都有专门的学科进行研究，但是我们稍加分析就可以发现，这些专门的学科有许多共性的内容，如人、财、物的组织与计划问题，对人进行领导和激励的问题等。一般来说，这些专门的学科都有管理这一含义。特别是对于陶瓷企业来说，基本上分为两个部分，工厂作为生产基地主要涉及人和设备以及产品的管理，品牌营销部门更多的是管理人和市场活动策划等组织的管理。因此，要管理好一个陶瓷厂，不仅得具备综合的才能，更加需要学会如何用好人。

日常工作中，一部分管理者强调工作任务："管理就是由一个或多个人来协调其他人的活动，以便收到个人单独活动所不能收到的效果。"这种定义的出发点为：在社会中人们之所以形成各式各样的组织和集团，是由于集体劳动所能取得的效果是个人劳动无法取得的，或者仅能在很小的规模上花费很长的时间内才能取得。这样巨大的项目所需要的知识是任何人都无法全面掌握的，更谈不上具体地实现这项计划。

总之，作为陶瓷企业，其生产经营活动涉及多部门和具体到生产与市场营销的不同部门。然而，要真正收到这种多部门连同协作的劳动效果，必须有个先决条件，即集体成员的活动必须协调一致。如果是类似于物理学中布朗运动的活动方式，是无法收到这种效果的。为此，就需要一种专门的活动，这种活动就是管理。作为企业负责人，除了自身具备一定的才能之外，更多的是要学会发现人才和用好人才。企业只是一个平台，企业负责人只是一个组织者，人才是企业的发展核心。

2022年1月13日

陶瓷企业如何推进 5S 管理

5S 现场管理模式是一套针对生产现场环境管理和促进企业经营销售的有效管理手段，即使拥有世界上最先进的生产工艺或设备，如不对其进行有效管理，工作场地一片混乱，工具乱堆乱放，其结果只能是生产效率低下，员工越干越没劲，这样的企业我们认为它只会产生安全问题和制造麻烦，对人类社会没有任何积极的意义。当前，大部分陶瓷企业和相关的色料生产企业，生产现场的环境是不令人满意的，员工的工作环境条件需要有重大的改善才行，在国家提出"节能减排"的政策方针下，作为能耗大、污染大的陶瓷企业，迫切需要引入一套有效的生产现场管理手段来适应市场的要求。

通过推行 5S 管理可以有效地解决这些问题，它能促进企业的发展，使企业的生产环境得到极大的改善，是现代企业走上成功之路的重要手段。目前，佛山地区有许多大型知名企业都在推行 5S 管理，各个企业之间的推行效果也大不相同。本文结合笔者在管理中的经验，就陶瓷企业如何有效地推进 5S 现场管理模式进行简述，望能够为同行企业提供一些参考，如有不恰当之处，欢迎指正。

一、5S 管理模式简介

（一）5S 管理的起源

5S 来自日文的 SEIRI（整理）、SEITON（整顿）、SEISO（清扫）、SEIKETSU（清洁）、SHITSUKE（修养）发音的第一个字母"S"，所以统称为"5S"。5S 最早起源于日本，指的是在生产现场对人员、机器、材料、方法等生产要素进行有效管理，5S 是日式企业独特的一种管理办法。1955 年，日本 5S 的宣传口号为"安全始于整理整顿，终于整理整顿"，但是推行了前 2S，其目的仅为了确保作业空间和安全，后因生产控制和质量控制的需要，逐步提出后续的3S，即"清扫""清洁""修养"，从而使其应用空间及适用范围进一步拓展。1986 年，首部 5S 著作问世，从而对整个现场管理模式起到了巨大的冲击作用，并由此掀起 5S 热潮。

（二）5S 现场管理的作用

日式企业将 5S 运动作为管理的基础，推行各种质量管理的手法，使其产品质量在第二次世界大战后得以迅猛提升,帮助日本奠定了经济大国的地位。在日本最有名的就是丰田汽车公司所倡导的5S活动,5S对塑造企业形象、降低成本、准时交货、安全生产、高度标准化、创造令人心旷神怡的工作场所等现场改善方面有着巨大的作用。

5S现场管理模式对企业的重要意义可以从以下几个方面来认识:一是通过定期组织大扫除活动,使工作场所干净而整洁,员工的工作热情提高了,忠实的顾客也越来越多,企业的知名度不断提高,很多人慕名而来参观学习,结果扩大了企业的声誉和市场销售;二是通过对员工培训和反复推行5S,提高员工的素质,每一位员工都将参与到产品的品质管理之中;三是通过整理、整顿活动,理清工作现场的工具设备,加速了作业流程速度,制订相关的作业指导书和采用员工的改善建议,使每一位员工能够胜任任何工作岗位,有力推动标准化工作的开展。员工通过5S的学习和遵守规则,使每位员工成为有道德修养的社会人,公司整体环境面貌也随之改变。

二、陶瓷企业如何推进5S管理

(一)建立权威和强有力的推行组织

掌握了5S管理的基础知识,尚不具备推行5S管理活动的能力,因推行步骤和方法不当导致事倍功半,甚至中途夭折的事例并不鲜见。因此,掌握正确的步骤和方法是十分关键的。任何一项需要广泛开展的工作,都需要有专人负责组织开展。实施ISO9001的企业都有一个领导小组,给予该机构推行5S的职能比较恰当,对于没有推行ISO9001或企业生产规模受限制的企业,可以由企业中的中高级管理人员来兼任。

由于改善建议在推行5S中的重要性和保证推行活动的有序进行,必须成立一个改善革新工程推进委员会,并根据各企业的具体情况来增设下属委员会。企业的日常最高管理者应担任推委会主任,以示对此活动的支持(这一点在今后的推行活动中很重要)。"理解有多深,就能走多远",企业的各级管理人员都将在推行5S活动中得到锻炼,由于采取的是从上往下推行的模式,管理人员能否胜任推行工作将影响到后期的推行效果,因而推行活动将会充满机遇和挑战。

(二)推行5S的步骤和员工培训要求

推行5S管理活动主要可分为4个步骤(表4-1),每一步骤都有具体的实施内容和要求。推行过程中要注意将形式和内容结合起来,让全员都乐于参与到改善革新工程中来，从而为5S的有效开展打下基础。

员工的培训工作也十分重要，要求包括如下几方面：一是反复培训，达到员工能理解、掌握的程度；二是班长级以上管理人员能够深刻理解，并能在现场培训指导；三是通过理解4个步骤，达到掌握"5S"推进的思路。对于各项目中的内容要有深刻认识，如"要"与"不要"的理解，"要"即对现场有用，在基准以内的物品是要的；"不要"有两层含义，一是对现场无用的物品是不要的，二是对现场有用但超过基准的物品也是不要的。

表4-1 5S推进步骤表

项目	第一步骤	第二步骤	第三步骤	第四步骤
清扫	初级大扫除	找出不易清扫处，并制定对策	污染源的清除	维持，固化；标准化，改善
整理整顿	必要与不要物品的分类 彻底排除不要的物品	思考如何将必要物品分类	重新审视并制定规则（区划线）	
清洁	打扫不卫生的地方	查找出有害的环境	我们的卫生活动	
素养	使4S成为习惯，遵守基本的工作现场规则			理想的工作环境，清新的自我

（三）目标和工作计划制订的重要性

目标的设定和工作计划在5S推行过程中是十分重要的。各企业在制订相关计划参数时，一定要根据企业的实际情况，制订符合企业发展和能够在一定时期内完成的理智目标。当外部因素对完成计划有影响时，要结合实际情况及时修订计划参数。如陶瓷色料企业在制订目标时，可以引入产品返工率、窑炉合格率、单位成本耗能等项目。

目标数值的制订要充分考虑员工的建议，不要制订得太高而理想化，导致无法达到目标；目标制订得太低一定程度上会降低员工的工作积极性，达不到预期的效果。工作计划的制订要有明确的具体工作任务，特别要在中高级管理人员中推行工作计划制度，要定期检查工作计划的完成情况，并根据完成情况做相应的指导和处理。

（四）PDCA的循环

PDCA循环又叫"戴明环"，是由美国质量管理专家戴明博士首先提出的，它是全面质量管理所应遵循的科学程序。全面质量管理活动的全部过程，就是质量计划的制订和组织实现的过程，这个过程就是按照PDCA循环，不停顿地周而复始地运转的。PDCA是英语单词Plan（计划）、Do（执行）、Check（检查）

和 Action（处理）的第一个字母，PDCA 循环就是按照这样的顺序进行质量管理，并且循环不止地进行下去的科学程序。PDCA 循环作为全面质量管理体系运转的基本方法，其实施需要搜集大量数据资料，并综合运用各种管理技术和方法。在推进 5S 管理的整个过程中，一定要有 PDCA 的循环。

三、5S 推行过程中需要注意的问题

（一）企业管理层对 5S 的正确理解

在推进 5S 管理活动过程中，管理人员能否正确地理解 5S 思路将十分关键。简单地说：整理，就是区分必需和非必需品，现场不放置非必需品；整顿，就是能在 30 秒内找到要找的东西，将寻找必需品的时间减少为零；清扫，将岗位保持在无垃圾、无灰尘、干净整洁的状态，清扫的对象包括地板、天花板、墙壁、工具架、橱柜等；清洁，将整理、整顿、清扫进行到底，并且制度化、公开化、透明化；修养，对于规定了的事，大家都要认真地遵守执行。各级管理人员千万不能将 5S 简单地理解为打扫卫生，5S 是有思路和步骤的，一定要"打开"各自工作的现场，深入地理解 5S 管理的思路并按步骤去实施。

（二）污染源的治理和海报制作

5S 推行到第二个步骤时，在清洁项目中有查找有害污染源的事项。各级管理人员和企业的最高管理者一定要时刻关注污染源的治理工作。尊敬和欣赏你的员工，是实施"以人为本"管理的前提条件。对于有害员工身体健康的污染问题要及时进行治理，合理采纳员工的改善建议，并对其所产生的经济效益进行评估和奖励，让其感受到企业对自己的关爱，不断提高员工对企业的认同感。海报的制作是一项非常锻炼人的工作。通过海报的制作，可以让海报制作者在统筹设计和文字组织等思维方面得到提高，同时也是一个自我学习和教育他人的好办法。

推行 5S 管理过程中，要逐步要求各级管理人员参与到海报的制作工作，并要求其培训和指导下属制作海报，并能够完成设计制作和发布演讲。

（三）对大扫除活动的理解

企业的各级管理人员必须要对"大扫除"工作做深入的理解，不能将其简单地理解为搞卫生。在传统的管理模式中，管理出自对"细节"的管理，"细节"决定成败，如何有效地对"细节"进行控制。5S 管理模式是将"大扫除"活动作为管理的切入点，通过组织定期"大扫除"活动，让各级管理人员和员工发现生产现场的隐藏问题，然后逐步延伸到如何解决问题，并就解决问题而提出解决

方案，接着落实和划分出责任区域。

通过定期组织"大扫除"和责任区域的划分，生产现场的每一个区域都会有具体的责任人，每一件物品都是受控制的，我们可以将该责任人定义为其责任区域的"最高现场管理员"，他必须对自己的现场做好相关的管理工作。

四、5S现场管理模式总结

5S现场管理模式是一套针对生产现场管理和促进企业经营销售的有效管理手段，在塑造企业形象、降低成本、准时交货、安全生产、高度标准化、创造令人心旷神怡的工作场所等现场改善方面有着巨大的作用。

陶瓷企业在引入5S管理模式时，要根据企业目前生产经营的具体情况，不能生硬地将其套入到现行的生产管理中。在前期推行5S活动过程中必须做好宣传工作，5S管理活动要全员重视、参与，才能取得良好的效果。需要强调的是，企业因其背景、构架、企业文化、人员素质的不同，推行时可能会有各种不同的问题出现，推进委员会要根据实施过程中所遇到的具体问题，采取可行的对策，尽量避免企业内部人员出现对立化，要将注意力放在研究"事物"上，而尽量减少对"人"的研究。只有这样才能将企业做大、做强，中国的陶瓷企业才能走得更高、更远、更出色。

2020年12月13日

第五章　公司管理与用人

陶瓷行业的竞争终归是企业人才的竞争

10月似乎过得特别快，除了因为是国庆假期恢复后的第一个黄金周长假外，另一半的原因大概就是年底拜访客户以及催收货款，每天都在奔波。于是乎基本上每天都在陶瓷厂，总是能够遇见一些行业内的老熟人。笔者感觉年底了行业内的人们最近都在忙着催收货款的事儿，还有去陶瓷厂家看看压仓情况，鉴于一部分陶瓷厂家有年底备货的习惯，赶上年底末班车大进货也是这后面一个月的工作重点了。当然，光是看展厅是看不出什么问题的，只有亲自到生产基地去走走，去仓库里面看看才能知道这家工厂的经营情况。

不可否认的是，从笔者走访的佛山本地和清远几家工厂的情况来看，整体上付款及时、讲信用，生产大理石和仿古砖的厂家库存积压情况相对好一些，当然这个跟产量似乎也有很大的关系。有些厂家虽然有两三条生产线，但是每条生产线的产量每天只有8000多平方米，而后期建设的新投产的烧瓷片的宽体窑炉，起步就是日产能7万平方米，而且生产线基本上是四五条，这类厂家的库存积压情况十分严重不说，而且对于资金链的要求也十分高，一旦市场或者销售方面出现风吹草动，企业随时面临着停产倒闭。由此看来，不少陶瓷色釉料企业负责人逐渐意识到，行情差的时候"只求稳，不求量"。特别是对于一些信誉度不好的陶瓷厂家，年底前喊供应商送货的基本上没人回应。

前不久笔者参加了行业里面的两场活动，一场活动是行业媒体举办的以绿色和服务为主题，论坛的出发点很好，但是正如行业资深媒体人张永农老先生所说的，高端论坛似乎没有看到高端，绿色和服务谈了很久，但是具体怎么去做还是以挂在嘴上谈论为主。当然，论坛也有一些创新的地方，比如嘉宾互动，不设前提的提问和会务的安排细节，也是看出了主办方的用心良苦。另一场活动是受到胡俊兄的邀请，参加他们蓝铂瓷砖的第一届浪漫节。我们创业报的主编花花同学也在现场，相信花花也被这场以婚礼为主题的浪漫瓷砖节的浪漫策划所感动。以往的一些陶瓷厂家搞活动基本上走的演戏套路，而这次蓝铂却是以自己员工的正式婚礼结合到自家产品的营销活动中，不仅仅是让员工参与到企业的发展而成长，而且还在发展中收获情感与家庭，让员工感受到企业的温暖。

笔者以为，在科技与智能化生产的今天，企业的竞争其实一直都是人才的竞争，而人才的竞争又以团队作战形式所表现出来，一个好的团队不仅仅需要一个适合的领导者，更重要的是团队中的每一个成员都能够找到适合自己的位置，并且将自身的优势与特长结合起来。如同最近笔者因为朋友的缘故，进入保险行业的两家公司体验了员工培训的课程，不可否认，保险行业中的培训以平安保险的最为突出，甚至在行业内被称为保险的"黄埔军校"。通过参加陶瓷行业媒体的活动，有幸认识了一些陶瓷行业内从事企业管理与策划的"点子"公司，以及在朋友圈看到他们中不少从事陶瓷行业内的管理与市场策划方案。其实，对于陶瓷企业来说，类似的培训与教育到底有多大的作用，我相信每位企业负责人的心中都已经有了答案，作为企业的最重要资产之一的"员工"，如何提高员工的技能与素质，与提高企业的市场竞争力有着十分紧密的关系。当然，投资人才和培养人才是一项需要时间的长线投资，而且，现实中不少企业都会出现辛苦培养多年的人才跳槽或者是自主创业去了。这说明了一个问题，员工肯不肯跟着你干，无非是出于两个方面的原因：一个是钱是否到位，另外一个就是能否得到应有的尊重。

干任何事情都要遵循的原则是：第一自己要相信，就是"我相信""我们相信"；第二是坚持；第三是学习；第四是做正确的事和正确地做事。就像当前的陶瓷市场，大家发现仿古砖开始好卖，又是一窝蜂地马上改生产线，将做全抛釉或者是瓷片的改为做仿古砖的，想必明年的仿古砖市场未必就见到希望。企业跟随市场调整生产本是一件非常正常的市场行为，但是像当前这种没有任何创新或者盲目跟风式的不理性行为是要承担风险的，甚至是要付出沉重代价的。

2023 年 3 月 12 日

陶瓷行业也需要"女排精神"与"郎妈妈"

女排精神是中国女排的历史遗产,是 20 世纪 80 年代中国女排夺得五连冠之后的经验总结。女排精神的基本内涵可概括为:无私奉献精神、团结协作精神、艰苦创业精神、自强不息精神。

由此看来,其实陶瓷行业里也有不少"女排精神"的存在。远的就说与陶瓷压机配套的陶瓷机械设备。当初那些设备全部依靠进口,而且维修保养起来非常不方便。科达的出现终结了陶瓷压机被进口压机垄断的局面,要知道与制造一台压机相配套的附属产业链不是一个简单的小系统,各种配套部件都需要有与之相关联的产业链来保证其正常运转。笔者试想,当初创建科达的那群陶瓷前辈们肯定不是为了仅仅完成自己的个人资本积累,而是以一种大无畏、为国争光、打破国外技术封锁的创业精神,团聚了一帮想干肯干的技术骨干,才得以奠定科达今天陶瓷机械行业老大的地位。近期来看,国产陶瓷墨水自从 2011 年吹响反攻市场的号角之后,在最近几年得到迅速的扩展,涌现出明朝、道氏、国瓷康立泰、三锐、陶正等新秀企业,并且占据了陶瓷墨水的半壁江山。中国制造也加快了向"中国智造"迈进的步伐。

特别是从陶瓷喷墨打印墨水的发展历史来看,中国在本轮的陶瓷技术革命升级中完全引领了整个陶瓷墨水行业的发展趋势。国外早前多年没有大规模应用的陶瓷喷墨打印技术在中国得到了迅速的发展,而且更换技术周期已经超过了大多数行业内人士的保守估计,原本以为至少需要 5 年的推广期,意外的是国产陶瓷墨水在隔年就成功问世,短短 3 年时间就已经进行大规模的生产应用,将进口墨水的单价硬是从天花板拉到了地板。说了那么多,我们应该庆幸陶瓷行业里面的那些有先见之明的"郎妈妈",先不论他们使用的是信念还是市场化手段,正是因为他们的存在和高瞻远瞩,成就了一批优秀的企业和培养了一批愿意干肯干的技术人员团队。

技术革命往往发生在市场低迷之时,每一项技术升级或者技术上的创新都会成就一批企业或者个人。有时我们会认为,一家企业需要一位善于规划的领头人物,但是笔者以为招募一支肯干愿意干的技术团队更是成功不可或缺的必备前提条件。特别是在疫情之后,对于陶瓷企业和相关的配套色釉料辅料企业来说,2024 年将面临一场生死存亡的大洗牌。

2023 年 7 月 30 日

"负利"时代的陶瓷行业工厂如何留住人才？

今年对于做实体产业的人来说都挺煎熬的，当然做贸易的日子也好不到哪里去，开工厂的或许日子更加难过。就像前日在朋友公司碰见一个做铁红的业务员，我说看见他最近跑得很勤快，从刚刚进入铁红这个行业才3个月的时间，就已经把产品卖给了我们色釉料行业的好几家工厂，虽然岩板黑色是一个比较火的产品，而且对于优质铁红的需求一直比较旺盛，但是作为一个新人来说，除了自己勤奋多跑客户之外，还有企业平台给业务人员的光环加持。

一个产品要能够快速地占领市场，首先就是要对标目前市场正在使用的产品，最起码你的产品要能够在同等条件下代替客户目前使用的产品。只有在客户能够使用的前提下才能来谈价格优势。当然，也有朋友会说自己的产品性能如何的好，就是价格会贵一些。换位思考来说，如果客户本身在使用一款产品，而且是他的客户也能接受的价格和品质，只要这个产品的原材料不发生大的价格或者品质波动，通常来说一般是不会考虑去替换供应商的。所以说，在产品同质化严重的当下，除了业务人员的自身努力之外，企业平台无形资产的品牌效应和强大的稳定供货能力，都是占领市场的强有力的优势条件之一。

又如那个做铁红朋友所说的，自己上有老下有小，不去跑市场怎么行？反倒是说做企业负责人的还轻松一些，都是坐等客户？以笔者看来，真的是各看各的好，不知盘中餐，粒粒皆辛苦。如果说业务员自身肩膀上的责任是个人家庭，那么一个企业负责人的肩上担着的却是养活手下员工几个甚至几十个上百个家庭的责任。特别是今年的这种行情，原材料价格波动加大，部分原料一路下跌又突然上涨，做实体工厂的许多企业负责人都是在亏本养厂。从行业内某家报纸的报道来看，7月份增加的失信陶瓷企业的名单更是触目惊心。一边是工厂效益差，难招到理想的人才，另一边是企业技术人才因为工资待遇问题的流动频繁。正是应了那句，可以共享荣华富贵，不能一起共担风险忧患。

记得之前有次同波尔陶瓷科技的蔡老师也聊过这个话题，就是咱们这个陶瓷行业目前进来的新人也是越来越少，特别是像武汉理工大学等一些本科院校的毕业生，往往在陶瓷厂待上几个月或者半年就会离开陶瓷行业。尤其是当传统的佛山陶瓷企业外迁到广西等地，对于陶瓷厂技术岗位的工作环境和待遇来说，确实是难以留下新人，说得更难听点，在陶瓷厂上班能否找到对象都是问题。当然，我们也看到行业内的不少大厂都成立了自己的研究院或工程技术中心，包括博士工作站点等。而对陶瓷厂和色釉料行业技术圈来说，目前景德镇陶瓷大学和江西陶瓷工艺美术职业技术学院依旧是主力军之一。

总体而言，任何行业或者企业的持久创新发展离不开人才的培养以及需要不断有新人、新鲜血液的注入。陶瓷行业在基础技术层面来说，这几年的人才流失以及人才断层的现象日益凸显，后期的新产品研发和基础工艺的创新缺乏动力和人力技术支撑。作为陶瓷以及色釉料行业，如何引进新人以及如何留住老人确实是一个亟须解决的问题。

2020年8月6日

双碳时代下,"陶二代"们愿意来接班吗?

陶瓷行业目前有这么一个情况,特别是一些体量比较大的色釉料企业老板,存在着自己岁数已高,但是子女要么留学国外,要么就是从事一些自己喜爱的行业,对于传统制造行业的陶瓷也好,色釉料行业也罢,都是提不起兴趣来。最明显的还有几家经营多年的色釉料企业负责人直接卖掉了厂房,二代直接脱离了这个行业去新的行业发展了。所以不得不说的是,关于二代接班的这个话题,在未来的一段时间内都是各个企业主必须去面对的正事。

如果说陶瓷厂在体量上还算过得去,至少还是对于年轻人有点吸引力的话,那么色釉料行业由于自身的行业属性和生产现场的情况,以及不大不小的体量,对于出国留学回来的这些新时代的宠儿们来说,那还真的打不起什么精气神儿来接手。除了上面说到的个别企业直接卖厂卖地脱离行业的情形之外,还有一些企业的负责人也正在为下一代能否上手发愁,特别是一些依靠企业负责人自身创业打下家底的企业,换句话来说也是不放心自己的下一代,能够像自己那样具备吃苦耐劳的创业精神去延续企业新的春天。当然,我们也看到行业中的一些企业,已经是企业的新一代在接手运营,而且在管理方面也是相对上一代创业期的企业负责人更具有创新活力。

总而言之,正如笔者的前领导所说的那样,对于企业的未来定位来说,一定要成为全球供应链中的一环,不能只盯着国内或者国外的某个市场。虽然担心自己的下一代不一定会接手自己的企业,但是企业未来的方向之一就是上市,聘请专业的职业经理人来打理。自己目前所要做好的就是,制订好企业的未来发展规划,以及企业创新和用人机制。即使将来自己不再管理企业的时候,通过完善的引入人才机制和企业自身机制以管理好自身。

2021 年 11 月 25 日

传统密集型劳动行业或将迎来辞退潮

全球经济陷入停滞已经是不争的事实。中国社会科学院 12 月 6 日举行了 2022 年《经济蓝皮书》发布会暨中国经济形势报告会。会上发布的《经济蓝皮书：2022 年中国经济形势分析与预测》指出，2021 年，我国经济总体上表现出较好的复苏态势，经济增速在全球主要经济体中继续位于前列，经济高质量发展和结构转型升级取得新的成效。预计 2021 年我国 GDP 实际增速达到 8% 左右，根据国际货币基金组织（IMF）的预测，仍将高于世界其他绝大部分主要经济体。各行业的具体情况又是如何都有各自的体会，特别是不少劳动密集型的企业都在大规模地裁员。而对于陶瓷行业来说，前几年行情好的时候面临着找人难的问题，现在行情不振，很多人都预测明年的行情更差，那么会不会也会步入裁人的行列？

关于这个问题还是要从企业和行业的属性来看，今天聊起这个话题也是源自朋友的一个电话。朋友的同学在一家知名蓝宝石玻璃制造的上市企业从事销售相关的工作，而且大学毕业后就进去了，至今已经有八九年的工龄。据说是公司已经通知由于订单减少等原因需要裁减 1 万人，而他确信自己的工作岗位并非必须保留，所以需要考虑重新找工作。对于大型企业，除了一线必需的生产员工之外，以及重要的管理人员是核心团队，其他一些管理和销售等非重要核心人员确实面临着企业行情不好而裁员的问题。但是对于小企业来说，销售人员和技术人员可能是企业的核心人员。特别是对色釉料行业来说，一个得力的技术或者销售业务都能成就一个企业。

虽然说是金子都会发光，但是处于什么样的平台也非常重要。对于劳动密集型的行业，特别是大型企业来说，行情差的时候优先裁减的肯定是占据成本较高的人工成本，那就是一线生产员工和部分管理层等。而对于中小微企业来说，行情差需要裁员时可能优先裁掉的是工资占比较高的人员，比如销售和不重要的管理人员。所以，不同的行业和平台对于裁员的侧重点也是不一样的，但都是裁掉的成本占比较高和非必要的人员。

2021 年 12 月 16 日

陶瓷干饭人选择平台比努力更加重要

年底了,陶瓷行业的盛会一场接着一场上演,不单单是行业龙头企业的内部年会,还有各种协会、商会等筹备的各种活动。当然媒体的年会更多是"发奖"大会,不少企业参加行业年会或者媒体组织的活动都是奔着领奖而去的。如果说哪场年会活动没有领奖的环节,那至少是属于比较特殊的行列了。小企业有小奖,大企业有大奖,见者有份,其乐融融。反正辛苦了一年,就是想着年底的时候乐和一下。以前不少都是媒体打包的年度推广计划按照"钱"的多少来颁发奖项,倒是笔者以为新媒体行业还是需要干点正事的。即使拿发奖这件事情来讲,不能单纯地看着"钱"来发奖了,而是要从企业自身的产品创新能力和市场占有率等综合维度,考量这个企业或者企业负责人对行业的贡献来评奖。要么像职称评审一样组织行业内人士来评奖,要么通过硬性指标条件逐条地对号入座。这样的奖项才是值得去炫耀和拿出来做宣传的。

话题有点跑偏了,本期主要想聊一下陶瓷打工人的下半场怎么去定位的问题。最近一直在招人,按照网上的数据显示,超过30岁的职员现在都算是比较难找工作的了。比如说现在的私营企业大多喜欢招聘应届毕业生或者年轻人,除非是技术工作岗位之外。年纪稍微大一点的没有一技之长的单靠体力干活的,未来找工作肯定是越来越难的。为什么这样说?首先陶瓷厂的车间不少被机器所代替,真正需要体力活的地方不少年轻人肯定干不了。不难看到全民直播的势头,稍微年轻点的都想做主播挣快钱。愿意下工厂静下心来学技术的人一年比一年少。陶瓷行业未来可能真的面临技术层面的青黄不接,一成不变、研发投入不足、行业技术瓶颈等问题,陶瓷行业所面临的第四次技术革命缺乏新一代技术人员的加入和推进。

网上看到一个段子,同样的一瓶可乐在机场卖到30元1瓶,但是在路边小店却只要3元,价格相差了10倍,但是可乐还是那瓶可乐。并不是可乐升值了,而是它所处的平台决定它的价值。我们一生很长,很多人不知道自己的价格与价值之间的关系与联系。你自身的才华与手艺不是你自己决定的,而是你所选择的平台来决定的。所以,年轻人进入陶瓷行业后不单是要选择好自己的努力方向,而学好知识和掌握必要的技能是硬件,选择不同的平台所带给你的软实力则最终决定你的价值。

2021年12月23日

陶瓷行业名校为何 2022 年招不满人？

9月份是学生们开学返校的月份，特别是对于刚刚参加完高考即将迎来4年大学生活的青年来说，充满了更多的期待。而对于陶瓷行业来说，目前在行业内常见的几所大学毕业生还是以景德镇的两所院校毕业的较多。而且在往年的时候甚至有传闻，景德镇陶瓷学院的学生还没有毕业时，就被行业内的几家陶瓷大厂整个班地预订了。因而在更换了校名之后的景德镇陶瓷大学，按理来说无论是在影响力还是在以后的招生工作中应该更有品牌效应。景德镇陶瓷大学最先调整为一本招生的肯定是在省内，景德镇陶瓷大学在江西省省内，基本是以一本招生的状态，像无机非金属材料工程、电子科学与技术、机械设计制造及自动化、计算机科学与技术、材料成型及控制工程、材料化学、粉体材料科学与工程、财务管理、法学、材料化学和粉体材料科学与工程等21个专业都是一本。

根据相关媒体的报道来看，在今年的招生当中，该校的招生计划人数是1200人，但是投档的结果出来以后让人大跌眼镜，因为报考的考生实在是太少了，缺额人数达到1084人，也就是只有100多名学生报考了这个学校。而且理科的人数缺口最大，已经达到90%以上，作为一个以工科为主的学校来说，数据确实出人意料，出现的1063个缺额，主要分布在该校的17个专业中，该校的材料物理、无机非金属材料工程、材料化学等专业都出现了不同程度的缺额。从中可以看出，缺额真的很大，没有报满的专业有很多。出现这一情况肯定是大家不想看到的，和其他火爆的一本院校相比，景德镇陶瓷大学出现了很大的冷清，但景德镇陶瓷大学在投档招录过程中会出现这一情况也是有原因的。

当然，或许有人会认为，这一届学生或者家长并不看好陶瓷行业，所以没让孩子填志愿，毕竟按照网上的说法，就是因为在校名当中有"陶瓷"两字。但是作为在陶瓷行业内的人来说，以陶瓷命名的大学在国内还是屈指可数。而且在陶瓷行业内景德镇陶瓷大学毕业的学生，在众多知名陶瓷企业担任要职的居多，大多数的陶大毕业生逐渐成为陶瓷行业内的后备军和顶梁柱。因此，再来看陶瓷大学招不到人就并非是专业设置的问题，也并不是大家不看好陶瓷行业发展前景的问题，更多的是招生宣传推广上面的问题了。

2022 年 9 月 1 日

第六章　企业经营与思考

陶瓷色釉料企业为何"创业容易守业难"

今年的雨水较往年多，南方多地洪水围城。笔者的老家湖北更是重灾区，不少城市的建材市场因被水淹而进出货困难，又或者是产品被水浸泡后包装损坏需要打折处理，还有部分陶瓷厂家因水淹造成停电等问题。前几个月淄博产区因为环保问题陆续停产了五十几家陶瓷企业，熔块曾经作为淄博地区的优势产品广销国内外，之前传闻受到部分熔块企业停产的影响，熔块产品可能会涨价应对。但是从目前的市场行情来看，需求的减少并没有促成合理的涨价要求。当然，淄博产区全抛釉产品的停产，对于佛山地区的全抛釉企业还是好消息。从不少瓷砖经销商处得到消息，最近佛山本地的瓷砖出口方面和内销方面有些好转的趋势。另外，其他的抛光砖市场同瓷片行情与往年一样，陶瓷行业不是有句谚语这么说来的"六七八，没办法"。

7月份刚好赶上伊斯兰国家的斋月，因此中东和东南亚部分市场都是处于半放假的状态，到了8月份又赶上欧洲国家那边的暑假，因此每年的六、七、八这3个月对陶瓷行业来说，一般生意相对会惨淡很多。另外，印度之前一直从中国进口瓷砖产品，目前传闻准备对中国高吸水率的瓷片和仿古砖类产品进行反倾销调查与提高反倾销税，之前仅是对抛光砖和全抛釉类产品有限制。另外，印度本地的色釉料企业在部分中国公司的帮助下也开始量产色料产品，而且坯体色料的品质与目前国内佛山和福建产区的相比有优势，受此影响，估计下半年的印度市场出口情况也会受到一定影响。

本篇主要来说说陶瓷色釉料行业的创业与守业的话题。虽然最近几年国家在鼓励"大众创业、万众创新"，陶瓷行业不少之前从事技术工作的人员都下海创业了。目前注册一家公司的成本也非常低，而且办事较之以往简便了许多。不少年轻人一拍脑袋就先注册公司，但是公司的定位和规划都是无从下手。陶瓷色釉料行业有几个鲜活的例子摆在我们的面前，先来说说行业里面非常成功的创业立业的一家公司，这家公司的负责人据说是不到30万元起步，从金属釉切入陶瓷行业，在3年的时间内迅速崛起，金属釉从刚开始的每吨20多万元降到目前的不到2万元。从中可以看出，一个公司要想快速成长，与拥有像美国苹果公司iPhone那种"暴利产品"是分不开的。其次是当这个产品利润不断下降时能够马上创新研发出替代的产品，而就在金属釉产品不断萎缩降价的时候，陶瓷喷墨墨水出来挽救市场了，该公司借助陶瓷墨水产品成功募集资金并上市。该公司简直就是陶瓷行业进军资本市场的教科书。当然，这些成功都要归集于一个人，那就是这家企业的负责人。

有人说股市每隔5年就有一次大型行情，其实陶瓷行业未尝不是隔几年就会有一个革命性或者具有技术创新性的产品出来。往往是紧紧地抓住潮流，紧随潮流的企业才能获得突破性的发展。如同前面说的金属釉产品，最早研发出金属釉并且开始量产的佛山那家企业虽然当时赚到了钱，但是并没有突破性地发展起来。即使后期紧随潮流开发生产陶瓷墨水，但是陶瓷墨水市场已经进入资本游戏时代，如果资金链不够强大，根本难以立足。从金属釉到陶瓷墨水，再到全抛釉和升级版的金刚釉，陶瓷行业内的哪家企业抓住了发展趋势、及时研发出产品的，基本上能够迅速地崛起。以全抛釉为例，万岛就是通过全抛釉成功转型的陶瓷色料行业教材。全抛釉从原先的每吨7000多元降价到目前的2000元不到，以当前陶瓷行业的付款条件，此时再加力冲进去的企业估计风险是非常高的。再比如目前陶瓷行业的网红"干混色料"，国内的某个企业原先的干混橘黄色料可以卖到每吨2万多元，普通的橘黄色料才卖每吨1万多元，因此不少传统的坯体色料企业钻脑袋弄这个产品。除了产品配方之外，干混色料对于分散剂要求高，另外就是对生产的设备也是有特殊要求的。正如不少色料企业的负责人咨询笔者关于干混色料的配方一样，当笔者说人家的干混色料粒径D_{50}可以做到800纳米，进口的某个企业部分色料需要水洗处理，国内的能静下心去这样做吗？不少色料企业的负责人认为加点分散剂白炭黑就以为能做出干混色料的想法其实有点可怕，一是总想着花钱买配方，二是不想自己研发工艺，想着越简单越好，三是不愿投资买设备。试问，如果一个新产品随随便便地就能弄出来，没有技术含量，它还值钱吗？

回归主题，正如笔者前面所说的，陶瓷行业创业容易，往往有时候研发出一个新产品或者赶上好时机都能创出一番事业，但是如何守住这份事业确实需要有不断创新的意识，以及企业负责人要拥有"超人"般的个人能力。正所谓企业负责人能够看多远，这个企业就能够走多远。这几年倒闭的陶瓷厂家不少，特别是这两年跟着陶瓷厂倒下去的配套服务商也不少。像去年不少破产的配套贸易商，有些做单个产品的赊账陶瓷厂几千万元。不少陶瓷色料厂家应收烂账都是上百万元计，一边是市场竞争激烈拼抢份额，另一边是应收款项直线上升。何去何从，正是考验企业负责人决心的时刻，有时候人的"贪念"过重就会"踩雷"。正应了那句网络名言"不作不死"。当经济不景气变成新常态时，陶瓷厂家和配套化工原辅料企业也应该转换观念合理制定产能，调整心态研发新产品做专一的产品，做强，做精。而作为陶瓷行业的老企业来讲，更要铭记"创业容易，守业难"。对于企业负责人的要求就是要把握主调，顺势而为，你不与时俱进，你就会被"市场"打倒！而对于企业的具体管理者来说，"谁不改革，谁下台"。

2020 年 5 月 30 日

陶瓷人过年放假前还需要干完这"三件大事"

牛年农历新年的日子越来越近了,早上当你走在佛山大道上时,可以明显发现较往常汽车已经开始减少了许多。虽然来佛山参加工作乃至结婚生子已经16年了,但是在佛山这座城市始终没有找到归属感。依稀记得刚来佛山第一年时,临近过年的日子总是希望时间过得快一点好早点回家过年,我相信即使对于现在刚刚毕业进入到佛山陶瓷行业的新人来说,心情依旧是那种归心似箭的感觉。

随着上周《陶瓷信息报》举办的陶瓷人大会的落幕,每年陶瓷行业的几场有影响力的大活动也基本告一段落,今年比较出彩的活动应该有色釉料网的身影。其中11月底,由中国建筑卫生陶瓷协会、中国贸促会建材行业分会、广州陶瓷工业展主办,色釉料网承办的"云上陶瓷工业展系列论坛活动"取得圆满成功。另外,2020年12月30日,由色釉料网主办,佛山潭州陶瓷展作为支持单位的"2020陶瓷色釉料暨原辅材料行业交流研讨会暨陶瓷大宗原料采购价格指数启动仪式",更是将色釉料原辅材料行业推到了陶瓷行业的重点关注视野。

过年是中国传统的重大节日,也是阖家团聚的日子。在放假之前,不少企业的管理层和负责人还需要做好以下三件事情。

第一,机械设备的维护保养。人辛苦了一年要放假休息,机械设备一年到头也是到了维护保养的时候,对于陶瓷行业来说,"生在窑炉"说明了窑炉的重要性,包括色釉料企业,窑炉是产品升值的关键设备,所以年底放假前对于窑炉设备的检修保养必不可少。另外,对色釉料企业来说,还有加细机器以及混料设备都是需要维护保养的,趁着放假前来一次大扫除,既可以发现隐藏的隐患问题,还可以让来年复工时有个好心情。特别是放假前,一定要检查关好水电气的开关,日常不留意的角落位置最好都进行一次清理整顿。

第二,要准备好物料。通常年底时材料的价格大部分都会上涨,而且来年开工时,部分材料放在仓库里面都是升值的。当然,也有特殊情况的时候,比如有一年钛白粉的价格就是开年复工后一路下跌。部分企业都有放假前备货的习惯,但是由于今年的情况比较特殊,不少企业都没有进行物料备货,不少色釉料企业都是清仓过年。对于企业生产中必需的物料,或者是生产产品的主要原料部分,还是需要进行至少半个月的物料备货计划的。因为色釉料行业相对比较特殊,陶瓷厂家下计划的时候都是比较急,所以适当的备货还是有必要的。而且从目前的疫情控制情况来看，由于鼓励大家就地过年，相信年后复工会比去年早，大部分企业会早开工早生产。

第三，做好上面的机械设备与物料的准备工作之后，最重要的就是人员的关怀与人才的引进了。当前的创业环境好，不少取得经验或者拥有一定人脉资源的人都想着自己单干创业，但是在没有十足的底气和资源时出来混，迟早是要还的。所以，企业在年底放假前，首先在工资以及奖金上面，要让员工看到关怀和长远发展的一面，对于企业贡献较大的员工，更是要让其在精神和物质层面得到应有的尊重和收获。而对于新产品新技术的应用开发方面，企业也应该舍得花钱，聘请有经验和实力的新人来扩充自己的人才队伍，为来年扩大生产和业务而提前做打算。

2021 年 1 月 21 日

为什么陶瓷人要多读书、重实践

陶瓷人要多读书，读好书。这本身就是一个伪命题，因为干陶瓷的不少人都是"门外汉"半路出家来干陶瓷的，就笔者本身来说原本是学环境的。而且身边不少陶瓷朋友也是原本在其他行业，因为机缘巧合而进入到陶瓷相关的行业。当然，也有不少专业科班出身，如景德镇陶瓷大学、江西陶瓷工艺美术职业技术学院、武汉理工大学以及华南理工大学的毕业生，每年也是有不少人进入到陶瓷行业中。陶瓷从原先的三高夕阳产业到今天的数字化打印和清洁能源的应用，近年更是有不少跨行业和跨专业的人士开始关注并进入到陶瓷相关的行业中来。因此，当下的陶瓷人更需要有危机感与学习的紧迫感，作为企业来讲，核心竞争力是产品创新；作为个人来讲，复合型的专业技术以及管理人才是稀缺的，只有不断学习总结与进步才能适应新时代的陶瓷发展需要。

这里要讲讲王阳明和他的"知行合一"，就是讲理论（知）和实践（行）要合而为一，不可过分偏重一边。"知行合一"的知行观点在中国哲学史上由王阳明最早提出。语载王阳明《传习录》："知之真切笃实处即是行，行之明觉精察处即是知。知行工夫，本不可离。只为后世学者分作两截用功，失却知行本体，故有合一并进之说。真知即所以为行，不行不足谓之知。"而到了近代一代伟人总结的一句话就是"实践是检验真理的唯一标准"，总的来说就是无论什么事情只有自己亲自去实践了才有发言权，无论是从事技术工作，又或者是管理工作，多去实践和总结才能提升自己和取得进步。

总之，大部分人都是相信自己的直觉和经验的，因而对于工作中出现的问题更多地希望通过自身的经验去解决问题，也就是常说的自己以为自己懂了或者知道。譬如以往经常有朋友或者陌生人通过电话来咨询一些技术问题，直接询问解决问题的方法。即使曾经也碰见过类似的技术问题，笔者也会把寻找问题的解决方法的过程告诉对方，而不会直接告诉对方参数，因为你不在现场不知道具体的原因，所以日常工作以及为人处世的时候一定要做到知行合一，以行促学。

2021年10月21日

陶瓷行业不景气钱该往哪里花？

今年已经被涨价的信息轰炸得有点麻木了，如果说行业的不景气不知道钱往哪些地方花的话，确切地说应该是花出去的钱能不能挣回来。此时一部分人的担心来自应收账款随着账期延长而变得庞大，另一部分手握现金却不知道该往什么方向去投资保值。就如中午吃饭的时候一位展商朋友说道，他所认识的一位之前每年都参展的企业主对于明年的展会开始拒绝。因为一个偌大的流动资金上亿的企业，一年下来挣不到 200 万元，反倒是拿了 2000 万元出来投资股市挣得比实体的钱还多。干实体不仅要担心环保以及限电限产的问题，还得发愁订单以及原料的短时间暴涨造成的成本与利润倒挂问题。所以很多行业内实干的企业到年底一盘算的时候，说不定还得亏损。反倒是贸易囤货商有些连自己仓库都没有的，还是轻资产，一身轻若赶上好行情真的赚得盆满钵溢。

相信不少行业的看客已经觉察到了，岩板的冬季会像南风的冷空气一样来得迅猛与惨烈，当然这既有宏观政策面的影响，更多是"碳中和"远期目标下对行业产能的调控。不难看出今年的陶瓷企业在各方面的费用都已经有所节制，包括作为媒体人来说也是能够切身地体会到企业在营销推广等方面的投入不及以往，更有媒体同行在感慨媒体的钱没有之前那些年好挣了。其实，对于行业龙头企业来说，推广费用未必减少多少，只是投入方向改变了。短视频等新媒体的广告营收应该较之以往是同比增长的，借助大数据以及人工智能，可以让广告更加精准地投放到自己的潜在的客户群体当中。

归根结底，记得有句话是这么说的，磨刀不误砍柴工。作为企业来说，除固定的人工成本和运营成本之外，研发费用和推广费用其实基本上都是占有非常重要的作用。甚至研发与推广费用是企业的两把利剑，用得好的话对于企业来说如虎添翼，相辅相成。当然，不少企业主觉得没有产品或者自己企业小而忽视市场推广，殊不知在新媒体数字化时代，推广的费用可以精确到潜在客户的单个数量上。由此而言，并非笔者王婆卖瓜自卖自夸，而是站在新媒体时代的当代企业主更应有跟随时代发展的眼光。

2021 年 10 月 28 日

2022年陶瓷贸易公司的新活法在哪里？

曾经笔者还在给报社撰稿的时候，也写过一篇有关陶瓷行业贸易公司的文章。其中不少人一开始还不解地给我留言说，贸易公司没有什么不好。那肯定是误解了我原文中所想要表达的意思。那么，2022年新冠疫情之下的第三个年头，我们所处的社会还有我们的行业都发生了很多变化，不难看到曾经财大气粗的电商巨头们都开始了裁员计划，线上教育、电子商务等不少行业都受到了冲击。以陶瓷行业来说，首先就是同质化产品下的陶瓷产品价格竞争由产区与产区之间，转到了产区内的企业之间。也就是我们常说的行业内卷不止于陶瓷色釉料行业，其实陶瓷厂家之间的内卷也在二三线的厂家之间和品牌厂家之间上演。从市场中的岩板售价不断创出新低就能知道，陶企之间也在这一轮的岩板淘汰赛中开始发力了。

所以说，未来陶瓷行业贸易公司的市场生存法则除了资本充足之外，还要有专业的产品筛选经验和对产品的生产链有更深入的融合。但从目前的市场情况来看，作为原料贸易公司，可以做一些跨省的国标之类的产品，比如煅烧氧化铝、煅烧锌之类的都是常规货。单一产品对于厂家来说都是选择财大气粗和有一定市场销售能力的贸易公司来合作，做市场基本就是压资金和做人脉关系的生意。那么未来，这种类型的公司还是会存活下去，因为他们有资金优势和原始积累。

另外一部分贸易公司除做精之外，还要在材料加工和材料筛选方面做更多的细致工作。大部分贸易公司需要做的就是拓展信息的来源通道，尽可能地增加和扩大自己的原料供应储备资源和寻找新的材料、材料生产企业。做专一的原料供应商筛选工作，就是要从众多的原料供应厂家中找到尽可能多的同类产品，再来通过实验找到规律和适用产品。这样才能避开资本的问题，只需做好资讯和产品的实验工作。

因此，信息收集与分析检索工作是陶瓷贸易公司在未来一段时间内能够寻找出的新的增长点。正是因为产品的多样性和材料工艺的差异化，为不同厂家之间的同类产品赋予了不同的使用特性，而我们需要去做的就是要找出这些产品的差异性和特异性，并把它引入我们陶瓷行业，产生新的变化和不可预测的质变。

2022年5月26日

面对挑战，陶瓷行业需要潜心练好内功

前段时间，网上流行的一种说法就是"夏天有多热，冬天就有多冷"。暂且不说广东的冬天有多么寒冷，反正今年的夏天天气是极为不正常的，先不说长江以及两湖流域的大面积干旱情况，北方的沙漠地区竟然还出现了暴雨引发的洪水。想想都是不可思议的事情，但是总归还是人类的经济活动不断地在侵蚀和改变着这个自然生态，纵然没有"碳中和"指标等，陶瓷行业这么多年的野蛮扩张，对于区域经济来说，到底利弊如何，各个产区的相关部门应该是最清楚的。当前国内陶瓷市场除需求不振之外，价格竞争没有消停的趋势，看到媒体报道8月底的时候，部分产区700mm×1500mm规格的中板价格已经下探到每片30元以下。在下半年市场萎缩求生存的阶段，行业中大部分品牌企业和贴牌工厂只能依靠低价来抢市场了。

当然，今年的下半年陶瓷市场行情以及下半年的出口市场，可能会不及大家的预期，特别是不少中小微生产型的企业更乐意去选择"躺平"，因为如果不生产或许库存以及应收账款会少点，对于企业来说下半年的现金流更加需要注意。部分选择在9月份陆续重新点火开窑的陶瓷企业，很有可能会面对采购的化工原料不能及时到货的情况。因为，作为原料供应商来说，除了保持现有的固定需求老客户之外，不少釉料公司以及化工原料供应商企业已经开始停止做一些新开发客户的订单，除现金生意对于原料和色釉料行业企业有吸引力之外，对于需要账期以及信誉不佳的企业，往后采购原材料能及时到货的难度在加大。

我们时常在抱怨这个行业不好做，看似其他行业相比陶瓷行业更好一些。当然，除了处在一些风口上的，诸如芯片和电子等行业上半年热度不减之外，貌似我所认识的朋友所从事的其他行业在今年也都是较为艰难的。我们常常提到要在行情差的时候修炼好内功，开源节流降本增效，特别是企业要做到轻资产、重研发，减少不必要的人员开支和费用。当然，陶瓷行业目前在数字化方面还有挖掘的潜力，减少一线生产工人，增加研发和设计人员是未来的趋势。就如当前的釉料产品，除产品自身的技术指标之外，如何搭配设计风格与色彩匹配都需要超高水平的设计师来实现产品的提升。

2022年9月29日

2025年陶企上市是唯一的出路吗？

不知道大家有没有发现一个规律，那就是一个行业越发艰难的时候反而会逼迫企业去创新搞研发。当然，还有很多人会说行业艰难的时候更多的是裁员与放假，哪里还有心思来搞什么创新与新产品开发。突然想到前几个月与行业里的一位前辈交流时他提到，国内陶瓷企业所谓的研发，更多的是象征性地申请发明专利和政府补贴，还有更多的是一种企业宣传的需要。国内真正几十年如一日去坚持做研发的企业很少，因为不少中国民营企业的平均寿命只有不到 4 年的时间，大部分中小企业的平均寿命只有 2.5 年。在还没有创立品牌时，或者还没有站稳市场脚跟的时候，有些企业就已经倒闭了。所以说，大部分陶瓷企业都能够熬出这个死亡规律的本身也说明，作为制造业的陶瓷行业来说，前二十年的高速发展期，只要你认真经营就能够挣到钱并活得很好。

还有不少人将生意不好以及国内行情差归结于新冠疫情管控等原因，2019 年之后的这 3 年时间里，其实最难过的不仅仅是陶瓷行业，相关的旅游、餐饮、宾馆酒店、实体商店等受影响的程度比陶瓷行业大得多。不少陶机设备等整线输出到国外，不是说国内生意不好做，而是现在国外的产品品质上来之后，不排除未来从国外进口瓷砖的情况出现。正如一位行业大咖所讲的，未来企业的战略定位上就是要朝向：全球化、战略整合、相关多元化、创新战略。只有相对定型，没有永远定型。

2025 年将会是陶瓷行业的另外一个转折点，国内陶瓷需求探底之后会在一段时间内保持稳定过渡期，与陶瓷相关的上下游企业在未来的两年内也将是最难熬的时期，因为缩减期内一线品牌谋求上市资金支持，二线品牌寄希望被兼并或者并表，三四线的陶企很有可能被淘汰出局，而且这种情况在陶瓷产业聚集的产区会变得更加明显。要相信逆市飘红的企业毕竟是少数，更多企业需要思考的是如何在此轮洗牌中存活下来。

2022 年 10 月 20 日

同舟共济，共渡难关——2022年陶瓷下行之年

　　新冠疫情之下第3个年头的陶瓷行业，到底经过了多少磨砺与反复停产以及能源价格大涨导致亏本等情形。很难想象从几年前开始每年春节之后招工难的问题，再到如今的不得已分批辞退解散员工的情况，不仅仅是大厂在裁员，部分色釉料企业下半年来也出现部分裁员的情况。特别是抛釉类企业的技术服务人员这一块，当企业的每月销量从万吨级别下降到千吨级别之后，几十名技术服务人员的工资在当前环境下都显得那么的沉重。还有不少做了十多年色釉料的朋友说选择了"躺平"，下半年基本上是催收货款，新客户一律不接。陶瓷行业伴随着房地产业高歌猛进了20年，也成就了一大批产业链上下游的企业和个人，陶瓷厂家在前期利润丰厚时，根本不会盯着化工料这边的价格，进而来讲，色釉料行业能够发展得如此繁荣，离不开陶瓷行业的高速发展。两者既是厂家与供应商的关系，更是合作伙伴与命运共同体的关系。

　　当前，整个陶瓷行业是如此的艰难，特别是广东产区，如一线品牌与房地产相关联较多，房地产方向资金流入减少，并且大家开始选择性地与房地产商做生意，对于陶瓷企业这边的资金链影响巨大，旧账收不回来，新账又不敢赊给房地产商，产销不平衡导致库存压力特别大。当然，不仅是广东产区的问题，包括江西产区、福建产区、广西产区都存在滞销的问题。现在看来，有人说有担当的陶瓷厂保证至少不全停窑，但是有些陶企现在是不敢停窑，一旦停窑所引发的连锁反应会加速企业的倒闭。而作为原料供应商来说，临近年底，如果此时送货按照以往6个月账期起步，不是担心账期问题，更担心的是现在停窑的陶企明年还能不能开起来的问题，放在财务报表里来说应收账款总比烂账好。

　　2022年，在陶瓷行业最艰难的一年，企业能够想到的第一条就是先活下来。降本增效也好，裁员降薪也罢，目标就是保生存。企业主在自己能够控制的层面掌管好企业资金流，创新研发新产品还是需要去做的。下半年可能会有陶瓷企业爆雷，我们要做好自己企业的事情，不要总是去抱怨或者嘲笑、辱骂哪个厂不行，或说哪个陶瓷厂负责人不讲信用的话。陶瓷行业其实也是一个圈，任何企业身在圈中不可能独善其身，只有大家好才会真的好。

2022年10月27日

由一块"石头"引发的"无限"遐想

最近这一周对于笔者来说，过得比较"艰难"。因为肾结石未及时治疗而过了一段依靠"止痛片"度日的日子。

听我娓娓道来由此次"结石"所引发的对于企业现实管理问题的遐想。有些事情的发生会有一些前兆。那么在企业的管理中，如何有效地去发现和管理这些征兆就显得非常重要了。

一个陶瓷厂倒闭之前肯定也是有许多征兆的，比如一家陶瓷厂收款周期超过1年，而且利润超过100%的话，不得不说给这样的厂家供货可要小心了。还有之前某家釉料公司在快要倒闭之前，找到我朋友去供货，不挑供应商，也不还价，而且前面几批货款还用现金结算的，这种厂家也需要小心。

正所谓，事出反常必有妖。快速检查发现和解决问题是企业管理的重中之重。正如笔者这次患结石的过程，前期偶发疼痛时没有留意，未去医院检查。后面严重了去医院又没有发现问题，导致错过了周末休息需要忍痛等到周一医生上班。企业管理中的生产安全事故或者说相关的质量事故也好，往往是前期没有留意，等到发现事故的时候再来解决，损失是肯定的。譬如第一次病痛时如果在医院确切的检查中发现了结石，肯定在当天就会决定碎石等解决措施。由于没有发现问题，所以就得承担后面的"痛"了。

正如日本企业中5S管理的一个很重要的手段就是大扫除。特别是生产型的企业，通过大扫除的过程清空企业车间的所有角落。因为角落一是存在"死角"问题，二是角落的东西通常不会引起人注意，而且越堆积越多。开始我们很多人不理解，这日本人真是爱干净，就连车间都打扫得跟自己家里一样。殊不知在打扫的过程中，机器的使用者或者车间的相关人员在打扫机器时都会发现问题，比如哪个螺丝松动了，哪个风机轴承缺油了等。通过打扫这个手段来发现问题和隐患，可以提前解决问题和避免隐患扩大影响。所以说，企业的管理不光是开开会、讲讲课培训一下。

"管理学"有两层含义：一是人的管理学，二是类的管理学。人的管理学的现代发展就是成功管理学，类的管理学的现代发展就是管理成功学。不管怎么理解，究竟是通过"人"来管"物"，还是定位"物"来约束"人"的行为，要结合企业的实际来决定。以笔者来看，正如网上最近所流行的"做人学韩信，做事学刘邦"。

2020年9月10日

陶瓷行业内卷之下的"求学之路"

不知道从何时起,陶瓷行业内不少管理者开始了"求学之路",特别是色釉料原辅材料等中小企业的管理者大有求学心切者,陶瓷行业内的培训教育机构也是在新冠疫情之后这几年快速兴起。不少行业内知名大咖逐渐担当起行业思想先行者和导师的重担。原本是为陶瓷"二代"们接班做铺垫,但是不承想行业转折点之际,无论是"二代"还是创业者,都对继续提升自己提出了新的要求,这一点是值得肯定的。前人有云:"三人行,必有我师焉。"当前行业内卷以及遭遇百年未有之大变局,无论是向行业前辈先师求指点方向还是向行业优秀同行借鉴经验,都是一件大爱之事。

王阳明先生告诉我们,无善无恶心之体,有善有恶意之动。知善知恶是良知,为善去恶是格物。良知是心之本体,无善无恶就是没有私心物欲的遮蔽的心,是天理,在未发之中,是无善无恶的,也是我们追求的境界,它是"未发之中",不可以善恶分,故无善无恶;当人们产生意念活动的时候,把这种意念加在事物上,这种意念就有了好恶、善恶的差别,他可以说是"已发",事物就有中和不中,即符合天理和不符合天理,中者善,不中者恶;良知虽然无善无恶,但自在地知善知恶,这是知的本体。一切学问、修养归结到一点,就是要为善去恶,即以良知为标准,按照自己的良知去行动。但是有时候人的判断会出现错误,也就是意之动出现了错误,即不能正确地分辨善和恶,把恶当作善,把善当作恶,那么他的良知也会出现错误,从而格物也会误入歧途。比如前段时间广东"某华"陶瓷企业的负责人,还有出席该企业点火仪式的某领导被供应商吐槽之事件可以看出,善与恶之间往往只在一念之间。

天理不是靠空谈的,是靠格物致知。靠实践,靠自省,即"知行合一"。心中有天理,无私心,就好比世间有规矩,有规律,有规矩就能丈量世间万物的方与圆。无论有多少方和圆,无论这些方和圆的大小,都能靠格物致知揭破其规律,不然这些规律就是不正确的。天理就在人的心中。陶瓷行业的企业负责人们求学进修是一件好事,特别是广大的供应商们更是希望陶企负责人能够通过学习达到修身养性,成为行业大善大爱之人。而对于供应商来说,做好产品做好服务,诚信经营也是做好"人"字的一撇一捺的先行条件之一。

2023年6月29日

03

产品趋势与市场

第三部分主要讲产品趋势与当前市场情况。这一部分的内容相对较多，也比较全面，包含了行业大环境下的企业如何应对挑战，以及市场流行的趋势与对相关政策的解读。其中第七和第八章主要讲行情趋势与市场对于产品的需求点及相关市场的分析。第九章谈到色釉料行业的产值情况和未来的创新需求点在哪里。第十和第十一章主要分析出口市场及越南和俄罗斯市场的需求情况。

第七章　战略转型与行业洗牌

陶瓷行业要推"中国智造"而不是"中国制造"

陶瓷行业原本就不是什么热门行业，特别是当前房地产行业集中爆雷情况下，不少陶瓷头部企业都受到牵连，面临资金紧张，甚至可能有倒闭的风险。盲目的扩张以及毫无底线的低价格竞争模式在当前经济复苏堪忧的种种压力下，更是让风险加大。国内老百姓目前对国产产品质量不放心，不仅仅体现在食品方面，还包括日常用品，如科技小家电、新能源汽车等等。当然，这本不是一个是否掌握先进技术或者说是单纯的制造业的问题。即使是在国内生产的产品，如果贴上进口的品牌也会比国内产品好卖，而且价格还不便宜。

说到这里又不得不提一下与我们陶瓷行业相关联的色釉料行业。其实国产色釉料行业经过近些年的快速发展，无论是在技术还是在产品生产工艺上都取得了非常大的进步，特别是在陶瓷墨水项目上，更是出现了百花争艳的场景。许多之前不是从事生产色釉料的企业也进入墨水这个行业，其中很大一部分原因是当时陶瓷墨水的利润空间十分可观。但是，目前的情况是不少中小型陶瓷墨水企业基本上处于亏损的状态，这也说明不是具备创新能力就可以天下无敌，因为一是需要企业本身具备持续创新的能力，二是需要市场的容量能够消化掉当前的社会产能，三是需要进行行业标准的制定，以及行业准入门槛的限制。

不是说哪个企业主有钱就可以随意去建厂生产，而是说建厂前需要有完善的区域规划，以及制定前置的环保审批和后续的管理工作。

陶瓷行业从烧煤到烧油再到转烧天然气，环保压力之下促进陶瓷行业产能升级技术进步，包括数字化喷墨打印技术，还有 2021 年之后兴起的岩板热，都是由机械设备推动瓷砖产品的升级。中国陶瓷工业已经由陶瓷原料输出转到现在的类似科达企业的陶瓷厂整线工程输出，其代表着中国陶瓷工业的最高制造水平。未来，国内陶瓷要向智能数字化工厂看齐，实现中国陶瓷行业从"中国制造"向"中国智造"的产业升级和换代。

2023 年 11 月 30 日

陶瓷企业倒闭潮或将到来

最近一段时间,陶瓷行业微信朋友圈中都在传陶瓷厂倒闭的消息,特别是广东陶瓷产区几家陶瓷厂已经出现倒闭的迹象。笔者同一些陶瓷行业内的人士进行了交流,大家认为对于当前的陶瓷"危机事件"不能仅仅归咎于房地产行业的不景气,整个世界经济因为中国打个喷嚏都像得了感冒了一般。美元在2023年下半年持续升值,导致陶瓷及相关原料产品出口进一步萎缩。国内陶瓷产区,像广东和福建产区,其一半产能依靠出口消化,但是由于出口下滑严重,2023年广东和福建产区开窑率可能会垫底。反倒是江西和广西这两个新兴陶瓷产区,整体上产销相对较好。

外部环境只是造成出口的萎缩,对于中国经济"三驾马车"中的投资、消费来说,出口也在逐步转型中,传统的劳动密集型产业,如服装、电子、鞋子等产业正在往人工成本更低的东南亚等周边小国家迁移。而对于消费来说,消费的前提是手里面要有钱,在没有有效解决读书、看病、养老等生活基础负担时,一般的老百姓很难放开手脚去消费。最后剩下的就是投资了,从最近3年来看,截至2023年12月,国内色釉料企业存量176家左右,但是不少老牌色釉料企业开始选择退出市场。其中,已知的广东地区就有超过4家色料企业退出市场。

大数据的背后基本上可以看出当前陶瓷行业危机的根源,2008年后的房地产黄金十年造就了不少行业的繁荣,陶瓷行业生产线更是雨后春笋般的新建投产,而且新的窑炉更加节能,产能更是得到质的提升,从日产7000平方米迈向日产4万平方米是什么概念?更重要的是当房地产从投资品回归本位作为消费品时,市场回归理性后,整个产业链一下子就减速了,过多的产能在最近两三年急速地推向市场的后果就是供大于求,市场消化不良,不是说陶瓷厂家降价就完事了。陶瓷厂家在扩张的本身就存在一定的风险,依靠供应商的压款和银行的贷款盲目进行扩张,在行业利润率保持在20%~30%时还可以支撑,但是当厂家价格战一开打,利润率下滑到正常的10%左右时,贷款及压款就行不通了。

正如微信朋友圈中有一个关于陶瓷的段子"饿死同行,累死老板,坑死业主"。这是什么样的经营理念?为了生存居然可以做到如此厚颜无耻!当然,也有一些好的消息,那就是有部分陶瓷厂家竟然主动打出现款现货的经营理念。原本就是正常的付款行为在不理性的市场行情下扭曲了多年,比拼压款的供应商或者厂家在本轮市场调整中或许死得更快。陶瓷市场行情不好，产能过剩，原本就是正常的市场调节行为，不良供应商及恶意欠款厂家倒下也是正常的。

陶瓷行业也不是一个人或者是一家媒体能够唱衰的。作为一个陶瓷人，更不应该跟随一些媒体或者个人唱衰市场，唯恐天下不乱。此时，陶瓷行业更应该抱团取暖，相互扶持，对于扰乱市场的一些行为应该加以扶正，一些该倒下的企业就让它倒下不必搀扶，不具备创新能力的企业应该要抓紧时间去转型。特别是传统的色釉料行业所面临的风险将会在明年更加不容乐观：一是陶瓷墨水吞食釉用色料市场在逐步加大，二是渗透墨水吞食部分坯体市场在明年逐步扩张，三是整个陶瓷市场对于传统色料的需求会下降30%以上。所以说，2024年传统的色釉料企业，如果还是守着自家一亩三分地，不进行转型创新将必死无疑。

2023年10月16日

岩板生态圈的洗牌已经进入倒计时

在行业不断为岩板呐喊的时刻，其实早前也是有一些行业大咖发出过关于一窝蜂上岩板热潮的预警，或许正如另外一位行业大咖所讲的，今年的全抛釉以及类似的瓷抛砖加上仿古砖来看，整个市场下滑是非常令人触目惊心的，下降幅度至少在50%以上，以至于在年中的时候，大家不得不承认，目前市场唯一有走量的还真的只剩下大板岩板类的产品了。

所以，今年的行情就是不做大板岩板，大有"等死"的味道，去做大板岩板就面临着明年残酷的市场竞争。最纠结的其实不是员工，也不是市场总监，而是企业的负责人。相信尹博士的3个关于岩板的灵魂式发问是2020年度陶瓷行业最经典同时也是最难的考题。

当我们再回过头来看，如果加上新改生产线的小板薄板类的岩板类产品，突破100条生产线也是绰绰有余的，那么从大板岩板的生产与销售情况来看，再结合我们色釉料行业的供需情况分析，整个大板岩板的生产是个什么样的情况，相信大家心中肯定是有一个定数出来的。

从需求端市场来看，先从我一个湖北老家的朋友说起，他自己在湖北小县城开了一家宏宇陶瓷专卖店，但是在展厅的二层还有一家卖其他品牌砖的展厅，按照他的说法，在5月份之后随着新冠疫情的逐步解封，家装市场的需求逐步释放出来，特别是在八九月份的时候销售额出现了翻倍的增长，其次是在砖品的销售上来看，去年以及年初的时候800mm×800mm的砖还卖得动，但是到了七八月份之后的家装风格基本上以大板为主，所以从侧面来看，家装方面对于小规格的大板需求还是长期存在，至少明年还会更加流行。至于代替石材以及厨房等大规格岩板的家装需求市场将会在一二线的大城市，而且3mm薄板用于装饰材料面板方面的需求还有待观察。

再从色釉料以及陶瓷墨水的供需端来看，据国瓷康立泰的张总介绍，目前国产陶瓷墨水在4月份之后恢复得非常快，而且整个市场也呈现出一个增长的趋势。那么从色料面来看，上半年处于预热状态，下半年的10月份以前是一个爆发性的增长状态，到了国庆后基本是一个回落的状态。而且色料的主要需求方向也是以中小规格的大板为主要增长点，高档的大规格岩板的高档黑色需求在未来随着拉产量要求氧化更好之外，对于色料的要求会逐步地降低，按照目前来看，大板岩板黑色将会按照产品大致划分成 3 个领域，其中薄板以及小规格类的每吨介于 5000~6000 元，中大规格的大板每吨为 10000~15000 元，大规格快烧厚板每吨为 24000~30000 元。

  总体来看，大板岩板企业的库存压力也在逐步加大，品牌厂以及有相关加工中心的后期销售可能会好一些，另外就是小规格大板类的产品在目前技术攻关稳定之后，也会考虑加快烧成来提高产量，从而进一步地降低生产成本。大板岩板企业也将会细分为做品牌的企业附加加工设计等，另外就是市场走量以价格换市场的中小规格大板企业明年的价格战应该会上演。

  可以预见的是，只要新冠疫情扩散继续控制好，明年的陶瓷市场应该会好于 2020 年。明年岩板生态圈将由 2020 年的"蓝海"过渡到 2021 年的"紫海"，即红紫并存的现状，有进有出，整个生态圈充满机遇与挑战。

2020 年 12 月 3 日

陶瓷色釉料行业将进入"产品寡头"时代

不得不说，中国人在传统观念里，对于物质性的东西都是喜欢"越大越好""越长越好"，比如说在古代女子就喜欢"五大三粗"的男人，放眼现代的生活，就比方说买车子这件事情，BBA针对中国市场都是推出了"L"车型，也就是常说的"加长款"。哪怕是平常就一个人开车坐车，那也得整一台霸气的丰田普拉多、兰德酷路泽，或者是日产的途乐什么的，那叫一个"霸气"。至于开着舒不舒服只有自个儿知道，不是有这么一个段子嘛，现在人不是说你觉得怎么样，而是强调说我要我自己觉得怎么样。

言归正传，回到陶瓷色釉料这个圈子，涨价对于大部分人来说未必是一件好事。当然，这一句话也不是绝对的，比方对于在年前就备足了开工1~2个月需要的原材料厂家来说，过个年，仓库里面的货少说也增值了30%，这相当于是行情来得太突然，一时半会还让人难以置信。

对于囤积炒货的人来说，原材料暴涨暴跌都是发财挣钱的机会，但是对于单纯的生产型企业来说，短时间原材料价格暴涨将是一个坏消息。因为你单纯只靠生产赚取合理的生产加工利润，远远不及原料持续上涨所带来的成本压力。上市公司方面相对好一些，至少原料物料的上涨，相应的数据也是会上涨，这样至少在股市上面是利好的消息。所以，原料短时间的暴涨对于大部分人来说未必是好事。

我们不妨先来看一下，不同的原料上涨幅度对于色釉料行业的潜在影响。从稀土的事件发酵，再到发文不能贱卖稀土，2017年股灾之后，可以说整个稀土相关的产品价格基本上没有较大的波动。对色料行业来说，因为镨黄是黄色墨水的主要原料之一，以往氧化镨价格便宜的时候，基本上叫得出名字的色料厂都生产镨黄，但是氧化镨价格每吨超过60万元之后生产的厂家明显减少，再到行业的第3轮洗牌之后，目前整个国内具有稳定的规模产量每月100吨的镨黄生产厂家不会超过5家。即使在氧化镨的价格近3年一直处在30万~40万元的区间，镨黄生产厂家并没有增加。

再来看氧化钴，假如氧化钴的价格年中的时候被炒高到每吨超过50万元，行业最大的两家墨水厂家以及钴蓝等色料厂家依旧还是要用。色料的原料你不可能去少用，但是陶瓷厂可以少放点或者选择更加便宜的色料。色釉料行业在原料暴涨的时候更像是老鼠钻风箱，两头受气。

当前低端的 3 元坯黑市场在不断扩张，随着江西地铺石以及中板代替瓷片的推进，未来几年低端坯体黑色的市场很有可能向"万吨"挺进，江西色料厂家低端酸渣黑在环保不严查的情况下还是有存活空间。毕竟福建的环保压力可能会推出一部分的酸渣黑市场出来。目前，铁红价格在上调，假使干法铁红的单价每吨超过 2000 元，那么酸渣黑的春天估计也就到头了。

色料技术已经有 10 多年没有升级创新，配方结构等遭遇瓶颈，常用色料的原料不可替代性等说明，原料的价格始终影响不了色料产品的走势。这也说明进入多轮洗牌之后，单个原材料价格波动对于色料企业选择产品定位的影响微乎其微。色料企业在未来 5 年内很有可能像陶瓷墨水一样进入"产品寡头"时代，专业单一产品、大批量生产、超稳定品质、非常低的价格，这些都是未来色釉料行业产品寡头时代的特点。

2021 年 3 月 4 日

陶瓷釉料行业面临新的"寒战"

上期有讲到我们这个岩板的生产工艺数码釉＋干粒抛的这一套，在今年很有可能会发生改变。不难看出，陶瓷行业的每一次技术创新都是从机械设备开始的，工艺技术的升级或者说是生产工艺的创新点也是基于机械设备的每一次创新。所以有句老话说得好，磨刀不误砍柴工。当然，再来看看我们当前的陶瓷行业，许多做机械设备的特别是窑炉等相关企业，在岩板行情爆发之后都是获得了救命般的订单，所以技术创新的着力点在陶瓷行业来看，机械设备绝对是主力，新材料的应用是助攻，创新人才等跨行业的专业型人才是陶瓷行业的未来。

牛年的第一个季度即将结束，目前来看，釉料行业的发展趋势和行业前景还是充满了机遇与挑战。原料的暴涨以及部分材料的紧缺、供货不足等造成的釉料成本增加，如果单单就全抛釉来说，仅仅依赖于以往的依靠量来补足价的模式，在2021年来看会面临极大的考验。作为釉料行业本身，未来的趋势就是单纯的配方将会越来越公开，并且逐步弱化单个配方对于企业的影响，釉料行业将会更加地依赖于服务，特别是基于专业技术人员的服务，这也是釉料公司未来的重要竞争资本，专业且周到的服务人才既是釉料公司的主要支出成本，也是公司核心竞争力。

那么从今年的发展趋势来看，首先是越来越多的陶瓷厂家开始选择自己来配釉料，利用现成的厂房车间和设备，将原料购进后，按照配方比例直接投球，而且工厂还注重培养自己的技术人员，将自己的技术人员进行效益的最大化。其次是二三线包窑性质的陶瓷厂家的不良债务风险较之以往明显增加，特别是股东较多且还是租赁厂房进行生产的厂家，没有任何资产可以进行抵押，而且不少这类包线性质的厂家都有一定的瓷砖销售能力，基于目前大部分厂家两周内可以完成砖的生产流程，1个月内基本可以完成销售回款，那么这一类的陶瓷线承包商如果账期超过3个月的话，是存在极大账务风险的。

最后一点，也是目前釉料行业需要去思考和警惕的。更多的陶瓷厂家开始选择釉料供应商提供原料配方以及在陶瓷厂进行直接投料生产，不再需要釉料公司预先混合好釉料按照成品的形式去送货。虽然说釉料配方的重要性在下降，人员的专业服务调试在提升比重，但是对于新产品或者新窑炉来说，首次调试配方还是非常重要和需要保密的。

当前，釉料行业频现几个人的釉料公司，通常是釉料技术人员，他们直接带着配方去陶瓷厂家卖釉，因为熟知陶瓷生产线的调试，只要陶瓷厂家车间配合好，基本上能够满足技术要求，而且釉料成本至少省去了厂房租金和混料包装等二次运输成本，所以可以实现低成本的运作和销售，短期来看具有非常大的竞争优势和成本优势，可以说是实现了精准的降维打击，恶性低价抢客户的市场行为本身不可怕，可怕的是以此引发的蝴蝶效应。对于釉料行业的长久发展和后期的技术创新以及人才培养，将会形成急功近利的不良影响，以及对于正规工厂和未来企业研发投入动力方面产生消极影响。

2021 年 3 月 18 日

陶瓷岩板行业大洗牌临近，一批"炮灰"企业或将登场

可以预见，2021年陶瓷岩板行业很快将会迎来一轮洗牌，就如去年不少行业内人士担忧的那样。每一次的行业创新与发展都是从机械设备开始的，机械行业生意的好坏也能看出这一年的行情好坏，更能够看到未来一两年的行情趋势。所以，就陶瓷行业来说，对于行业现状看得准和预期得早的，基本上都是做机械设备的企业。在岩板这个问题上，新景泰的彭总曾经在相关媒体上也发表过相应的担忧，行业一窝蜂地上线同一个产品，在一个不成熟的产业和产品链上去搞类似的"人海战术"是不建议和不可取的。

虽然机械行业赚得盆满钵溢，但是对于整个行业的长久发展和创新来说，存在一些致命的缺陷。没有人或者企业沉下心去解决问题和研发新工艺技术，各家抱着仿制潮流新品的心态。在没有弄清楚产品的性状和渠道等配套的一些东西，就盲目地一窝蜂地搭上所谓的"历史潮流"。殊不知一个新产品的成熟和完善的路上需要时间和配套资金去研发创新，一时兴起或者随波逐流的心态迟早要吃亏的。

不少企业会在洗牌中注定成为"炮灰"，而且相关的配套化工等辅料五金原料供应商也会跟着唇亡齿寒，被牢牢地套进去。现在陶瓷厂家的套路也是在升级，新一轮的洗牌不仅仅是岩板行业。不少配套企业也有可能跟着陶瓷厂家进行被动洗牌，不得不说，今年的危机和机遇是最近5年来最严峻的一年。

陶瓷岩板的步伐走得太快了，在不到两年的时间里，岩板生产线很快突破了150条。按照目前的动不动每天上万平方米的窑炉产能，机械设备等配套企业的订单甚至已经在去年年底的时候就排产到了今年的六七月份。再来看看消费市场的数据，包括房地产行业的相关情况，还有开年后的岩板价格已经是跌破底线，从之前说的每平方米100元都是大有"钱途"，再到现在的已经跌破了每平方米50元。伴随大量生产线的投产、叠加库存滞销和加工成品率的不断降低，岩板大板的价格还会继续下跌。

想起去年一个做窑炉的朋友说的，现在做岩板的企业，仓库里面没有个把亿的都不敢说自己是做岩板的。2021年的第一个季度即将结束，再来看看各大企业的岩板库存情况，到华夏等传统卖砖集中地走走，你会发现今年的砖不好卖，更别说是岩板了。如果未来1~2个月陶瓷厂家的库存情况没有好转的话，那么

在接下来的 4—5 月份临近账期收款，不少企业的资金链将会受到严重影响，从严重的情况来看，6—7 月份或将迎来岩板行业的首轮"大考"。

总的来说，正如陶结义颜料的廖总说的那样，陶瓷企业不能按照以往做砖的思路来做岩板，更不能把做通体大理石的那一套思路用在岩板上面。岩板最终还是要回归可加工的基本属性，要让岩板可加工，可随意地加工，解决岩板加工的破损率。把岩板定位在专用的特定市场，而不是岩板即陶瓷砖的未来，不能一窝蜂地全部去做岩板，市场容量有限，找好企业自己的产品定位，不能为了做岩板而去做岩板，不然就会成为"炮灰"。你可以选择不同的战场。

2021 年 4 月 1 日

陶瓷产品的市场单一化加速行业洗牌和竞争白热化

前段时间看到一则关于顺丰快递的新闻，讲的是顺丰快递第一季度的亏损问题。作为一家上市且在快递行业一直都是头部企业的顺丰，为何一下子就出现了巨额亏损的情况？这个还得从产品说起，相信不少公司的财务对于顺丰快递都比较熟悉，包括我在邮寄文件或者重要证件等物品时，出于时效性和安全性都会优先考虑用顺丰快递。随着电子发票的推行，大家好多业务都用电子发票了就不需要寄快递了，对于公司来说这是一项利民减负和节省资源的政策。但是导致顺丰业务出现严重萎缩，进而出现亏损的情况。包括与税务相关的电子税盘等业务，因为税务部门的减负政策为企业改用免费的Ukey之后，那么相关的以往依靠税控盘收管理费的公司的业务肯定也是大受影响的。这说明除了产品本身的问题之外，外界政策性因素的影响也是非常重要的。

除此之外，还有一个行业是因为科技的进步而在进化的。那就是以往常见的小偷，目前很少听说在外面被偷钱的事情发生了。因为现在基本上大家都是带着手机出门，而且包括交通工具的变迁也是很大的。以往城市内出行以公交为主，现在基本上是私家车和共享单车等多样化的交通出行方案。所以，小偷这个职业也在升级找出路，就出现了电信诈骗。就说你现在主要是经过手机来从事一些金融交易活动，那么小偷也是围绕着手机来开展工作。前面我们讲到的案例是政策影响业务和产品，这里我们看到的是客户习惯的改变推动产品的升级。这些都是做生意和开工厂的人需要去关注的几个重点环节，当今没有任何一个产品可以说做很长时间不做改进。

再回到我们这个陶瓷行业来看，产品的单一化越发严重。以往我们仅仅是说市场产品仿制或者在同一区域产品重叠比较多。比如山东产区和江西产区的产品定位就不一样，而且佛山地区的不同厂家之间产品又不一样。即使是同一个区域，比如清远的陶瓷园区和恩平的陶瓷工业园区，每家的产品多少都是有些区别的，比如生产全抛釉的、做通体大理石的，还有仿古和瓷片的等还是有些差异化的。

再回过头来看色釉料企业，生料釉企业基本上都是抛釉这一点难以去差异化。但是色料企业之间的产品定位还是比较明显的，比如有些以坯体色料为主，还有综合性的色料和墨水以及釉料都有涉及的企业。但是，从最近两年的市场发展趋势来看。行业之间的洗牌正在加速,产品的同质化与单一化也在加剧。各个产业链环节的相关子行业有进一步加速洗牌和整合的趋势,顶部的企业越做越大,中部企业在煎熬,底部企业在被市场淘汰或者自己退出市场。

具体到陶瓷行业的产品上,据行业媒体的报道,2019年抛釉砖占据市场的主体地位,我们也看到陶瓷墨水在扩张,因为用到陶瓷墨水的生产线在增加。但是到了2020年之后,市场都在围绕着岩板大板发力。特别是大板中板进一步地代替了亮面砖,熔块行业加速萎缩的趋势明显。色料市场基本上划分为釉用的陶瓷墨水色素市场,还有就是岩板相关的色料。大板中板和地铺石对于低端的坯黑需求起到了一定的支撑作用,高端岩板黑色价格一路走低。色料企业的生存环境进一步地被压缩,大部分的色料企业被逼迫在岩板黑的市场中挣扎着。当然,陶瓷厂家的情况也是不容乐观,岩板价格的不断下探,后面进来的二三线厂在价格战的黑海中下半年会更加难过。

2021年4月29日

2021年陶瓷行业将整体进入"倒金钟"形态发展趋势

"八月秋高风怒号,卷我屋上三重茅"。近期不少行业内媒体都在关注陶瓷行业所面临的前所未有的发展障碍期,高歌猛进的陶瓷经过了近20年的高速发展,伴随着房地产的磅礴气势一路向前,实现了从百亿元到千亿元量级的蜕变。纵然是当年顶着"三高"夕阳产业的帽子,依托于以制造业为兴国道路的策略,陶瓷行业在中国制造方面,不仅实现了窑炉压机设备等整个产业链的生产设计与制造自主化,而且还完成了陶瓷产业的对外输出。目前,在全球各大陶瓷生产基地基本上都能见到中国的技术或者设备,当然也包括技术人员的输出和国内部分陶瓷企业"走出去"的战略。整体来看,依托全球需求和新兴国家发展建设的需要,对于陶瓷的需求必然是长期存在的,后期来看外部肯定还会有增长的空间,但是国内未来应该是一个缓慢下降的趋势。头部企业继续利用资本的优势进行产业能上的并购与扩增,中小二线以下企业相继会进入被收购,以及被淘汰退出市场的行业精减洗牌周期。

具体来看,未来一段时间陶瓷行业进入"倒金钟"式形态发展期,将会呈现出以下3种新形态。

其一,头部企业在市场整体缩减的大环境下,人力等成本的增加促使陶瓷企业进行缩减一定成本开支的行为。大量资金进入陶瓷行业来说未必是好事,对于一个成熟的以基础制造业为生的陶瓷行业,已经没有足够的利润来支撑资本市场对于投资陶瓷谋求高利回报的利益回馈。中短期的资本杀入陶瓷市场不仅会加剧行业的不良性发展和产能非理性的扩张,而且还有可能加剧行业垄断的形成,迫使企业追求短期效益进而采取一些冒进行为。因此,未来头部企业会在资本的驱使下,内部节省开支,外部扩张兼并产能,头部企业呈现越做越大、全产业链覆盖的趋势。

其二,以陶瓷配套企业为例,部分色釉料企业在转型过程中的难度进一步加大。产业分支的头部色料或者釉料企业,由于陶瓷厂家开展的内部节省成本措施的进行将会更加难受。产品的单一化以及产品单价的透明化竞争完全背离了品牌价值和对于新技术产品的研发投入。不降低成本、不使用新技术配方、不使用更廉价的原料将让企业更加举步维艰。二三线陶瓷厂家为降成本自己配釉,进一步缩减了釉料企业的存在空间,品牌厂家的众多釉料企业竞价导致单价利润进一步压缩。可以预期，色釉料企业进入新一轮洗牌后，各分支行业企业很有可能淘汰一半数量出局。

其三，正如前面所讲的，头部陶瓷砖企业进行新一轮的资本和产能扩张，中部的二三线企业将进行洗牌缩身，能存活下来的二三线企业必然是有独特竞争力的企业。产能不再是这些企业的发展重心了，标新立异或者是个性化的产品，如某个厂家主打耐磨系列等产品为引流的类似"网红"企业产品是该类企业的出路。色釉料行业也是如此，单品做到行业前三的企业才能好好地活下去，大部分的中小微企业必须专注于单个产品或者在特定领域做到最强。

总体而言，陶瓷行业将进入新一轮的行业"政策性"洗牌新阶段，未来一段时间陶瓷行业进入"倒金钟"式形态发展期。陶瓷头部企业对外将进一步展开资本与产能的扩张，对内进行成本节约控制。作为配套的下游的色釉料等行业会更加难受，成本和资本是本轮洗牌的驱动因素，国内陶瓷需求市场整体缩减态势的延续，会进一步地加剧行业内企业之间的淘汰与兼并洗牌。

2021 年 7 月 15 日

2021年是陶瓷色釉料行业洗牌之年

从前看过的一个寓言故事，讲到两位猎人，同样是每天坚持早起去山顶上守候着南飞的大雁，但是其中一个猎人有一天晚起床而错过了雁群，因而前期的坚持最终都是一无所获。这告诉我们，做任何事情，除了坚守之外还要懂得学习与进步。机会总是会有的，但是机会肯定是留给有准备的人。

2021年已经过去大半，正如互联网上一篇文章所讲的，世界在重新形成新的经济形态。而其中最重要的一点就是高企的海运费在重塑各经济体之间的关系。为什么中国出去的一柜难求，以往均价3000美元的中欧中美线已经涨至30000美元？因为只有中国的制造业是全面复苏的，而纵观世界的基础生产物料的机电、日用、轻工行业，中国占据了世界制造工厂的地位。因此，在欧美没有完全复工的前提下，中国的轻工等制造业产能满足了世界的需求。所以，虽然看现在的各行各业都很难过，但是个别行业还是保持了旺盛的生产订单需求，而真正困难的日子估计还在后面。

陶瓷色釉料行业历经了从传统的丝网到滚筒，再到目前数码打印的第三轮技术革新。将传统的印刷工艺转换到数字化打印的过程中，色料和釉料以及熔块行业面临新的机遇与挑战。市场的精细化和大产能到顶，头部企业的扩张等进一步压缩了中底部企业的存活生态。特别是色料企业历经前两轮洗牌之后，剩下的基本上是一些有规模和技术的企业。而本轮洗牌除了技术之外，对于资本的支持更加看重，留存下来的色釉料企业必须在接下来的1~2年内完成方向的制定和产品路线的定位，除技术和销售方面提升之外，寻求资本的加持显得更加迫切。

2021年9月30日

市场期待陶瓷墨水企业3月份涨价

对于市场经济下的企业来说，产品的价格制定都是企业自身的自主行为。外界对于企业的定价机制和具体价格是无从得知和干涉的，当然像大宗商品和对社会影响较大的，如汽油、煤电等生活物资类的产品，国家层面的相关管理机构会给出一个指导销售价格。对于私营企业来说，自负盈亏需要承担的社会责任是提供就业岗位，经济任务就是要创造价值，一个没有合理利润的企业或者行业，绝对是没有美好明天的。陶瓷行业的产品涨价，相对来说区域性的统一涨价或者单一产品的统一涨价还是有的。但是对于色釉料行业来说，产品的单一化迫使色釉料企业一直都高度关注自身产品的价格和市场占有情况。长期以来，部分釉料企业以及墨水企业，出于市场竞争行为而低价甚至亏本保市场。不是企业不想涨价，而是市场的白热化竞争不敢一家单独涨价，因此，形成一个大家都不敢第一个涨价的怪圈。

对于2022年开年以来原料的继续狂欢，先不说外围环境的不稳定性增加，美元的回流和加息预期的临近，大宗有色商品的价格很有可能在6~7月份时达到一个高点。为什么这样说？因为不少著名的投行和名人已经在不断地释放2022年全球金融危机大爆发的段子。全球大印钞造成的流动性泛滥和美元回流后的加息，将导致美元之外的大宗商品和固定类资金爆雷大贬值在今年的某个时间点会爆发。所以，2022年的上半年可能会迎来一波有色金属的超行情和资产金融的大贬值两种极端情况的出现。那么，对于陶瓷行业来说，去年开始调整售价。色釉料行业暂且不说，至少陶瓷墨水无论是国产墨水，还是进口墨水企业，不可能在亏本15%~25%情况下支撑太久，要知道从去年10月份开始，部分墨水产品都是在保本销售。

那么问题来了，为什么在原材料暴涨超过50%的背景下，无论是外资墨水还是国产墨水，价格一直不调整呢？因为谁都不想第一个涨价，涨价意味着自己的市场很有可能被对手抢过去。因此，有时候大家开玩笑说都不差钱。如果说市场行情通过股市融资来打价格战，那也只是阶段性或者说局域性的。或者说有企业不仅不涨价，甚至还降价，都是短时间的市场行为。但是本轮有色金属行情叠加的疫情后的反弹行情，还在继续冲高。整个墨水行业出现亏损的情况更加严峻和普遍，大家都需要一个健康的市场和遵守市场规律下的正常涨价行为。

因此，市场也呼吁无论是国产还是外资墨水企业，最迟 3 月份开始分阶段性地上调墨水价格必须形成一个共同的默契行为，以前说行业困难大家抱团取暖，2022 年陶瓷墨水行业抱团合理同步涨价是大家活下去的共同之路。无论是上市企业，或者是地域强者，又或者是外资墨水企业，在维护和保持陶瓷墨水产业健康有序发展的道路上，这一次必须携手共同进退。

2022 年 2 月 24 日

2022年陶瓷行业将加快"两端"分化，市场洗牌继续

对于原材料的暴涨，几家欢乐几家愁。有行情的市场通常对于部分人来说是机遇，有色金属的行情基本上每年都在上演，只是不同的品种之间在轮换。陶瓷色釉料行业更多地跟随有色金属的行情走势随波逐流，因此，不少企业是喜欢这种行情的。当然，色釉料行业更多关注的还是陶瓷厂的走势，比如2022年的流行趋势是什么？陶瓷厂家开年后能否正常地点火开窑？陶瓷厂的库存状况又是如何等？既需要关注陶瓷厂的产销情况，还得留意陶瓷厂的经营状况与回款。因而，一些经营时间久的色釉料行业企业负责人总是觉得这个行业赚的都是辛苦钱，无论钱款进出都是热脸往冷屁股上面去贴。大家多年来的梦想也是有朝一日，色釉料行业也能够与陶瓷厂平起平坐，不再忍气吞声地任人宰割。

再来看2022年的陶瓷市场，因为年初的天然气暴涨，目前点火的企业更是像热锅上的蚂蚁金服，而没有点火的陶瓷企业也是在犹豫要不要点火。今年来看，广西产区的煤转气是避开了这波高价天然气的影响。而且广西产区的综合成本优势也是在逐步地凸显出来。以内地某个陶瓷经销商的说法来看，广西产区的同款花色产品，佛山一线品牌厂"某莎"的价格比"某宇"的价格相差20元左右。另外，就是从广东产区来看，特别是贴牌企业将更多的订单会下到广西产区，广东产区的全年产量肯定较之2021年下降。包括福建产区，因为有天然气补贴，至少在燃料成本上面来看还是具有一定的开年优势。如果说年后点火时间拖得太久，那么后面想再开起来的难度就更大了，毕竟现在不管哪个产区招一线熟手工人都是越来越难了。

从色釉料市场来看的话，部分陶瓷厂家推出的还是以黑白灰色系为主，当然还适当地搭配一些暖色调的产品，较少地使用到一些鲜黄色调的钛黄类产品，但是需求量肯定不会太大。反倒是部分纯色系列中的大黄系列，对于镨黄或者黄色墨水的需求是有的。岩板黑色市场进一步地分化，高档岩板黑需求缩小，中低档的产品依旧是主流。但是销售方向上可能更多的是往江西、福建、广西这几个新兴产区走。陶瓷墨水阶段性的涨价是必然的，两大上市企业占据80%的国内市场份额，一旦达成默契涨价必然是大家一起涨，而且是原料成本剧增的情况下不涨不行。

总体来看，2022年的行业洗牌会继续，受地域和能源环保政策的影响，今

年广西产区会有一个增长从量变到质变的过程。优质的陶瓷厂会凸显出来，以及资金回笼和付款条件也会改善，对于色釉料行业的企业来说是好事。由于部分材料的涨幅惊人，今年还要留意下半年的材料回调。特别是残奥会之后的全国两会的召开等，对于北方的部分材料和涉及一些矿山资源的材料需要关注其价格和备货情况。

2022 年 3 月 3 日

第八章 市场趋势与产品需求

陶瓷喷墨打印技术对色料行业的影响

近年来，陶瓷喷墨打印技术的国产化不断完善，国产喷墨打印机械设备成本采购价不断下降，国外喷头企业的技术改进对陶瓷墨水所需色料粒径的要求也不断放宽。人民币升值空间的看空，导致大宗资源类商品价格不断下调，特别是化工相关的原材料受到影响而波动下调，煤炭价格更是下降明显。由此看来，陶瓷喷墨打印所需的陶瓷无机色料的原材料成本也会相应降低，最终可以看到，国内市场中陶瓷喷墨打印技术在各个陶瓷产区的逐步普及，陶瓷行业放弃传统丝网印刷技术对于釉用色料打击较大，特别是目前流行的仿石材类瓷片产品，对于棕黄系列的需求量逐步减少。

传统的棕色系列色料，是目前在市场上和技术上最容易实现喷墨打印要求的传统色料。目前市场上常见的棕色系列和黑色系列产品，生产技术上和产品技术配方相对比较简单，就佛山地区来说，每家陶瓷色料企业都能生产。随着喷墨墨水的普及，喷墨墨水将会逐步代替这些传统的色料，市场份额的逐年减少将会使产品价格竞争更加激烈。特别是不具备产量优势的企业，在原材料成本和其他费用上根本就不具备应对价格战的实力。

从当前佛山和淄博产区的市场反应来看，陶瓷喷墨打印技术对于锆系列色料产品的市场打击较小，而锆系列产品中的镨黄产品更是没有任何其他色料可以替代。锆系列中的红色系列产品本身就不多，特别是包裹系列单价较锆铁红明显高出很多，因此锆铁红还是具有明显的不可代替性和价格优势。钒锆蓝由于有钴蓝系列产品可以代替，特别是氧化钴价格的下降，更是对钒锆蓝市场产生深远影响，目前只是果绿类产品在调色过程中需要钒锆蓝。

对于色料生产企业来说，镨黄和锆铁红技术配方难度相对较大，不是任何陶瓷色料企业都可以投入生产的。氧化锆的价格波动较大，对于不少从事陶瓷色料生产的中小企业来说，更是没有资金投入到大规模生产中，小规模的生产所导致的高成本在市场中不具备竞争优势。因此，镨黄色料市场目前来说基本上被几家较大的色料生产企业所垄断，而且，只要是生产镨黄的厂家，其出货量必大，外贸市场占有率必占绝对优势。目前来看，稀土价格在盘整当中，氧化镨的价格维持在35万～40万元之间，进行镨黄生产对于资金的需求也是一笔不小的数字。

干法球磨和干法布料系统的出现，以及配色技术的发展和抛光砖的逐步淘汰，使坯体色料需求量不断减少。坯体色料在喷墨打印方面短期内不具备实施条件，而作为高档产品的玻化砖产品也具有市场空间因素和不可代替性。近几年才投入生产的魔术师布料系统在短期内不会被淘汰，因此坯体色料市场的空间还是存在的，特别是生产抛光砖的坯体色料加入量，较釉用色料明显高出很多，以一条日产10000平方米的抛光砖生产线来算，单是橘黄一种产品的需求量都在20～60吨之间。由于近年仿石材和木纹系列产品依旧是市场的主流产品，因此钛系列的橘黄类产品市场空间还是很大，特别是这两年出现了专业的只烧钛系列产品的色料厂家和专业的坯体咖啡色生产厂家。

对于釉用色料生产厂家来说，坯体色料在分担工厂日常费用和拓展企业利润空间上具有不可替代的作用。特别是当市场需求回暖时，要果断地投入生产和通过低价格战略迅速地占领市场，而坯体黑色和咖啡色虽然有一定的市场需求量，但是由于所使用的原材料主要是铬铁矿，容易产生质量波动，特别是福建作坊式工厂实施的超低价格战，使得黑色和咖啡色这两块市场十分混乱。在坯体的珊瑚红色料方面，目前基本上被两家福建厂家所垄断，在规模化大批量的专业化生产前提下，福建地区的珊瑚红产品价格已经到达底线。

笔者认为，今后几年的陶瓷色料市场将呈现出三极分化的趋势，传统色料空间将进一步被挤压，墨水价格下降将导致品质的下降和不稳定性的增加。传统的釉用色料将会向更加高品质的方向发展，对于国内陶瓷色料生产厂家来说，在保障品质和提高产品性能的同时，也要寻找新的利润增长点。

2022年9月13日

打铁还需自身硬,好产品才有好未来

12月还是来了,我以为冬天未曾走远,但是龙年的钟声即将敲响,预示着我们又辛苦地忙活了一年。在此,向继续奋斗在陶瓷行业生产一线的朋友们道一声辛苦了,同时,也非常感谢同笔者一样的化工原料供应商,陶瓷行业正是因为有了我们这群一边哭一边笑的人才变得更加精彩。当然,还要感谢一群可爱的陶瓷行业媒体人,风里来雨里去,带来了各地产区的报道,怀揣着大夏天被冰水湿身的勇气。与其说陶瓷行业就是泥与火的缠绵,还不如说是我们这群一边骂着行业不行,一边又在默默地为这番事业奉献青春的人。也许我们并没有那么伟大,但是想想城市的每一座建筑物,说不定都有你的一份产品,或者你的一份设计,又或许是一滴汗水,还是很欣慰的。

总之,在这年末岁尾里,我们感受了房地产的起伏对陶瓷行业的影响,特别是7月份前后市场的不确定性,以及任一项环保政策的实施都对这个脆弱的行业影响深远。展望来年的美好春天,陶瓷人已经习惯了自我安慰,今年看明年,明年看后年。也许这也是一种无奈,但是更多的是一种美好的期待,也希望明年的市场有个稳健的开端。

前些天同一位陶瓷色釉料行业的前辈聊天,谈及对于陶瓷墨水市场的看法,以及对于来年陶瓷色釉料市场行情的一些预测。按照他的说法,国家对于产业升级的要求将被落实,并且将会逐步淘汰一些高能耗的产业和企业。本身陶瓷行业的准入门槛不高,但是经过本轮洗牌之后,真正有实力和创新能力的企业必将更加强势,而一些投机性的产业或者厂家将会走入一条死路。

说到这里,笔者想到了一个小故事同各位分享一下。故事是这样的:飞机上,一只鹦鹉对空姐说,"给爷来杯水。"猪也学鹦鹉,对空姐说,"给爷来杯水。"空姐大怒,将鹦鹉和猪都扔下了飞机。这时鹦鹉对猪说:"傻眼了吧,爷会飞。"无论对企业还是个人来说,只有自身的强大才能抵抗来自各方面的风险。而风险又是必然存在的,不会因为我们不去理会或者躲避而有所改变。因此,对于传统的色釉料企业来说,如何选择一个风险的控制方式是年底该考虑的战略性问题。又如同习近平总书记讲反腐倡廉一样,"打铁还需自身硬"。无论市场情况如何,又或者是明年的陶瓷行业形势如何发展,只要你的企业足够的强大和有足够的创新能力,我相信没有什么能够阻挡企业前进的脚步。

以笔者之见，2024年陶瓷行业企业要把握住国家对于高质量发展的主旋律，以技术创新和产业升级为契机，加大研发力度和新材料的研发。要向"小巨人"企业看齐，不要盲目追求做得最大，而是要围绕着"专精特新"来发力，特别是色釉料墨水辅料行业企业，要选择好自己的赛道，做专一的产品，打造精品系列，功能特异化，向新材料、新技术、新产品要市场。

2023年12月30日

陶瓷喷墨数字化加速坯体色料需求逐年减少

南方5月下了大半个月的雨，6月以来天气一天比一天炎热，最近感觉人也是变得有些偷懒，原本隔期发表在两家报纸上的专栏也因工业展的事情而中断了几期。本次工业展结束后，感觉对于陶瓷色釉料生产厂家来说危机四伏，特别是喷墨渗花釉的不断改进与效果的提升，对于坯体色料市场来说，冲击将会在下半年乃至明年开始显示出来。坯体色料市场目前来说基本上被咖啡色、黑色、珊瑚红、钛黄系列所占据，特别是钛黄系列一直都是占据坯体市场的大半份额，坯体黑色从2012年后市场需求在逐年萎缩，坯体咖啡色虽然市场需求不是特别旺盛，但是市场需求相对来说比较稳定，市场上专业生产咖啡色料的厂家主要有陶结义等4家左右，但是专业生产橘黄的厂家有天宇、友邦友、卓丰、华宝、南鹰、汉唐、大象等十来家企业。坯体色料市场的分化在最近5年分化得特别明显，特别是一些量相对较少的色料品种，基本上由几家企业半垄断式地生产。

在坯体色料体系中，市场需求量相对较少的坯体锰红、硅铁红、珊瑚红等色料品种，由之前的中大型色料企业必选项目逐渐被下马。从时间上来看，在2002年至2010年之前的大中型色釉料企业，主要以色料品种齐全为市场目标，基本上只要是有业务员卖或者有客户需要的都会投入生产，主要是市场前期的色料利润还是非常可观的。以坯体锰红来看，目前市场上生产坯体锰红的色料厂家主要有晶格、华宝、大业等几家企业。硅铁红的话基本上很少企业生产，据了解金鹰每个月还是固定生产一些硅铁红产品。而在坯体珊瑚红黄方面基本上由福建的佳泰占据主要市场。但是随着滚筒印花和喷墨技术的普及，陶瓷厂家对于色料的需求量也是在经过前两年陶瓷厂扩张带来的爆发期后进入"精品时代"。陶瓷厂家对于色料的品质要求也是在逐年提高，对于色料的物理和化学指标都更加明确，特别是陶瓷喷墨墨水，对于色料的配方和后期加工工艺提出了更高的品质要求。

可以预见的是，坯体色料市场的艰苦日子还在后头，目前的抛光砖对于坯体色料的需求也是在逐步减少，特别是最近两年市场流行色趋向于浅色系，暖色系的纯黄产品特别受到市场的喜欢。工业展期间快达平展出的喷墨渗花墨水，在色彩饱和度和色调清晰度方面有了极大的改善与提高，国内道氏也推出了自己的渗透在坯体釉面的渗花墨水，但是色彩不够丰富，清晰度方面还有待提高。市场的颜色喜好对于咖啡和坯体黑色的需求影响还是比较大，全抛釉在客户端市场对于抛光砖的冲击还是在逐渐扩大，因此，整体来看坯体色料的市场需求也是在逐步减少，部分价格或者技术欠缺的企业肯定会在这一轮的市场选择中被淘汰。

特别是坯体色料对于原材料价格波动比较敏感，以钛黄系列产品为例，年初的时候钛白粉价格处于每吨8400元的低位，在5月份的时候价格到达顶峰的每吨10200元，目前钛白粉的价格又回调到年后的每吨9000元的价格，而且氧化锑的价格也是在回调，钛黄常用的72度氧化锑产品不含税在每吨28000元，有色金属厂家未来两个月继续看跌氧化锑。因此，对原材料价格敏感的坯体色料产品厂家，一方面需要加大技术研发的创新，及时消化库存，另一方面更要时刻关注这些相关的大宗原料的价格走势。

2020年7月12日

渗透墨水能否成为传统色料厂家的救命稻草？

开年伊始的淄博地区，因为环保问题而停产的企业有 88 家，但是获准点火的企业约为 20 家，其他陶瓷企业能否顺利点火还是个未知数。环保问题依旧是悬在陶瓷企业头顶的达摩克利斯之剑。

今年开年至今，有色金属的价格一路缓跌，全球大宗商品的价格伴随油价一直处于历史低位。主要是因为市场对于大宗商品的需求非常疲软。就陶瓷行业来说，抛光砖企业在去年年底已经淘汰一部分企业。陶瓷墨水的价格也是一降再降，目前来看，陶瓷墨水价格下降的空间已十分有限，而且进口墨水的价格也是在不断地调整以迎合国内客户的需要，甚至部分进口墨水厂家已经考虑将生产线逐步迁移到国内生产，如此这般，相信进口墨水的价格在今后一段时间还将继续下探。

从各企业的年会举办情况大概可知其经营情况。传统色料企业已经分化严重，坯体色料厂家进一步缩小产品线，将釉用色料直接砍掉不再生产，并且将自身没有价格优势的产品进行外包采购。另外，原料供应商对于陶瓷厂家的选择也进行了一定的参数设定，比如付款条件等如果达不到色料厂家要求的，色料厂家基本不会供货给他们。另外，釉用色料厂家基本附带着一些成品釉料的生产。釉用色料的市场需求基本上还是以镨黄、锆铁红、棕色等为主。其他一些特殊的，如原子红、锡桃红等色料产品基本上还是以潮州地区生产为主。锆铁红产品之前是潮州地区比较有性价比，但是从去年开始，佛山地区也有两家色料企业生产出了比较有价格优势的锆铁红产品，打破了之前一直被潮州地区垄断的情况。

陶瓷渗花墨水方面，在去年的展会中已经有企业展出样砖和产品。国内墨水企业两巨头也表示有相关产品的推出。部分传统坯体色料生产厂家也开始涉及坯体渗透墨水的研发，并且已经有企业进行了小规模的生产。从上月印度陶瓷工业展的情况来看，目前坯体色料的延伸方向是干法混合色料和渗透墨水两大方向。其中干法混合色料的技术要求较之以往配方有提高，以往的干法混合色料是通过添加如白炭黑类的干粉分散剂来达到分散目的，使用白炭黑类作为分散剂时生产工艺简单，但是混合分散效果不是特别好。而新的工艺是采用水性分散剂，虽然工艺成本增加，但是分散效果更好。渗透墨水相对来说是渗花釉料的升级版，但是在着色盐和助渗剂方面还有提升的空间。

2020 年 4 月 7 日

干混色料为何烽烟再起？

记得陶瓷行业某位媒体大咖曾经写过一篇有关"佛山陶博会已'死'"的文章，在当年还引发了一连串的"蝴蝶效应"，再过几天又要迎来佛山陶瓷人的盛会了。当然，那位大咖当初的本意如何我们无处得知，但是其本意并非希望陶博会真的如其标题所指。依笔者看来，陶博会正是为了佛山乃至陶瓷人而生，作为在佛山的陶瓷人，我们还是感到挺骄傲自豪的。放眼全国的陶瓷产业基地，无论是投资商，还是技术工人支持以及配套服务商，基本上都能看到佛山的标记。更有其他产区的客户指定要购买佛山产区的陶瓷砖类产品。

"佛山陶瓷"这块金字招牌更是由几代佛山陶瓷人付出了毕生心血奠基而成。当然，今天的佛山陶博会在各地陶瓷产区的相关展会中脱颖而出，无论是规模还是参展商的质量都是其他陶瓷产区无法比拟的。佛山陶博会作为中国最具影响力的陶瓷卫浴出口盛会，是全球 50 多个国家和地区的建材商、瓷砖经销商、陶瓷卫浴产品采购商以及终端买家到中国采购的首选专业盛会。本届陶博会将进一步优化硬件配套，提升买家观展体验，设置"特色产品专区"，实现 WIFI 信号全覆盖等。

当然，历年展会期间遇到的停车难问题不知道在本次展会是否有更好的解决方案出台。每届陶博会都有不同的亮点，2015 年，卡布里·玉石瓷砖进行了前所未有的品牌造势，引起广泛的关注，重金邀请台湾第一美女林志玲助阵、2.5 亿豪车等种种噱头，在行业引起巨大的轰动。当然，那段时间尹虹博士与志玲姐姐的合影照片也是被微信朋友圈刷爆屏。互联网＋再次被陶瓷行业的某些厂家用到了极致，有的厂家辛苦忙前忙后花费大量人力、物资办事，却不想被个别别有用心的商家占了便宜。

坯体色料市场随着 2020 年岩板大板的兴起稍有好转。一是去年濒临倒闭的或者到目前还没有点火的抛光砖企业，基本上都是带病上岗的企业，即使当前没有倒闭，估计也存活不了多长时间。能够存活下来并在今年三月份前点火的，应当判定为相对较为优质的陶瓷企业，付款条件方面会好很多。二是即将上线的干混色料需求生产线将增加十几条，并且国外市场也在加快上马新的项目，因此干混色料在下半年将迎来"二春"。第三点原因与色料生产厂家密切相关，也就是有色金属价格在经历了去年的"触底"之后，如果国内房地产市场调整到位进入反弹，那么有色金属的价格不排除进入有限度的反弹行情，笔者相信"买涨不买跌"的心理不只是中国人的"特色"。一旦需求市场放量打开，那么坯体干混色料不仅仅是传统的黑色和咖啡色系。如锆黄、钇铝红、硅铁红等产品都有"翻身"的机会。

  机会往往是留给提前做好准备的人。目前来看，国内干混色料的技术水平大部分停留在以往的工艺技术水平上。干混色料目前国内公认做得比较好的企业也就是两三家，虽然，每家色料公司都宣称可以提供干混色料样品，但是由于使用的分散剂产品厂家不同，分散剂的原理与系统不相同所造成的产品流动性差异较为明显。湿法工艺的原理就是类似给色料粒子外表镀膜，因此在水中的分散效果非常明显，但是在干混色料系统中成本高、工艺复杂，不是特别实用。因此，干混色料目前主要还是在干粉分散剂方面寻求突破，而笔者的公司也即将推出适合干混色料分散的全新分散剂产品，助力干混色料生产工艺升级。

2020 年 5 月 30 日

陶瓷岩板大板色料市场分析

本期我们来聊一聊目前市场上比较热门的一个话题——岩板。当然我们在这里就不去探讨岩板标准或者是与岩板本身相关的一些东西，主要是来谈一谈岩板色料目前到底是什么样的情况。

当前，我们看到与岩板相关的新闻也是铺天盖地的，特别是新的岩板生产线基本上隔周就会有新闻上线。那么色料行业及与色料相关的原料市场到底怎么样？到底是不是像新闻上面看到的那么火爆？首先不管岩板有多火爆，作为色釉料生产企业，我们首先从原材料来看，不是有这么一句话吗？做色料的或者说是做陶瓷的是"生在原料死在窑炉"，那么如果大家真的都是在做岩板的话，对于原本坯黑的质量要求还是比较高的。因为特别是超过1.5厘米厚度的岩板类产品，对配黑色料的要求相对较高。包括色料原材料的一些杂质，或者煅烧温度，以及色料本身合成过程中的曲线，还有设备的原料配方的配比等，都会导致岩板中间层的黑心或者发泡等质量缺陷。

如果真的像我们媒体前期宣传的岩板生产线在今年年底可能会超过100条的话，即使以1/3的岩板线生产量来估算，每个月的高端坯黑的使用量至少也是1800吨。1800吨高端坯体黑的话，换算到我们的坯黑配方，用到的铁红与氧化铬绿，每个月将会消耗至少800～900吨的铁红和氧化铬绿产品。

现在回过头来看，市场中针对陶瓷色釉料这一块的市场做坯黑类产品，如果氧化铬绿的消耗量每个月达到800～900吨的使用量，目前来看的话，只有湖北振华、四川绵阳、新疆铬盐，还有河北的一些小型氧化铬绿煅烧厂，包括佛山本地的3～4家较大的贸易商。按理来说，每家至少可以分得每月200吨氧化铬绿的走量，这还不包括传统釉用色料的黑色系列，棕色系列等色素其他用铬色料的需求暂且估算到300～350吨。那么即使咱们按照保守一点的岩板线来算，4家铬盐厂家在岩板这块的每月供货量都在200吨以上。

那么据我本人的了解，振华的产品目前由佛山和盛友业这家公司做总代理，他们每个月的氧化铬绿的出货量怎么样？至少现在因为厂家方面的原因，货源非常紧张，以至于要先打钱才有货发过来。而且基本上你想大量订货都不一定会给你这么多货。通过我们的市场走访也发现，目前佛山这4家铬绿厂的出货情况，并没有像我们预期的那样每个月都能走200～300吨，至少在8月和9月是没有达到的。我们也不排除可能有些色料厂家在前期进行了一些囤积，或者是有一些备货，但是这个不影响我们现在对于这种情况的研判。

那么铁红情况怎么样呢？如果说是要做岩板黑的话，对于铁红的要求也是非常高的。首先必须至少要混酸法的国标130或190的，稍微差一点的，即使这里面加入部分的类似于干法铁红或者是便宜的这些铁红，第一是煅烧的时候发烟，第二是在色调的饱和度上面，也是达不到这种对于黑色的蓝黑色调的色度值的保障，而且容易发红发黄，且导致岩板黑心、发泡。

那么我们也了解到目前铁红厂家的生意其实并没有大的改善。包括广东省内的江门铁红厂，还有湖南三环、浙江华源的铁红厂家，这三大生产厂家基本上在色料行业占到九成以上的市场。目前他们的铁红市场消耗量，或者说是市场走货量，有没有达到每个月800~900吨？没有。为什么没有？包括我们不一定全部都是烧岩板黑色，我们还有釉用黑色，还有棕色这些都会运用到铁红，但是这类铁红的实际市场需求并不旺盛。

现在作为铁红厂家来说，一个月能走100吨铁红都算是比较大的订单了。那么从以上铁红和铬绿市场的原材料源头出货量来看，并没有达到我们预期的一个月能走800~900吨的量。

但我们也看到低端的干法铁红，包括每吨1000多元和每吨介于3000~4000元的这种铁红市场用量并没有减少。从目前色料厂的情况来看，特别是在岩板黑这一块做得比较成功，像中冠、天宇、大千等厂家，还有坯体黑市场量做得特别大的创高。那么目前这些企业的岩板黑色每个月的产能是多少呢？包括我们福建市场的一些中低端的，现在也在开始做一些高端的岩板黑色。

目前是什么样的情况？基本上按色调或者单价来说，坯黑市场可以大体分为3个单独的市场。首先还是这种低端的每吨介于3000~5000元的低档配黑，他们的应用在底坯的着色、广场砖，或者是我们目前的一些所谓薄岩板大板，如3mm这样薄的陶瓷大板上，用这种平面的黑色还是问题不大的。所以我们也看到今年上半年，每吨3000~5000元的低端黑色的市场需求量，还是与去年一样的，保持比较稳定的需求。

另外就是根据砖厚度来划分的话，介于中间这一类的产品，使用低端的黑色，在黑色的饱和度上面不一定达得到，要达到黑色的饱和度和防止黑心，这些大板，还有一些中等厚度的岩板类产品，对于每吨9000~13000元的坯体黑色的需求也是固定存在的，这也是现在市场走量相对来说比较大的一类产品。因为印度大板的推出，国产大板的市场增加，基本上都是会用到9000~13000元的黑色。至于再厚一点的砖或者板，那就必须用到高档的坯黑，目前来说基本上是在 23000～30000 元的这类高档的坯黑市场。

所以从色料企业的角度来讲，岩板类产品的真实色料需求量存在，但是量还有待提高。市场主要还是以陶瓷大板类的产品为主，我们也是期待行业尽快制订出一个岩板标准来，让消费者能够清晰地划分出什么是岩板、什么是大板。

2020 年 9 月 30 日

陶瓷包裹色料市场需求分析参考

包裹色料由于自身配方的保密性，以及生产工艺的复杂性、对后期排放污水和大气的环保治理要求高等因素，较之传统的陶瓷釉用以及坯体色料来说，都有较高的技术门槛和环保门槛。目前国内市场中陶瓷包裹色料的生产厂家基本上可以扳着手指头数出来，而国外基本上都是从中国进口类似的包裹色料。因此，在一定时间内，具备陶瓷包裹色料生产技术的厂家可以说是不愁销路，而且产品价格保持相对稳定，不像传统的陶瓷色料，厂家之间相互竞争打价格战，或者是对色调的要求比较苛刻。

我们这里谈的陶瓷包裹色料主要涉及的是包裹以下结构类型的 $ZrSiO_4/Cd(S_xSe_{1-x})$，这种色料的组成是 $Cd(S_xSe_{1-x})$，它的制备原理是随着 x 值不同，色彩渐变为浅色，由红而橙而黄。这种色料颜色十分鲜艳，但是在高温条件下就缺乏好的稳定性，分解温度一般为800℃。我们把该色料用硅酸锆晶体包裹，他们的分解温度就可以达到1300℃了。市场中常见的品种有包裹大红、包裹黄，以及用两者相互调配衍生出来的如包裹橘黄，包裹橘红之类的过渡色范围的包裹色料产品。另外，就是色调非常青黄调的包裹类型的柠檬黄系列产品。

2020年因为新冠疫情的原因，整体的大环境较之往年稍差。但是在4月份之后，国内逐步解封恢复生产，包裹色料的市场需求也是在缓慢上升。包裹色料的主要应用市场大致可以划分成3个方面，第一个就是传统的陶瓷砖、瓷片等玻璃马赛克市场，以及陶瓷墨水色素需求全部加在一起，占比应该在30%以上。第二个主要应用市场就是目前较火的琉璃瓦行业，大红琉璃瓦在江西以及两湖周边地区深受欢迎，除了徽派等地方特色建筑喜爱灰色以及孔雀蓝绿等色系之外，大部分地区红色瓦面还是占据主要市场，而且琉璃瓦企业的用量也较大，通常可以占到包裹市场份额的25%以上。第三个应用市场就是日用瓷以及艺术瓷类市场的应用，在这里我们也可以将酒瓶类，以及部分金属搪瓷类和花纸等划分到这类市场，这部分的市场份额也是占到整个包裹市场的15%左右。那么剩下的包裹色料30%的份额主要就是出口方向了。

在了解陶瓷包裹色料的主要应用市场之后，我们再来看包裹色料今年为何跌价就可以找到原因了。文章开头我们已经讲过了，由于技术和环保审核等方面的原因，目前陶瓷行业内包裹色料有一定量和稳定生产的厂家主要有湖南金环、佛山华意、大千、金威胜、湖南科兴、扬子颜料等。今年疫情后，从4月份开始，在原材料没有大幅下调的情况下，包裹色料的市场行情价格就开始出现下调，而且是在一个厂家下调之后，其他生产厂家都会跟进下调。整体价格下调幅度在15%~25%。据相关人士处了解到，去年不少包裹色料生产企业都扩建了生产窑炉增加了产能，部分企业从以往的月产不到100吨产能，扩产到200~300吨的产量。整体包裹色料的单月增加产能在500吨以上，按照今年4月份后才逐步恢复生产计算，2020年新增加的包裹色料产能释放后，如果满负荷生产的话，市场增加包裹色料供应在4000吨以上。原本之前已经相对饱和的包裹市场在新增产能释放后，长期来看供过于求的现象将会延续一段时间。

其次，基于新冠疫情原因导致的出口方向受阻，对于包裹色料的影响是显而易见的。出口方面来看的话，目前只有东南亚的部分国家还在进口一些坯体色料，由于陶瓷岩板以及大板的盛行，对于坯体色料的需求无论是国内市场还是出口市场都还有一定的走量。但是从国内的情况来看，大板岩板基本上以黑白灰三色系为主，对于陶瓷红色墨水的应用目前还没有看到，今年整个亮面砖市场的萎缩对于透明熔块类产品的打击明显，进入9月下旬后，岩板大板对于坯体黑色色料的需求也明显减少。所以，即使国内包裹色料具有垄断性的出口优势，但是出口受阻后的市场份额全部倒压回国内，对于国内原本形成供需稳定的生态圈形成二次价格打击。

基于以上两大方面的考量，短期来看陶瓷包裹色料市场供过于求，后期市场临近过年等原因减少订单需求，各企业虽然目前将价格降到成本维持线附近争取更多订单，但是如果材料面没有上涨消息释放，包裹色料售价方面延续低价走量的策略不会有大的改变。长期来看，即使明年陶瓷行业以及国外疫情得到有效控制，但由于包裹色料整体产能的增加，市场供求的长期富足状态，包裹色料价格极有可能打破以往的稳定局面，企业之间的价格战将更加常态化和面临更加严峻的生存挑战。

2020年6月10日

海运费暴涨，陶瓷色釉料企业或迎来备货性大订单

2020年注定的是与天斗与地斗与人斗的一年，上半年闲得发慌，下半年市场稍好一点又碰上各种涨价和缺货。在这个鼠年还剩下不到两个月的时间里，陶瓷外贸出口企业订单稍有好转，但是又遇上了一柜难求，而且海运运费暴涨导致企业利润被吞噬。如果用一句话来总结今年的物流就是：3月复工，4月没货，5月、6月减船，7月涨价，8月、9月缺箱还涨价，10月没车。全球集装箱龙头中集集团最新发布的三季报业绩，体现了出口链的回暖态势。今年前三季度集团营收635.92亿元，同比增长3.13%；净利润6.98亿元，同比增长9.62%。尤其是第三季度净利润8.8亿元，同比增长2123.72%。

来自中国港口协会最新数据显示，10月以来沿海港口集装箱业务量保持快速增长，八大枢纽港口集装箱吞吐量同比增长11.1%，增速创今年以来新高。上海航运交易所7日发布的周报也显示，上周中国出口集装箱运输市场总体向好，运输需求增长，多数航线运价走高，带动综合指数上涨。截至11月6日，中国出口集装箱运价综合指数为1110.7，较上期增长3.4%。港口集装箱业务走高、运价持续上涨的背后，是我国外贸向好趋势的延续。海关总署最新发布的数据显示，10月，我国外贸进出口2.84万亿元，增长4.6%，连续5个月实现正增长。其中，出口1.62万亿元，增长7.6%；进口1.22万亿元，增长0.9%。值得注意的是，我国出口已连续7个月实现正增长。

2020年我国外贸行业再次走出了一波过山车般的行情。陶瓷色釉料行业的出口上半年基本上是闲得发慌，下半年情况稍有好转，海运方面2020年11月6日起，深圳出口至东南亚所有港口，价格上调，额度为美元+500/1000/1000。要知道对于陶瓷色釉料行业来说，目前的东南亚市场，如越南、孟加拉国、印度尼西亚等，都是陶瓷机械、耐磨材料、色釉料等陶瓷化工出口的主要市场之一。深圳港首先开始涨价，其他口岸距离涨价还远吗？

冬季已经到来，美国大选也已经是尘埃落定。现在来看，欧美和印度方向的疫情反扑凶猛，空运和海运时效价格随时都会有很大的变化，美线价格更是更新频繁，大家可能犹豫1秒，价格就不同了。特别是节后到美国的船期比节前还爆舱。按照行业内人士的说法，最近不要看价格了，能找到舱位就不错了。现在的舱位抢夺宛如购物秒杀，手慢的根本抢不到，就算是加钱也不一定能预订到柜

子。陶瓷色釉料比重大而且单次批量不小，除货值特别高的产品之外，有些着急出货的人，已经被逼到直接亏本发某快递到目的国了。

除陶瓷行业之外，大量货物需要运往欧美，而货运现状却是：空运持续涨价；海运严重缺箱缺舱位，常常出现甩柜现象；铁路形势非常严峻，缺箱缺计划，各大口岸、目的站都非常拥堵。多家企业反映，在运价疯涨的同时，订舱也一直是一个超级大难题，并表示即使闲置船舶相继恢复运营，依然难以满足目前的大量需求。除了海运，空运市场也不容乐观！货代提供的信息显示，现在的空运市场货多机少，涨价是大势所趋，一些货代公司已经陆续发出了运费涨价的通知。再加上欧美目前有大量的项目货包机。APPLE、HUAWEI、XBOX等企业都有大批量的出货现象，这也会导致空运价格上涨。现在包括几大机场航司美线的价格均有上涨的趋势，秋冬季欧美疫情卷土重来，防疫物资大量补货，空运渠道遭到挤压。

总的来看，由于国际大的货运公司都是欧美企业，新冠疫情使不少港口和轮船封港或者是出不来，而且随着各国放开和经济逐步的复苏，未来一段时间海运会持续紧张，而且运费价格短期来看还有进一步上涨的可能，陶瓷行业出口贸易占比较高的企业，受海运运费上涨的影响较大，而且还是关注签订合同时的到港日期，因为现在"船期"真的很紧张，下月更紧张。

好消息是，由于中国在陶瓷色釉料方面等的制造优势，国外对于这部分的需求随着经济复苏肯定会逐步恢复，由于对未来因为新冠疫情等导致的运费大涨情况发生，以及导致交货不及时或者成本增加的担忧，东南亚等欧洲方向的客户可能会在近期进行备货性质的下定，国内色釉料企业预计年底还会有一波出口大单可接。

2020 年 11 月 12 日

明年应紧盯岩板大板"朋友圈"做生意

2020年是一个不平凡的鼠年，世界充满了机遇与挑战，陶瓷行业也是经历了房地产不景气导致的总产量环比下滑，以及环保政策的逐步收紧导致企业环保投入逐年增加。其次"煤转气"的有序推进，一定程度上摘掉了陶瓷行业"三高"污染的帽子，但是在供气是否及时，以及全球经济回暖导致原油价格会逐步回涨的大形势下，未来用气成本的不确定性还是存在很大的可能。

从陶瓷类别的产品上来看，2020年作为陶瓷大中岩板的"元年"，岩板大板生产线的快速增加，首先受益的是机械设备以及配套的窑炉公司等。陶瓷行业的近年产品创新方面，除了釉料产品本身之外，最主要还是由机械设备技术的创新来推动，包括陶瓷喷墨打印技术除喷头以及砂磨机的创新使用之外，配套的锆珠以及相关的过滤耗材等都是一个产业链来配合。

那么，作为陶瓷岩板大板来说，首先是大吨位陶瓷压机的压制成功，以及宽体窑炉等切割设备的配套完善，机械行业是第一个享受岩板大板红利的行业，其中的压机、窑炉，以及窑炉辊棒行业大受其益，订单爆满。其次是与坯体相关的材料类，比如高白泥沙料作为坯体配方中的主要成分，那么在使用量等方面都是巨量的，而且在岩板大板的生产初期，这部分泥沙料供应商是享受到岩板大板红利的第二个群体。

最后才是原辅料行业，比如相关的增白剂、增强剂、岩板黑色、干粒、岩板釉料等相关的产品。辅料行业大部分的产品都是工业级的标准产品，比如氧化锌、煅烧氧化铝、硅酸锆等原材料性质的产品价格透明，很难产生较高的利润，只能靠增量。那么作为陶瓷色料产品来说，前期基于色料配方的保密性，让产品具有独特性和唯一性，那么议价能力较强，特别是第一批生产岩板的企业对于色料质量要求较高，对于产品价格没有一个封顶价格，因此色料企业在岩板的初期发展阶段还是有利可图的。但是，随着岩板突破120条生产线，以及未来印度等国外岩板市场的兴起，岩板黑色的市场需求量必将有一个量的增长，但是价格肯定会因为厂家之间的竞争而下调。

那么如何来看待陶瓷行业明年的市场行情呢？首先从利好的行业来看，窑炉以及压机喷墨打印机等机械加工配套企业，随着国内以及国外岩板生产线的增加而出现订单爆满的情况。其次是与机械配套的如球石、辊棒、耐磨材料等都是明年市场增长的潜在方向。

  还有就是由黑色衍生的灰色系列以及黄色系列，明年的市场会好于今年，2020年的岩板市场主要以黑白灰三色系为主，特别是黑色系列目前出现滞销的情况，那么黄色系列包括蓝灰和果绿等色系明年随着岩板大板线的增加，在量上面应该有个明显的增加。泥沙料以及增白、增强等添加剂方面，还有岩板大板墨水以及干粒的需求量必定会好于今年，会实现一个量的增长。2021年必将是牛年熊市，陶瓷行业既可以成就一批新的"富人"，也有可能拉一批"富人"下马。

2020年12月24日

陶瓷市场回归本质，明年依旧看需求

今年的生产工作已经接近尾声，相信大部分工厂接下来的时间估计都是处理一些财务上的事情。从年初岩板的热火朝天，到下半年岩板企业基本上很少吭声了，新建岩板生产线的企业也少见，倒是一些企业推出自己的岩板新品牌。明年陶瓷行情如何我不知道，但是有一点可以肯定的是，市场整体需求还会继续萎缩，因为需求端在萎缩。陶瓷产业链好坏最终还是要回归到市场。作为财富的创造者、掌控者和使用者，财富的核心问题是人的问题。而陶瓷厂家面对的终端市场，也就是人的住房装修需求。材料成本和燃料成本并不是决定最终市场体量的唯一影响因素。

一个需求满足后出现新需求，在物质富裕时代，新需求成为个体的主导性需求，比如信息需求的手机从模拟机、功能机到智能机，手机在极短的时间里升级，没能跟上新需求的生产商衰败，提供新需求的生产商成为主角。陶瓷产品的更新换代也是历经了玻化砖、仿古砖、瓷片、通体砖、水晶砖等。再到目前以全抛釉和岩板为市场的主要产品流，当然，还有一些诸如金属釉等个性、少量的产品存在。陶瓷每一次产品的更迭都是由设备制造企业发起的，通过新设备、新工艺推动新的生产线和新产品的研发，陶瓷虽然说是高能耗行业，同时也是一个对技术设备投入占比较大的行业。从陶瓷企业每隔几年就要新建窑炉和投资新的压机设备等看得出，这个行业对于硬件上的投资进入门槛也将会越来越高。

与新需求相结合的创新力成了陶瓷行业未来的主导，缺乏创新的生产商漠视市场的新需求和老客户的维持。如何才能保持稳定的增长？还有更高级的需求吗？在规范的市场，成功的掌控者是一个利他的利己者。满足他人的需求才能增进自己的财富，这是财富增长的基本原则。满足他人需求就是利他，利他精神就是人类心灵本原的表达，心灵具有的力量就是灵量，人类的最高需求是心灵需求。所以，明年的陶瓷行业将何去何从，相信每位从业者心中都已经有了自己的答案。

2022年1月6日

2022年陶瓷墨水涨价20%才能不亏本

相比往年而言，今年不少陶瓷企业和色釉料行业开工时间相对晚一些。当然，也有一些企业是过年都没有停窑的。特别是在原料暴涨翻倍的背景下，化工原料企业的涨价通知在去年是一张接着一张发布，比如铁红、钛白粉等行业的涨价通知，更是在其所属行业内达成了一定共识，即原材料涨价之后大家相约基本上同时段发布涨价通知。对于类似的涨价，如果是真实的原材料厂家倒闭引起的共识，确实可以促进行业的有序健康发展。但是如果是企业间的结盟行为，肯定是要受到市场监管部门处罚的。所以说，无论是涨价还是跌价，除企业间的市场行为之外，还应有一些客观存在的影响因素。即原料暴涨之后，产品价格上涨是正常的必然市场行为，反倒是不涨价，靠企业自身消化，乃至亏本销售才是不健康的市场行为。

2022年年初以来，化工原料以及有色金属材料的部分价格已经涨至历史新高，其中陶瓷色釉料行业常用的稀土氧化镨价格已经突破100万元，市场报价104万～106万元。还有氧化锆以及氧化钴等常用原料价格涨幅惊人。除色料原料的价格普遍性涨幅超过50%以外，釉料常用原料的价格也是大幅度上涨，包括煅烧铝、碳酸锶等。除此之外，由于原油价格的暴涨，相关的化工高分子材料以及与原油相关的制品价格也是涨幅巨大，陶瓷墨水相关的色素、溶剂、分散剂等所有原材料价格涨幅超50%的品种不断增加。

其中，墨水成本占比较大的色素中，由于铁红、氧化铬绿、氧化钴、氧化镨等基础原料价格的暴涨，导致金黄类色素原料成本涨幅40%以上，包裹色料全系价格上调涨幅超过30%，镨黄色素原料成本上涨超80%，钴黑类色素产品成本上涨超35%。如果叠加上人工以及化工溶剂类产品的价格成本上涨，陶瓷墨水的涨价幅度必须在20%才能够抵消掉由于原材料价格暴涨而导致的亏损情况。

综合来看，由于行业内的两家上市企业占据了国内超过70%的市场份额，同时由于两家的市场销售策略所导致的行业内卷，在出现原材料价格暴涨的情况下，2021年陶瓷墨水依旧在原价销售，甚至出现营销降价的行为都是不合理的市场行为。从两家上市企业的2021年年报看，受原材料价格暴涨导致的净利润下滑是共性问题。因此，为了陶瓷色釉料行业的健康发展，以及国产墨水行业的持续进步与创新机能，2022年陶瓷墨水涨价势在必行。

2022年2月18日

2022 年陶瓷坯黑市场还有得做吗?

在一个行业待的时间久了,有些话总是感觉每年都在重复着说。有些事情也是在轮回上演,也许某一次你在旁观中参与了看热闹,或者是某次抓住了机遇赚得人生中第一桶金。陶瓷行业总是有那么多传奇人物与故事,不论你是否赞同,在每一轮产品更新和技术迭代中,总是产生新的企业家和一夜暴富的黑马脱缰而出。我们经常讲每年都是困难的,上一年或许是这些年中行情最好的一年。抓住机会的往往是那些实干的人,纵然是倒卖囤货的贸易人,那也是做足了功课后赚专业的钱。不得不说,钱肯定是一年比一年难赚,因为市场资讯更加透明了。但是又可以说钱是好赚的,因为产品更新换代速度加快,只要能够抓住机遇,还是大有可为的。在某一特定的时间点,抓住主流做到极致必然会收获成功。

陶瓷坯黑市场当前最大的挑战是需求端市场的减小,也就是陶瓷厂家对于黑色产品的排产越来越少,因为黑白同价,陶瓷厂家之间也在进行洗牌。我们可以看到包括东鹏等陶瓷企业在外地收购兼并中小地域性的陶瓷厂,经过本轮的洗牌之后,地域的一些有实力的陶企更强,陶瓷产品之间的同质化也在加剧,产品之间的价格竞争加剧。没有碳指标的陶瓷逐步退出市场,对于色料行业来说,除转向陶瓷墨水或者色素等衍生产品发展之外,坯黑相关市场也将是从过度产能向饱和产能转变,陶瓷色料产品的采购也更加集中化,这也是当前坯体色料企业为何要自己做厂的主要原因之一。陶瓷厂采购集中化,大单压价,批付款状况向好的方向发展是一个趋势。

岩板黑市场的分化是基于成本的考量,大板和岩板的差异化为岩板黑和坯黑产品之间提供生存空间和市场容量。并不是贵的好的产品就是最好用的产品,技术上不过度开发,使用中讲究实用、性价比高。所以说,坯黑相关的产品还是存在市场的,高端岩板黑市场可能基于以往来说是会适量萎缩,但是不会退出,更不会被代替。毕竟品牌陶瓷厂家对于品质和产品的定位方向是不一样的,正如笔者前期所讲的,坯黑或者铬铁黑,应先找好自己的市场品牌定位之后再来确定价格。

2022 年 4 月 21 日

"大浪淘沙"冷眼旁观陶瓷小热门

曾几何时,我们脑海中的记忆是大浪淘沙勇者胜,撑死胆大的饿死胆小的。看似在告诉我们胆子大有勇有谋就能赚得"第一桶金",古人都说富贵险中求,如果都是好挣钱的生意行当,估计也轮不到我们寻常人来做了。所以,在这个世界不太平、大环境存在很大变故的时候,大部分人都是选择了旁观,又或者是躺平。犹如最近在网上刷到的一个段子,2022年最赚钱的生意竟然是"玩"?在股市里面输掉了100万元,因为疫情生意场上损失了200万元,倒是"玩"只花了10万元。看似简单的数字里面只有"玩"花费最少,实则是在生意场上投资的失败。其实笔者是想告诉大家,仅仅是有勇气和胆量还是不够的,最重要的还是"谋略"。有谋略的投资才是投资,单纯出于情感方面的投资是存在巨大风险的。

2022年的整体环境可能是近20年来最为严峻的一年,以往类似2008年金融危机那样的行情下,企业面来看人工、环保等成本开支相对压力小很多,大部分的企业有这个实力选择躺平。但是从今年的市场来看,需求是断崖式下跌之后看不到希望。企业面存在的用工成本高、环保压力大、产品市场同质化和单一化加剧。不仅仅是陶瓷行业一片萧条,整个制造业都面临着极大的挑战。陶瓷行业的科技进步和数字化的应用,让产品和区域产品之间的差异化在缩小,这让同行之间以及产区之间的同质化产品道路上增加了企业之间的价格竞争和产品进一步同质化。需求终端的同质化,导致客户对于产品生产环节的工艺同质化,延伸到原料端的单一产品,出于成本考虑,降低产品标准最终导致市场中的终端产品单一化和适度低标准生产。

纵然是大环境下大家都在减产和缩减产能,甚至不乏退出行业的企业,但是市场依旧存在最低的需求,暂时萎缩的市场对陶瓷行业来说未必能够实现"软着陆"。即使没有新冠疫情的影响,以往的疯狂输出扩张产能的模式也肯定是行不通的。国内陶瓷整体市场在缩减,产量降至100亿平方米以下,大概率还会继续往下走,行业内大型的单个企业产能在扩张,缩减淘汰的肯定是一些高能耗和中小微企业,所以未来夹在市场中部的企业最难受,至少小微企业好调头、成本压力小。

2022年6月2日

2022年下半年陶瓷行业是否会"凉凉"

最近网上流行一个段子,"往后的日子会更加困难了,区委指示要我们以村子为战",这是出自电影《地道战》中的台词。当然,目前各行各业的情况估计都好不了多少。8月份的大面积停窑对于陶瓷行业来说,近乎是对上游原材料和辅料行业的断崖式需求减少。不少企业都感受到了如同放了暑假的校园般的冷清,当然也有个别的企业生意受到影响稍小。整体来看,整个8月份的市场都是一场煎熬战,大家都把希望放在了9月份和10月份,如果前期停窑的陶瓷企业在这两个月不能陆续点火开起来,那么下半年的形势就更加严峻了。

目前,从相关媒体公布的上半年陶瓷出口数据来看,2022年1~6月,我国建筑陶瓷、卫生洁具总出口额为121.60亿美元,同比上涨9.33%。其中,建筑卫生陶瓷产品出口总额为65.37亿美元,同比上涨4.08%;五金塑料卫浴产品出口总额为56.23亿美元,同比增长16.15%。从产品门类看,建筑卫生陶瓷产品中,陶瓷砖出口量为2.56亿平方米,同比降13.46%,降幅明显;卫生陶瓷出口量为5103.19万件,同比上涨3.99%;色釉料出口22.11万吨,微跌2.35%。由于出口商品单价上涨,陶瓷砖出口额仅下滑2.51个百分点,卫生陶瓷和色釉料出口额上涨。

在陶瓷相关的主要出口的三类产品中,卫生陶瓷单价较稳定,陶瓷砖和色釉料单价均出现两位数上涨。这也从侧面反映出至少在开年以后,色釉料以及相关的辅料等产品出口情况还是不错的,特别是原材料的暴涨对于色料产品的单价增幅影响较大,例如锆黄类、钴蓝类等产品出口单价都是处在较高的历史价格上。而且由于欧洲缺少天然气和价格高企,大部分企业转入从中国进口原料等产品,以满足其全球市场需要的供应。

综合看,目前市场吹风是前期停窑的企业会陆续点火重新开窑,对于色釉料和原辅材料行业来说,未来一段时间内的市场需求情况会较之8月份有点恢复。但是结合相关产能趋势分析来看,今年国内陶瓷总的产能是往下走的趋势,而且第三季度整体形势不容乐观,体量下降导致的需求减少会成为一种常态,整个行业要抱有勒紧裤腰带过日子的准备。

2022年9月8日

四川陶瓷产区岩板滞销企业转型难

从 2022 年前两个季度来看，国内经济增长乏力，叠加新冠疫情反复影响，再夹杂着部分检测机构的唯利是图等违规操作，让本就复苏艰难的经济形势更加扑朔迷离。如果说第二季度的经济指标不尽如人意，那也是在意料之中。高企的油价和气价影响到生活的各项活动，实体制造业包括小家电等行业或者产业都出现了很大的问题。如果说全国经济会议开完之后，强心针也是已经打了两月有余，那么反映到实体上面，除中介的贷款电话之外，对于实体以及我们相关的陶瓷产业链的影响，似乎还没有出现拐点，而是很有可能出现新的跳水点。纵然是大家都知道房地产这服药不能完全依赖，但是关键时刻还是要一针接着一针打下去，市场总归还是要回归到需求面的，问题是当客观需求减少的时候，不是说下几味猛药就能立竿见影有效果。

前段时间朋友去了一趟四川产区，回来之后立马找笔者分享了一下四川夹江产区的情况。据介绍，目前四川夹江产区大概有 150 条生产线，但是完全开起来的可能 50% 不到。《重污染天气重点行业应急减排措施制定技术指南（2020 年修订版）》由生态环境部于 2020 年 6 月 29 日印发。该指南按装备水平、能源类型、污染治理技术、排放限值、无组织排放、监测监控水平、环境管理水平、运输方式、运输监管等差异化指标，将企业分为 A、B、C、D 四级。不同等级的企业，在重污染天气时将采取不同程度的停产、停运等差异化减排措施。四川产区内的 C 和 D 绩效级别的陶瓷企业较多，所以气候因素对于陶企的正常生产影响较大。

总体而言，虽然四川陶瓷企业在天然气价格方面相对其他地区有优势，但是对于生产大板和岩板类产品的陶瓷厂家来说，不少岩板相关的白泥沙等坯体原料需要从广东以及其他外省采购，导致原料成本增加部分基本可以抵消燃料优势。而且四川产区在岩板类产品的研发技术，以及设备上相对广东产区的岩板类生产企业没有优势，产品质量也不及广东一线品牌大厂品质。因此，在岩板滞销和市场需求转向大板的前提下，未来四川产区陶瓷企业还将面临一次产能重大洗牌。

2022 年 7 月 14 日

第九章　行业产值与技术升级

陶瓷墨水国产普及化阶段回归到色料技术的比拼

最近两年由于中国陶瓷设备的引进和技术支持，东南亚地区的陶瓷厂家在陶瓷喷墨打印方面进入技术成熟积累阶段，特别是印度本地的陶瓷墨水产业，较两年前也实现了从无到有的转变。由于国内整体环境的不尽如人意，以及前段时间传出的江西陶瓷市场个别陶瓷厂家倒闭，进而引发整个江西高安地区的陶瓷生产厂家处于高风险的边缘，目前佛山地区已经有部分陶瓷原料及色釉料供应商开始停止或减少对江西高安市场的供货。接近饱和的房地产市场背景下，陶瓷产能的盲目扩张，随时都可能引发倒闭或者连锁反应。当然，本轮调整对于健康发展的企业来说，也是有好处的。那就是对于之前拖欠货款或者延迟付款等信誉不佳的企业，原料供应商基本上要求其现金交易，部分企业甚至只有见款才发货。

陶瓷工业展中有几家企业展出了喷墨渗花墨水，从墨水的发色和色值来看都有了很大的提高，虽然在发色上有了明显的提高，但清晰度方面还有待改进。目前来说，渗透墨水是直接打印在坯体面上的釉料上面的，再通过抛光工艺处理，有点类似于全抛釉的工艺。水性墨水的优势还是很明显的，先不说在配方成本上的优势，单是从墨水的研磨机械上来说也是具有价格优势的。以目前琅菱公司主推的棒梢式纳米研磨机来说，如果客户选择的是水性的溶剂配方，那么在研磨机内衬的选择上可以选用更加适合的PU材料，包括棒梢结构件也可以做成PU材料，这样机械的价格肯定低于使用陶瓷氧化锆内衬件的价格。另外就是在实际生产工艺环节，由于目前行业内的几家知名砂磨机企业已经推出160升的机型，如果选用水性溶剂的陶瓷墨水配方，清洗起来将更加方便，可以减少配备机器的台数。特别是在陶瓷喷墨釉料方面，大型砂磨机的研制成功对于釉料的喷墨化进程来说实现了机械基础，因为目前喷头企业已经推出了适合喷釉料的喷头系列产品。

从上市企业公布的相关数据来看，2020年国内陶瓷墨水分支的总产值接近

40 亿元。其中两家上市陶瓷墨水企业合计销售业绩达到 27 亿元，当然其中还包括相关的其他产品的销售额在里面。也就是说陶瓷色釉料行业的两家上市企业的墨水销售占比高达 67.5%，剩余部分的产值包含其他中小墨水企业和进口墨水部分。笔者认为，陶瓷墨水竞争到国产普及化阶段时还是要回归到陶瓷色料技术的比拼上。墨水溶剂部分的成本占比不高，主要是色料成本和机器设备一次性投入及耗材锆珠的成本。因此，在国产陶瓷墨水进入到下一阶段价格竞争的时候，谁家的墨水色素有价格和品质优势，谁就能笑到最后，包括独特性的包裹红色料，只有掌握了核心的包裹红色料的生产技术，才能将红色墨水做大做强。

2020 年 7 月 10 日

后岩板时代数码釉＋干粒抛或将被升级版全抛釉代替

对于当前的陶瓷行业来说，岩板相关的大板等各类产品都是一个绕不开的话题。在岩板这股潮流下，传统的色料行业寄希望于岩板以及地铺石的市场继续火爆，所引流过来的对于坯体黑色色料需求的进一步增长。

当前，岩板黑色市场已经被价格战搅得非常混乱了，由于技术要求相对较低，传统的坯体色料企业在岩板黑色的技术配方以及生产工艺上的差异日益缩小，所以即便未来岩板对于色料的需求还有增长空间，后面迎来的也还是价格战。我们本期的话题重点来关注一下关于岩板釉料方面的情况，具体来说也就是数码釉料与干粒抛技术相结合的当前岩板釉面工艺的后期走势。当前，岩板类产品之间以及产区之间的价格一直在往下走，特别是新的产能释放出来之后，岩板相关产品的厂家之间必然还会在釉面上想办法降低岩板的生产成本。从去年的坯体开始，对于泥沙料等指标的逐步下调，以及不断的压低化工料方面的价格可以看出，岩板当前要想降低成本，必须从釉面上来想办法。

当前陶瓷数码釉基本上以进口产品为主，而且价格不便宜，再加上干粒本身的制造成本远高于生料釉，所以岩板的下一步的降成本方向，肯定是要从表面装饰这一层面来做突破口，而且已经有消息表明，2021年岩板釉面成本每平方米要降低10元。

以目前的机械设备来看，数码釉料与干粒抛工艺结合应用，具有优于传统施釉工艺的表现力，丰富瓷砖表面的纹理、质感和层次感。与现有的喷墨打印技术相结合之后能够最大限度地真实还原奢石、玉石的纹理。特别是大规格岩板相关的产品能够实现图案细节与层次的叠加、明暗面的对比、哑光与透明的釉面效果，以及从通体的底坯面到釉面的精准对接。这也是当前陶瓷数码打印技术的优势之一，干粒（熔块）直接施用在坯体上面的釉面透感效果也是生料釉所望尘莫及的。

那么，从后岩板时代来看，岩板要降低成本，首先就是要降低数码釉的成本，国产部分企业在这方面的研发以及应用方面已经取得一定的突破。另外，就是与岩板相关的，比如岩板保护釉等产品的延伸研发出来的升级版"全抛釉"产品，是否可以逐步地代替部分要求透感不高的干粒抛效果，乃至部分代替干粒或者大幅度减少干粒使用量都是有可能的。干粒抛技术与传统的抛釉技术的结合改进，新型材料的引入结合机械工艺方面的配合，以生料釉为主体的釉面结合喷墨打印来实现干粒抛技术的过渡也是极有可能的。

当然，后岩板时代的市场将进一步分化。作为一线大品牌厂，叠加了品牌附加值，那么现有的成熟工艺和品质不会轻易调换。而更多的二三线乃至贴牌走量的陶瓷岩板厂家，在使用国产数码釉＋升级版全抛釉工艺后，成本优势还是十分明显的。对于釉料企业来说，升级版的全抛釉产品以及国产数码釉料，将是未来一段时间内的釉料行业发展大趋势。

2021 年 3 月 11 日

陶瓷岩板助推添加剂行业产值破 5 亿元

陶瓷行业在 7 月份后进入传统的淡季，而且不少产区在近段时间也因面临着限电停产以及燃料成本大增而自主性地关停部分生产线。除了釉料企业之外，传统的色料企业在 7 月后进入断崖式的订单减少。釉料企业目前也是由于硅酸锆价格的大幅上涨而进行技术性的调整，比如今年的陶瓷展会釉料公司主打产品集中在免锆釉、星光釉、防滑釉以及超耐磨釉料等。而且，不难看出今年的展会上相关的陶瓷添加剂参展企业也是基本到场。作为陶瓷相关配套的添加剂主要为减水剂和增强剂两大板块，包括干粒悬浮剂、岩板增强剂、增白剂等与岩板相关的添加剂类产品，随着岩板产能的大释放也呈现出大幅增长的趋势。

按照陶瓷色釉料及墨水辅料等占陶瓷产值的 8%～9% 来估算，2021 年的陶瓷色釉料及原辅材料行业的产值较之 2020 年保持不变的前提下，即色釉料及添加剂辅料部分总产值在 296.63 亿元左右。由于陶瓷添加剂的种类较多，我们在此只估算陶瓷常用的，如减水剂、坯体增强剂类产品的用量和产值，按照添加剂加入 0.3%～1.5% 的量和在瓷砖中的成本占比来估算，陶瓷添加剂类产品 2020 年的产值在 4.45 亿元左右。那么，由于 2021 年陶瓷岩板产能释放，与其相关的岩板增强解胶以及增白等配套的辅料产值突破 5 亿元没有任何悬念。

从行业发展趋势来看，截至目前岩板相关生产线已超过 130 条。3mm、5mm、6mm 等厚度薄板更是成为国内建陶巨头纷纷斥资研发投产的方向。冠珠、蒙娜丽莎、依诺等品牌已陆续投产 3mm 薄板，少许品牌更是将该厚度岩板做到一定程度的弯曲度。可以预见，加上部分企业的新增新产线的投产和新陶瓷产区的点火，到年底在线生产的岩板大板相关生产线破 150 条应该问题不大，即使有部分产区的生产线可能陷入停产状态，但是整体来看，头部企业还在不停扩张产能和加入岩板的下半场凭财力的主场战斗。

总体来看，由于岩板等对于坯体的性能指标要求相对较高，尤其是色彩白度化、轻薄化和大规格趋势，岩板相关的坯体对增白、增强、解胶等需求不断增加，未来国内对于相关添加剂的需求呈现出增长趋势。而且，随着国内工艺的成熟与完善，不排除岩板产业链将进一步向国外产区输出，下半场的岩板增长点可能在国外。因此，与岩板配套的添加剂，除国内的需求增加外，后期出口市场也是可期的。

2021 年 9 月 2 日

陶瓷岩板之后的热点将会在哪里？

如果去年大家还在纠结于要不要做岩板的问题，那么下半年大家需要思考的可能是岩板过后的新增长点会在哪里出现？面对萧条的行业销售前景，随着各大陶瓷产区相继进入调整，部分停产和收缩产品战线，岩板的下半场还能够玩多久，以及哪些企业能够玩下去的悬念应该会逐步地明朗，对于岩板支撑不下去的企业也真该好好想想自己的出路了。正如美食节目《舌尖上的中国》解说词所讲的那样，高端的食材往往只需要最朴素的烹饪方式。陶瓷行业最终也一样要回归到瓷砖的基本属性上面来，并不是广告词中说的那样，没有什么是一块岩板不能解决的。以现实的消费者认知与接受程度来说，岩板未来的使用领域和需求的前景并非如人所愿。而且从大家装以及房地产行业来看，未来市场增量会进入一个相对递减的趋势。从人口的出生率跌破国际警戒线能看得出，国家目前全面放开了三孩政策，因为可以想象50年后大部分的这代70后、80后、90后会相继离世，然后现在的00后、10后又基本上不会主动去生两个以上的孩子，部分可能还不会生孩子，所以不出意外的话50年后的国内人口会下降到5亿~6亿元的水平，如果现存的这几代年轻人真的不生了，那么六七十年后的国内人口可能近乎腰斩，这是一个非常严峻的问题。高企的房价问题不仅仅是一个经济问题，更像是一个社会以及民族兴盛的战略问题。

综上而言，陶瓷行业20多年的兴盛完全依赖于国内人口红利，以及改革开放的外部有利政策支撑。未来陶瓷行业很难再有类似的历史机遇。因此，陶瓷未来所面临的将是一个由量向质的转变，由粗放式的发展进入一个精细化的、定制个性化的发展趋势。陶瓷产品最终回归基础的产品应用属性，不在于去代替或者争夺其他装修类产品的市场。陶瓷产品能够根据市场和客户的需要来研发，往多功能附加属性的领域去衍生才是最终的产品归宿。

2021年9月9日

2021年陶瓷墨水及色釉料行业总产值100亿元

对于国内的陶瓷色釉料行业来说，由于行业特性和企业数量较多、单个企业产值不高的特点，很难较为全面地去统计出一个比较详细的产值数据来。以当前的色釉料行业来说，除两家上市企业的产值对外公布可查以外，单个年产值过亿元的色釉料企业不多，特别是产值1亿元是一个门槛，能够越过年产值3亿元的色釉料企业更是屈指可数。而且大部分的色釉料企业对于自己的产值和年销售情况都是相对保密的。因此，在笔者按照以往的经验和之前中国建筑卫生陶瓷协会公布的大致数据来估算出2021年行业产值在360亿元时，行业内不少企业都是觉得数据与自己的市场感受偏离较大。纵然由于原材料涨价导致去年部分色釉料企业产值接近翻番或者增长超过50%，但是总体上行业总产值是下降的趋势。

笔者在1月份的行业综述论文中预估，2021年陶瓷行业瓷砖产量88亿平方米，4月份中国建筑卫生陶瓷协会公布的数据显示，2021年全国陶瓷砖实际产量89亿平方米（国家统计口径为110.27亿平方米，按20%贴牌重复计算），比去年同期增长4.58%。主营业务收入累计3457.84亿元，2021年全国陶瓷砖平均价格为每平方米31.36元。从总产量上来看，与笔者的估算基数其实是相差不大的，那么为什么色釉料企业明明觉得生意很差，而瓷砖的产量还这么高？

在听取了国瓷康立泰张总和莫道尔科技莫总的建议之后，色釉料行业之所以按照以往的比例来推算行业总产值数值相差太大，是基于以下几点原因：一是陶瓷喷墨数字化之后，瓷砖使用陶瓷墨水的用量较之以往的丝网印刷减少50%以上，同样产量的瓷砖对于色料的需求明显减少；二是近两年以来，仿古和瓷片以及抛光砖的大量生产线退出，对于色釉料的需求进一步减少，特别是通体大理石之后这两年对于坯体色料的打击十分明显；三是陶瓷岩板大板的盛行占瓷砖比例增加，但是对于色料需求没有增加，因为大板岩板流行黑白灰三色系，其中黑色色料的需求占比还达不到50%，因此，按照岩板等使用坯体色料瓷砖来推算色料需求比例要减半计算。

陶瓷墨水方面的产值主要以两家上市企业的数据为基础，其中两家上市企业的总产值为97.28亿元，但是其包括陶瓷色釉料以外的其他业务，其中陶瓷色釉料业务方面的产值预估在23.16亿元左右。以道氏2021年的产值65.67亿元为基数，按照色釉料占据其业务量15%计算的话在13.13亿元左右。国瓷康立泰产值为 31.61 亿元，其中包含陶瓷墨水的其他业务板块的产值 10.03 亿元。两家上市企业墨水国内占比 75％以上，反推国内陶瓷墨水市场的产值估算为 30.88 亿元左右。熔块方面国内保持全年开工窑炉按照 60 台基数计算，以每天 50 吨产量折算每月国内熔块产量 9 万吨，均价按照每吨 2000 元计算，全年产值约为 21.6 亿元。抛釉方面来看，结合康立泰在 30 亿元之间。余下的坯体色料和釉用色料部分，结合现存色料企业的规模和内部获取的部分企业 2021 年产值情况计算，整个釉用色料（排除陶瓷墨水色素产值）和坯体色料的全年产值不超过 18 亿元。

综上所述，2021 年陶瓷墨水及色釉料行业经过行业内人士探讨以及部分企业收集的数据综合分析后，修正后的传统陶瓷色釉料行业预估总产值应该是在 100 亿元左右。这也反映出随着瓷砖产品的升级换代和数码数字化应用之后，色釉料行业的需求总量是呈现出下降的趋势，也就是说未来总的产值可能是一个逐步下降的趋势，但是单品价值可能会逐步提高。因此，未来陶瓷色釉料企业应该在单品创新和产品增值服务上做更多的研发和创新工作。

2022 年 5 月 12 日

2023 陶瓷坯黑市场没落之后谁将是下一个热点?

　　陶瓷色料市场最近五年以来基本没有什么大的风浪,陶瓷墨水的不断普及和瓷砖产品的转换,让本就需求越来越少的传统色料市场更加迷离而看不到前景。除陶瓷墨水对于釉用色料保持稳定持续需求之外,陶瓷墨水生产企业如两大上市企业都已经实现了色料的自身生产供应。因此,对于釉用色料的市场来说,如果瓷砖工艺除包括色料之外,常规釉用色料产品未来的市场需求还会进一步地减少。在经历了长时间的流行黑白灰系列瓷砖市场空当期,其他色系能在今年有所转色都是色料行业企业所期盼的。如果黑白灰系列再这么流行下去,那么传统色料行业企业未来两年还将有企业陆续选择退出色料的生产。

　　如果将国内的陶瓷色料市场按照目前市场需求占比来划分的话,那么基本上大致只能划归为陶瓷墨水色素类、坯体色料类(黑色为主)、包裹色料类、釉用色料(锆系和钴系色料为主)。陶瓷墨水色素类色料品中的包裹红色目前市场上只有2~3家可以选择,其他色系如锆黄、棕色、黑色,大部分墨水企业都实现了自产自销,需要外购的企业通常采购订单也非常少。另外,市场还有少量黑金花类瓷砖产品为釉用钴黑产品提供了生存空间。原先琉璃瓦行业对于锆铁红的需求也十分大,但是疫情之后锆铁红整个需求逐渐萎缩。单就釉用色料本身来说,除用于陶瓷墨水之外,似乎没有多少生存市场了。

　　最终回过头来看,唯一还存在变量市场的依旧是在坯体颜料市场。因为陶瓷墨水市场已经相对饱和而且未来增长空间有限,随着瓷砖产能继续下探至60亿平方米以下,那么未来陶瓷墨水市场还将收紧。如果建筑瓷砖产品风格不变、产品延续当前风格,那就无法为其他坯体色系提供生存市场。黄色系如能重新回归市场,哪怕是流行一年半载也是市场出现转机的新希望。

2023年2月23日

2022产业调查白皮书数据解读之添加剂企业篇

"小产品，大市场"可以用来确切地形容当前的陶瓷添加剂市场现状，特别是对于整个陶瓷行业来说，若干年前陶瓷添加剂产业链上没有一家源头工厂是专门服务于陶瓷行业的。陶瓷添加剂行业的发展进入高速期应该是1998年之后，随着国内陶瓷行业的快速扩张以及产品的升级换代和规模越做越大，对于陶瓷坯体和釉料的解胶和坯体增强等有了更多的技术需求，因此包括近些年才推出的干法印油、悬浮剂、岩板增强剂、坯体增白剂等系列产品，衍生出系统化和系列化的陶瓷添加剂类产品。陶瓷产品的数字化与精细化生产对于生产环节和产品细节表现等要求更高，因而对于部分针对功能性而研发的陶瓷添加剂类产品，也逐步地受到陶瓷生产企业的关注和喜欢。目前，国内陶瓷添加剂领域比较知名的企业，有杨森化工、富威顺化工、奥林远大、金泓陶、国方纤维、嘉博原料，等等。

《全国陶瓷色釉料及原辅材料行业2022产业调查及采购指南》白皮书调查数据结果表明，截至2022年12月，国内陶瓷行业添加剂行业生产厂家大致为70多家。其中还没有完全将相关的材料生产企业收录进来，毕竟陶瓷行业的部分材料用量在其分属领域来说占比并不是很高。因此，是否收录到陶瓷添加剂行业的企业目录，主要基于其产品至少50%以上销往陶瓷行业的企业。当然，由于时间和人力资源有限的关系，对于国内部分省份的调查并没有深入进行。本次调查的区域主要集中在国内的七大陶瓷生产片区，包括广东、广西、湖南、湖北、安徽、江西、山东、四川等主要陶瓷产区。特别是山东产区以及江西和广东陶瓷产区的陶瓷添加剂生产企业相对集中。

整体来看，国内陶瓷添加剂产业分布特点，主要围绕着陶瓷产区呈现出直线三点式布局的态势，其中上点是山东陶瓷产区，中部是江西陶瓷产区，底下是广东陶瓷产区。山东产区的添加剂企业主要以水玻璃无水硅酸钠为主，江西地区如欧陶科技也是以无水硅酸钠为主。广东地区的，如杨森化工、富威顺化工、金泓陶、嘉博原料、国方纤维、恒立陶瓷等企业主要以技术为先导，针对性地解决陶瓷企业生产中出现的问题为主，产品多为复合型的减水增强剂以及坯体增强剂等；还有如杨森化工的产品相对齐全，包括增强解胶剂、悬浮剂等多样性的功能产品。

2023年6月8日

降本增效——探析 50％含量硅酸锆深受市场欢迎的原因

　　硅酸锆是一种重要的陶瓷材料，在陶瓷行业中有广泛的应用。它是一种结构稳定、有化学惰性且具有优异性能的陶瓷材料，具有极高的热稳定性，能够承受高温环境下的应力和压力，不易发生热膨胀和热震裂纹。其次，硅酸锆具有良好的耐磨性和耐腐蚀性，能够在恶劣环境下保持稳定的性能。此外，硅酸锆在陶瓷坯体及釉料中起到的增白作用及其性价比，目前没有更好的材料来代替。在陶瓷行业中，随着广大陶瓷企业降本增效以及控制成本的需要，去年以来，50％含量的硅酸锆产品备受市场欢迎。在与佛山展邦锆材总经理吴团花交流中得知，今年该公司将加大研发力度和进一步提高生产效率，为国内陶瓷企业提供更多高性价比的硅酸锆类产品。

　　不得不说的是，硅酸锆具有出色的化学稳定性，能够抵抗酸碱腐蚀和化学溶解。这使得硅酸锆在化学工业中广泛应用，尤其是在酸性或碱性环境中需要耐腐蚀材料的场景。在陶瓷行业中，硅酸锆可用作釉料的增白剂和稳定剂，增强陶瓷制品的色彩稳定性和化学耐久性。硅酸锆具有卓越的光学性能，包括高折射率和较低的散射性能。这使得硅酸锆在陶瓷行业中应用广泛，尤其是在光学陶瓷和电子陶瓷领域。硅酸锆可用于制造高透明度的陶瓷透镜、窗口和光学器件，广泛应用于光学通信、激光技术和显示器件等领域。

　　50％含量的硅酸锆在陶瓷行业中具有广泛的应用前景，特别是对于处于历史价格高位时段的锆英砂来说，低含量的硅酸锆类产品在同等增白效果方面，性价比更加突出。而且对于硅酸锆类产品，不能仅仅凭肉眼外观颜色差异来判断其是否合格。在增白效果和使用产品方面来看，当硅酸锆作为釉用增白剂来使用时，同等条件和原料品质条件下，粒径更细的产品在釉料中的增白效果更加明显。但是，在实践中发现，如果是使用在坯体增白方面，在同等条件以及原料品质前提下，超细的产品未必增白效果会更加突出。以同等品质原料一致加工条件下，在 1 微米粒径下对比，粒径越小的产品增白效果不一定比粒径粗的效果好。

2023 年 7 月 27 日

第十章 出口市场分析与展望

"顶风"点火的印度陶瓷所带来的启示

近些年印度陶瓷产业的蓬勃发展大有追赶咱们国内的势头,特别是陶瓷大板,去年以来来自印度产区的陶瓷大板进口量达到了一个新高。疫情前印度大约有16条陶瓷大板生产线,其中包括Qutone、Emcer、Lioli、Slim Tile、Nexion与Nextile等陶瓷厂上线的陶瓷大板生产线。今年,印度莫尔比SIMPOLO集团下SIMS又增了一条陶瓷大板生产线。2019年上半年,中国从印度进口陶瓷大板31.48万平方米,比2018年同期增长4.37倍,所占中国市场份额也由2017年的0.28%迅速上升至2019年上半年的25.77%,提高了25个百分点。

据说有一群"中国陶瓷人"在印度莫比产区专门从事着将印度大板进口到国内的相关贸易。相对而言,印度陶瓷大板出口总体利润可观,但是2019年陶瓷大板出口价格也出现明显下降,特别是今年,如果国内的陶瓷厂家进一步调低大板价格和国内岩板的全面上线而触发价格战,将导致终端售价明显下调,那么印度大板的"好日子"估计也到头了。而我们从陶瓷行业内的两家上市公司国瓷康立泰同科达合作进军印度抛釉市场来看,印度市场的容量和发展势头还是值得大家去期待的。

在4月份国内新冠疫情已经取得初步控制的时候,印度疫情却开始扩散,为响应印度对全国进行封锁的政令,莫尔比地区800余家墙地砖厂家全部停产,当时来看,复产时间扑朔难定。让人难以捉摸的是,到了8月份,莫比产区基本实现了80%~90%的陶瓷企业复工复产。印度陶瓷行业也经历了我们目前"煤改气"的关卡,但是印度政府方面对于煤改气给予了许多政策和实质性的支持,以至于不少生产设备落后的陶瓷厂家感慨躲过了煤改气,却逃不过疫情的打击。目前,结合相关方面的报道来看,印度莫比产区在和新冠病毒作斗争的同时顶风上线复产,正如他们自己说的,不开工没收入饿死,开工存在被感染风险病死,反正都是一个"死",想一想都挺"悲壮"的。不难理解的是解决当下的生存问题似乎才是最重要的。

其实国内的情况相对要好一点，如果在 4 月份还没有复工复产的话，存在的社会问题也将是无法想象的，甚至说国家都鼓励和放开大家去摆地摊解决生计问题，不少有房贷的还允许延缓偿还房贷业务。正如当下的岩板火热一般，普通的地砖卖不动，就连瓷片所使用的熔块需求量都下降了 30％以上，可以想象一下陶瓷行业目前能够走量的只剩下大板岩板了。陶瓷厂家本身今年点火晚了三四个月，而且还不清楚秋季疫情是否会反弹，所以陶瓷厂家也是硬着头皮上岩板"保命"。而对于给陶瓷厂家配套的这些原材料企业，特别是色料企业来讲，除了墨水色素之外，也只有岩板黑色系列才有一定销量。因此，大家也不是一窝蜂地上马黑色颜料，而是被市场逼上"梁山"保命才是最重要的。

当然，对于我们现在所担心的陶瓷厂家来讲，如果没有配套的岩板加工渠道，单纯地只作为岩板初级产品的销售还是存在很大的难度。而对于色釉料企业来讲，岩板相关的原材料价格和成本的增加，附加目前超过 6 个月的账期，加上马上进入"金九银十"的传统旺季，以及面临过年停窑期间将有大量资金积压在陶瓷厂家，而原料供应商的货款通常为 3 个月以内就要付清，所以接下来的过年放假前和年后开窑，才是考验广大陶瓷厂家和原料供应商能否安全过关的关键时期。

2020 年 8 月 20 日

国内陶瓷市场低迷之际色釉料出口为何风景独好？

　　国内陶瓷市场销售低迷，色釉料行业需求断崖式下降，岩板黑等产品订单更是少得可怜，除了陶瓷墨水相关的色素类产品之外，传统色料市场需求进入新低谷。当然，任何事物都包含着矛盾，因为凡是矛盾都有既对立又统一的两个方面，且矛盾的两个方面之间，也必然存在着对立性和统一性这两个基本属性。国内市场一片萧条之下，色釉料出口市场反倒迎来一线生机。受俄乌战事的影响，欧洲地区天然气价格最高的时候暴涨了400%。而且，欧洲陶瓷生产的部分优质泥料等材料进口自乌克兰，欧洲环保新标准之下，对于生产型的企业显然压力更大。欧洲的传统色料企业倒不如直接来采购中国的色料产品，更换包装标识之后再销售至全球。因此，对于生产陶瓷墨水色素相关的色料企业来说，来自国外的订单相较而言是增加的。

　　其次来看中国周边的陶瓷产区，包括传统的印度、越南、印度尼西亚、孟加拉国、埃及等亚洲和中东地区的陶瓷企业，虽然也是饱受能源价格上涨等其他因素影响，但是在疫情控制方面选择了躺平之后，全面放开了社会面的生产管控。这些地区的大部分陶瓷生产线在开启之后，对于色釉料和墨水的需求也随之增加。特别是周边地区的人口大国，如越南房地产行业的全面兴起，在瓷砖的需求和出口周边以及欧美市场的优势作用下，对陶瓷相关产品保持强劲需求。因此，对于国内的色釉料辅料和墨水企业来说，今年的外贸市场相较于去年应该是增长和有发展潜能的。

　　中国有句谚语叫"东边不亮西边亮"，对于坚守在制造业上的陶瓷人来说，过去20年的高速增长时代已经不再有可能，国内市场未来会进入一个缩量市场，企业必须练好内功来消化部分内部成本和创新研发新产品来提升自己的核心竞争力。而且，可以预见的是，周边如越南等人口大国的陶瓷产业，也会像我们当初一样有一个爆发期，做好自己的产品，等待合适的时机，参与全球陶瓷产业链的材料环节，只要努力做好自己的特色优势产品，还是很有机会的。

2022年7月28日

2023年色釉料产业出口机遇与挑战

2023年国内陶瓷市场充满希望，按照全球陶瓷产能分布以及对于色釉料等原辅材料的潜在需求市场来看，目前中国依旧是全球最大的陶瓷产能和生产线最多的国家。单就陶瓷喷墨打印墨水市场来看，国内现有的陶瓷墨水年度潜在需求在5万吨左右，而目前全球陶瓷行业整体陶瓷墨水需求在10万吨左右。因而，可以看得出中国市场即使是整体产量呈现出下滑的趋势，但是全球占比以及原料需求上依旧存在巨大的市场。然而我们也要看到国内缩量市场对于国内增量企业来说是一个痛苦的产业洗牌过程。

因此，在2023年开年伊始，不少色釉料及原辅材料产业的企业都将目光锁定到出口市场，更多的原辅材料企业和釉料企业开始在海外布局。当然，也有一些严重依赖出口市场订单的企业受到西方制裁的影响，开始将工厂向东南亚转移，如已经有日用瓷企业开始在东南亚国家建厂，其产品可以直接出口，不受中国周边局势的影响。

从中国建筑卫生陶瓷协会公布的相关数据来看，2022年国内色釉料出口前三的省份分别是浙江、山东、江西。色釉料出口数量为21522.75吨，出口金额10334.29万元。主要的出口方向为亚洲63.44%，非洲35.44%。其中沙特阿拉伯、越南、坦桑尼亚、尼日利亚、印度等依旧是目前国内色釉料企业出口的主要方向。特别是科达系在非洲建厂之后，目前东非市场依旧处于增长状态。因此，对于国内的色釉料及原辅材料产业链上的企业来说，2023年外贸的主要方向就是上述的这些国家和地区。

2023年注定是机遇与挑战并存，特别是开年之后陶瓷行业的情况并不乐观。进入3月份之后的陶瓷厂点火以及开窑率其实并不高，虽然部分媒体报道出广东地区的开窑率在四成左右，但是综合国内其他产区的情况，目前能够进行满负荷生产的大型陶企还在少数，对市场观望的情况也是越发明显。不少色釉料企业开始寻求更换赛道，也有不少色釉料企业主对工厂固定投资开始收紧，在没有跟上市场节奏和开发出新的产品来获取市场之前，观望市场和看紧现有客户成为一种生存的技巧。

在前面的专题中，我们讲到了2023年陶瓷色釉料企业"走出去"向外看的步调越发紧迫。不仅仅是色釉料企业，当前原辅材料产业的企业，如陶瓷添加剂类企业也都将目光锁定到东南亚和非洲市场。从疫情之后这几年的市场来看，做得好的企业通常都是以外贸为主，亚洲和非洲成为中国色釉料及原辅材料产业"走出去"的集中地，并且非洲市场在最近3年逐步地成为中国色釉料产业出口增长最为明显的产区。截至2022年6月，科达制造和广州市森大贸易有限公司在肯尼亚、加纳、坦桑尼亚、塞内加尔、赞比亚5国合作运营陶瓷厂，共计建成14条生产线。

不要自我设限，要拿着世界地图做事情。科达制造董事长边程曾经分享说，公司之所以能够从低谷中走出来，就是因为在低谷之前布局了非洲，而非洲战略取得了比预期更早的成功。现代的产业就跟古代的游牧业一样，是"走来走去"的。因此，我们的色釉料以及原辅材料企业、要做好陶瓷企业的配套必须跟着陶瓷企业走，不是只盯着国内的陶瓷企业，也要看好国际的陶瓷企业，提前布局跟进和帮助"走出去"的中国陶企解决生产和配套问题，进而为共同成长实现价值的提升。

2022年3月23日

稳住国内陶瓷市场，跨境实现增长

今年的国内陶瓷市场充满了风险与危机。不知道大家是否听说还有陶瓷厂家假点火的传闻，拿木材生火之后拍照造声势告诉经销商已经点火，让渠道商赶紧打钱订货。按照行业内的说法是，某些陶企不单给色釉料辅料企业挖坑，现在竟然也打起了渠道经销商的主意，两头双管齐下地挖好坑等着别人来跳。因此，今年的国内市场情况下，与平时信誉不好以及有不良记录的陶瓷厂做生意，是要打起精神来万分谨慎对待的。

国内市场求稳，国外出口市场寻找新突破。据不完全统计，全国共有超30家中国企业在亚洲、非洲、美洲等地区投建陶瓷工厂，涉及近30个国家。福建、山东两地6家企业在沙特阿拉伯、秘鲁、约旦、加纳、肯尼亚、安哥拉、刚果（金）等国新设或增资的陶瓷生产线项目先后通过备案。科达与广州森大贸易有限公司，陆续在肯尼亚、加纳、坦桑尼亚、塞内加尔、赞比亚、喀麦隆、科特迪瓦等国合资建设陶瓷厂，科达制造公告称，继续加大对加纳建筑陶瓷生产项目和肯尼亚陶瓷洁具生产项目投资。另外，截至目前，中东地区已有旺康、闽塔、荣盛、归泰等温州、福建籍企业，在沙特阿拉伯、约旦等地投资建设陶瓷生产线项目。另有时代、强盛、欧雅工业等企业在毗邻中东的巴基斯坦建立陶瓷厂。

由此可见，即使抛开国外自身现有陶瓷企业外，目前国内陶瓷企业在外建厂以及投资加速，部分投产以及产能的释放为2023年的出口市场增添潜在需求订单。在国内陶瓷缩量市场以及存在不确定风险因素增加的前提之下，稳住国内市场需求和适当选择陶瓷客户十分有必要。而在出口市场则应是多利用国内及国外展会平台，拓展国外销售渠道和实现2023年业绩目标新的增长点。

2023年4月13日

2023年俄罗斯陶瓷市场需求展望

2023年"走出去"是不少陶瓷色釉料及原辅材料行业企业的战略性调整起点，外贸市场如何走？需求点在什么地方？都需要企业自己"走出去"发掘和寻找新的机会。伴随俄乌战争延续，国人将眼光再一次聚焦在这个最大国土面积的邻国身上，特别是近年俄罗斯基础设施建设加速，建材市场需求明显释放。自乌克兰危机升级，西方对俄罗斯实施大规模经济制裁以来，俄罗斯企业一直在紧急寻找替代品。西方企业的退出也在俄罗斯国内留出了巨大的空白市场，亟待新品牌的填充和替代。目前中国已经成为俄罗斯建筑建材类产品最大进口来源国，占俄罗斯进口市场份额的30%，建筑建材行业也是中俄重点合作领域。根据我国海关总署公布的最新数据，中俄贸易额增长了31.4%，今年双边贸易额预计可达到2000亿美元。

陶瓷相关的展会方面，俄罗斯莫斯科国际建材展览会（MosBuild）是东欧和俄罗斯地区最大的国际性建筑和室内装饰材料贸易博览会，获"国际展览联盟UFI"认证。其展出面积10万平方米，来自40个国家和82个俄罗斯联邦地区。俄罗斯建筑市场营业额，每年约为4万亿卢布。2020年以来，俄罗斯建筑市场正在逐渐复苏。住房仍然是俄罗斯建筑市场的驱动力。俄罗斯50%以上的住宅建于20世纪五六十年代。专业分析人士说，要解决这个问题，每年需要建造高达1.2亿平方米的住房，俄罗斯政府提供了一整套措施用以支持本国建筑业和住房需求。中国是俄罗斯建材和装饰材料的主要进口国，单就石材、瓷制品和玻璃制品，每年进口额就达12.6亿美元左右，占建材总进口份额的29.2%。因此，不但是陶瓷以及相关的装饰材料企业，色釉料等配套原辅材料企业未来在俄罗斯这个新兴市场都有机会。

随着"一带一路"建设需要以及俄罗斯远东地区对中国的逐步开放，对于近邻未来几年的基建需要，以及本土化陶瓷企业的需求释放，未来俄罗斯陶瓷原料需求以及建材相关市场，也是国内陶瓷相关企业可以去关注的重点方向之一。我们也看到已经有部分企业嗅到了新的商机开始布局俄罗斯市场。因此，还是那句老生常谈的话，多出去走一走，生意就会有。

2023年4月20日

2023年陶瓷色釉料企业"走出去"之越南市场展望

近几年，随着中国陶企外迁以及中国窑炉等机械设备企业在越南深耕市场，越南国家陶瓷工业的发展迅猛，产品更新速度加快，对色釉料等产品的要求也逐步提高。据越南建筑陶瓷协会秘书长武国雄介绍，目前越南共有约 80 家瓷砖生产企业，生产线约 240 条，产能约 8 亿平方米。越南是东盟重要的陶瓷生产和出口国家，2023 年前因为新冠肺炎疫情因素，越南陶瓷出口活动受到限制，对其国内陶瓷业发展造成了一定程度的负面影响，但是其政府近些年与多个国家和地区签署了多项自由贸易协定，随着各协定陆续生效，为其陶瓷产品出口营造了有利条件，进而给陶瓷业带来了源源不断的发展动力，未来仍有很大潜力可供挖掘。

受新冠疫情影响以及燃料涨价等多种因素影响，2022 年越南全年瓷砖产量大约只有 4.5 亿～5 亿平方米。目前大多数越南瓷砖企业的产品主要是 500×500、600×600、800×800 等中小规格产品。越南陶瓷蓬勃发展了 20 年，今年市场也是属于转型的一年，陶瓷企业顶住了疫情压力、煤价暴涨压力、原料价格大涨压力，逐步呈现出优者更优、强者更强的趋势，特别是产品质量的转型，抛釉砖市场在不断增加，高吸水率瓷片市场在减弱。对于国内机械设备和抛釉企业，借助越南陶瓷企业升级产品的机会，帮助越南陶瓷企业更新改造生产线设备，以及提供专业的抛釉料产品服务等都是实现新增长点的方向。特别是对于抛釉料原料，国内企业的氧化锌、碳酸锶等产品具备综合优势，因此对于釉料以及大板添加剂之类的企业，越南市场还是值得深耕的。

目前来看，投资越南陶瓷市场还是具有一定优势，越南正处于经济发展最好的时期，无论是税收优惠政策还是对外贸易，具有较大的优势。越南产品出口美国的关税为 5%，而中国同类产品出口美国的关税达到 25%。这种关税差异，对于中国的陶瓷企业投资越南建厂来说，无疑具有很强的吸引力。另外，中国的陶瓷机械设备以及色釉料技术方面优势明显，包括部分釉料企业，如禾合已经在越南建设熔块工厂等。因此，无论是在越南投资建厂或是设立办事处，对于这个身边的新兴增长市场而言，国内陶瓷相关配套企业"走出去"还是存在非常大的技术优势和成本优势的。

2023 年 4 月 27 日

2023年越南陶瓷市场展望及影响

随着越南经济的不断发展,建筑卫生陶瓷市场也在逐步扩大。根据越南建筑卫生陶瓷协会发布的数据,目前越南共有约80家瓷砖生产企业,生产线约240条,产能约8亿平方米。因受到新冠疫情、燃料价格上涨、原材料供应困难等多种因素的影响,2022年越南全年瓷砖产量大约只有4.5亿~5亿平方米。越南建筑卫生陶瓷的生产主要集中在北部和南部地区。其中,越南北部的泰山区、承天顺化省和红河三角洲地区的产能较为集中,南部的胡志明市和东南地区也有不少的建筑卫生陶瓷生产企业。

越南是东南亚陶瓷行业发展较为成熟的国家之一,每年都会举办多个与陶瓷相关的展会和活动。比如越南国际陶瓷展,越南国际卫浴展,越南国际瓷砖与建筑材料展,越南国际玻璃、玻璃制品与装饰展,除了以上几个比较知名的展会外,越南还有一些地方性的陶瓷展会和活动。

在企业规模方面,越南建筑卫生陶瓷市场的企业规模相对较小。据越南建筑卫生陶瓷协会发布的数据,目前越南建筑卫生陶瓷企业数量超过100家,其中绝大多数为中小企业。目前大多数越南瓷砖企业的产品主要是500×500、600×600、800×800等中小规格产品,市场对于600×1200、800×1600、900×1800等大规格瓷砖也有需求,而拥有相关产品生产线的企业目前只有几家。这些企业主要以生产普通瓷砖和卫生陶瓷为主,而高档产品的生产比例相对较少。

随着越南建筑卫生陶瓷市场的快速发展,目前已经有不少中国陶瓷企业在越南设立了生产基地。以福建为例,该省的陶瓷企业在越南的布局十分广泛。据统计,福建省现有在越南投资的陶瓷企业数量已经超过20家,主要涉及瓷砖、卫浴、洁具等产品。此外,广东、江苏等地的陶瓷企业也在越南市场有所布局。而且,不少釉料以及熔块等陶瓷配套企业也加快布局越南陶瓷市场。

2022年我国江西高安市建筑陶瓷产量7.98亿平方米,陶瓷砖生产线268条,96家陶企。越南建筑卫生陶瓷的体量上与高安产区相近。对于国内色釉料及配套企业,未来越南市场在陶瓷墨水以及抛釉等方面存在增长潜质。而且,越南建陶产品升级过程中需要大量的配套机械设备。对于一个快速增长的潜在市场,国内釉料企业需要扎根落地做好服务,才能够牢牢地将主动权抓在自己手上。

2023年5月18日

非洲陶瓷市场与色釉料原辅材料行业的发展机遇

非洲作为一个充满潜力的市场，对于陶瓷行业来说具有巨大的发展机遇。非洲是一个拥有庞大人口和丰富资源的大陆，近年来经济发展迅速。陶瓷作为一种重要的建材和装饰材料，在非洲市场上有着广阔的应用前景。非洲国家对基础设施建设的需求日益增长，基础建设带动陶瓷产品的需求。陶瓷瓷砖、卫浴产品和陶瓷管道等在基础建设中有着广泛的应用，将成为非洲市场的主要需求。随着城市化进程的加速，非洲城市的房地产开发呈现爆发式增长。这将带动对陶瓷类产品的需求，包括装饰瓷砖、洗手盆和厨卫产品等。同时，陶瓷产品的多样化和个性化定制也将成为市场的趋势。随着非洲国家经济的快速发展和人民生活水平的提高，消费者对于品质和设计的要求越来越高。这将促使陶瓷企业不断提升产品质量和创新设计，以满足消费者的需求。

中国陶瓷色釉料原辅材料行业需要建立完善的供应链体系，确保产品的稳定供应和质量可靠。与此同时，与非洲陶瓷企业建立合作关系，加强技术支持和售后服务，提高客户满意度；积极寻找合作伙伴和代理商，拓展非洲市场的销售渠道；通过参加展览会、举办技术培训和推广活动等方式，提高品牌知名度和市场份额；非洲国家对环境保护和可持续发展的重视程度不断提高，中国陶瓷色釉料原辅材料行业还应加强环保意识，研发和推广环保型色釉料和生产工艺，以满足非洲市场对环保产品的需求。

陶瓷行业内的科达企业，通过布局非洲业务实现了公司业绩的再次提升与飞跃，近些年不少色釉料及辅料添加剂等企业，通过科达或者森大将自己的业务一同延伸至非洲等地区。国内陶瓷产业链随着环保与房地产的转型进入缩量，但是中国陶瓷可以走出国门布局全球，同时中东以及非洲等陶瓷处于增长期的市场，必将为色釉料及辅料市场走出国门提供新的增长市场。

2023 年 8 月 3 日

第十一章 政策思考与产业调查

陶瓷停产之后的三大臆想

从 8 月初开始的个别陶瓷产区因为限电等原因造成的停产潮,再到 10 月国内大部分主要陶瓷产区都进入了大面积的"停产"模式。不少陶瓷产区和企业甚至已经开始叫喊起"缺货"时代的来临。这让不少行业内的人士看到,从前几个月的原料大涨库存高企不敢终端随意涨价,再到大面积停产潮的到来,陶瓷或许迎来了喘息的机会。正如昨天网上看到的一篇文章中所讲到的,本轮的全球大涨价根本还在于 2008 年金融危机之后各国的救市行为的延续,本质上来说部分行业的产能问题并没有因此而得到改善,或许潜在的问题远比浮在市面上的消息更加严峻。

那么,既然我们无法改变目前的限电、缺煤等直观的影响因素,停产之后的陶瓷产品真的能如愿地进入缺货甚至是市场出现抢货的情况吗?答案是否定的,即使是当前绝大部分产区的陶瓷企业都进入停电状态,现有的陶瓷库存能够在 2~3 个月之内马上消化掉吗?国庆后本身房地产行业的需求会降低,农村市场等需求也会持续减少,正因为 6 月之后部分厂家的产品出现严重滞销,才会有大部分岩板企业出现的库存积压情况。所以不要指望着大面积停产之后利好陶瓷产品的涨价和去库存的加速。

其次,陶瓷厂家大面积停产之后,头部企业等实力雄厚者至少财务风险方面会控制得比较好,但是对于不少新厂以及部分本身依靠变相扣押原料供应商货款的企业,会面临着严峻的财务风险考验。按照往年的停窑时间,通常陶瓷厂家的应付和能够延迟支付的月份在 1~2 个月的时间,但是如果 11 月就进入停窑状态,年前很有可能不会批款。那么,这样一来原料供应商的原本计划 3~6 个月的收款周期变相延长至 7~10 个月,如果出现集中兑付资金断链的情况,那么连锁反应将会是十分严重的。

综上所述,大面积的停产潮既有利也有弊。已经出现资金紧张的企业刚好借此停窑停止付款和止损,对于产品热销和正常生产的企业来说,原料大涨终端产品涨价刚好可以借此机会扩大盈利指标。政策面宏观上会引导企业往创新与环保节能等方向走,通过具体的一些落地指标来淘汰一部分产能,进而引导行业进入一个新的发展周期。

2021 年 10 月 14 日

物流行业为什么能牵动整个陶瓷行业的经济形态？

以往对于高企的油价最为敏感的或许就是物流货运这个群体，特别是从佛山本地的几大物流园也能看得出来，整个城市的正常运转都离不开这些长途大货车的功劳。不仅生活上的一些主要物资需要物流来保障，且一些与自身相关的经济活动都能与物流搭上关系。平时的电商购物还有异地物品货样邮寄等，如果不是近些年深受新冠疫情的影响，对于物资保障和货物能否按时发送到客户那里，时刻都要关注到物流信息。特别是前段时间山东淄博的疫情，包括福建泉州还有广东清远等相关的陶瓷产区，一旦出现疫情进行区域管控之后，很多陶瓷企业的库存就变得紧张，一边是货物发不出去了，另一边是生产上已经在等米下锅。所以，作为现代经济活动的一个重要参与环节的物流显得越发重要。

除了受新冠疫情管控等因素影响之外，经济活动受到的影响也是反映在各个行业，与我们的生活更加紧密地联系在一起。对于陶瓷行业来说，在接受了原材料的持续上涨风波之后，外部的不稳定性导致的天然气价格持续在高位运行造成成本高企。如果再赶上疫情的影响和区域管控导致的原料短缺和部分跨省原料的运输紧张和涨价，甚至还有断货的可能。因此，今年对于陶瓷以及陶瓷配套的相关行业来说，是非常艰难的一年，也可能是行业洗牌重整的一年。不排除下半年还有企业退出市场的可能，以及可能面临企业倒闭引发的连锁反应。正如我所看到的，昔日每天都堵车的广佛高速的广佛交界处，现在竟然每天都不堵车了，车流以及大货车往深圳方向明显减少，显然是一个很严峻的经济问题了。

可以看到，陶瓷行业的总产量已经过了百亿的高峰期，未来的一段时间内可能还会小幅往下走。因此，陶瓷相关的除了机械设备行业需要继续创新引领行业发展方向之外，相关的配套企业也要转变思维，要从量变向质变的方向去发展和创新改进产品。提高产品的附加价值和叠加的增值服务，而不应往下走，冲量降低使用标准。高质量发展才是未来陶瓷行业和配套行业发展的主要方向。

2022 年 4 月 28 日

陶瓷原料市场需要更加专业的供应商

陶瓷行业生产所需要的原材料品种和规格以及含量等差异性因厂而异，陶瓷产品本身并非标准化的产品。但是由于近些年以来的陶瓷产品同质化现象在愈演愈烈，特别是国产化之后的窑炉和压机等各种设备本身，也逐步地让产品效仿更加便捷可行。所以，国内陶瓷产区之间的产品差异化主要集中在原材料的使用上，其他的包括部分外形工艺和釉面花色等，借助于喷墨打印技术的普及，基本上没有太大的难度便可以实现对于同款陶瓷产品的效仿。因此，从另外一个角度来看，正是因为陶瓷原料的非标准化，给陶瓷厂家之间的差异化留下了可以变通的空间。

陶瓷原料中的部分工业级产品当前是有国标和行业标准可以借鉴的，比如类似硅酸锆、氧化铝、氧化锌、氧化铬绿、氧化铁红等不少大众有色金属类的产品是有国标和所属的分类行业标准可以标识的。另外，部分工业级材料针对陶瓷行业和色釉料行业使用过程中，根据行业自身特点增加相应的标准细则后，可以作为陶瓷行业的使用标准。作为材料的标准设定条件来说，除了一些主要元素含量之外，还包含一些粒径、使用检测方法等。但是对于一些釉料常用的长石类原料来说，矿物本身的不稳定性造成很难统一制订标准原材料。同时，结合色料行业本身的特殊性，非标类原料以及一些能够固废利用的材料，使用中既可以解决固废的堆放危害性，还能废物利用产生良好的经济效益。

因此，陶瓷行业对于原料的需求本身是解决产品的生产问题，而作为原料供应商来说前期做的是消费市场。特别是如果只做那些陶瓷企业已经用开的原材料，包括一些标准原料，那么最终供应商之间无非就是价格和业务能力决定产品的市场销量。而对于陶瓷原辅材料供应商来说，未来要做的是开发型市场，即先找到新材料，再结合行业使用的特点，引导陶瓷企业使用新的材料，包括在研发阶段就介入到新产品研发的原料供应中来。未来的供应商不应只是简单地供应原料，只是熟悉原料本身的性质和参数，而是要有针对性地为陶瓷企业开发新的材料和引入新的材料，帮助客户创新。

2022 年 5 月 19 日

陶瓷行业 2022 年第四季度会迎来寒冬吗？

2022 年已经过半，接下来即将迎来广东"六七八没办法"的第三季度。在整个陶瓷行业内外交困和新冠疫情反复、局部卷土重来的重压之下，抛开天然气涨价以及房地产遇冷等层面的原因，全年国内建筑卫生陶瓷产量上面大概率是要打折扣的。从宏观面来看，2012 年之前，在城镇化加速、装修装饰需求发展推动下，我国建筑陶瓷行业实现了快速扩张，2012—2014 年建筑陶瓷产量进入个位数增长阶段，2014 年产量达到 102 亿平方米，可以预见的是，2014 年很有可能是国内陶瓷产量的天花板之年。放眼全球当前的发展趋势与国内人口红利的逐步消失，未来陶瓷行业还将洗刷掉一大批企业和人员。

再来看看近两年陶瓷相关行业的数据，2019 年底新冠疫情暴发之后的 2020 年房屋竣工数据依旧不乐观，国内建筑陶瓷产量 85.7 亿平方米，同比增长 4.3%。到了 2021 年销售低迷，全年建筑陶瓷产量为 81.74 亿平方米，同比下降 4.6%。在环保严规和地产调控收紧双驱下，小企业陆续被淘汰出局或沦为优秀头部企业的代工厂，行业参与者数量逐步减少。据中国建筑卫生陶瓷协会数据，2021 年全国规模以上建筑陶瓷企业数量为 1048 家，较 2020 年减少 45 家，同比下降 4.12%。2022 年外部环境不稳定，出口等并未回暖；国内需求低迷，部分陶瓷产区提前进入停产和头部企业减产面扩大。

可以看得出，随着国内房地产饱和开发进入尾声，房地产企业爆雷影响余波还在继续。瓷砖市场需求端逐步进入缩减期，那么在第二轮的陶瓷岩板大扩张时期建设的接近 190 条生产线，以及历经环保整治升级留存下来的其他陶瓷产能，在 2022 年第三季度还将进入一个低谷。特别是第四季度开始入冬之后，还将面临严峻的供气不足等成本高企等问题，全年陶瓷行业开工率保持低位运行，对于相关的色釉料和辅料需求持续减少将会是大概率事件。所以说 2022 年的冬天对于陶瓷行业来说必将是一个寒冬。

2022 年 6 月 16 日

陶瓷色釉料行业产能调查十分有必要

通常提到陶瓷产能调查时，我们都会想到的是某个政府部门或者相关的协会等组织的一些公益性行业调查行为，当然不仅是陶瓷行业，其他行业也是会做一些相关的产业或者行业的产能调查活动。作为陶瓷上游的色釉料和原辅材料行业，由于相对来说，一般企业规模不大、生产窑炉类型多、产值相对不高等，因而很少有人关注到此类行业企业。特别是对于色料企业来说，类似广东潮州地区等陶瓷产区的还有不少是家庭作坊式企业，只有1条梭式窑也能进行色料的生产。还有如山东产区，由于政策性原因和产品升级等导致整个熔块产业链萎缩严重。可以说，整个陶瓷行业的今天都在面临着新一轮的洗牌与升级。

当然，由于近些年陶瓷数字化革命导致的色料墨水化和瓷片逐步退出市场，对于传统色釉料行业的影响还是十分明显的。而且通体砖的缩量和岩板类产品的黑白灰系列化，对于坯体色料的需求逐渐单一化和需求持续减少，国内传统的色釉料原辅材料行业面临严峻的时代变革期，对于采集和掌握当前国内色釉料行业的基本信息，以及为色釉料行业的持续健康发展具有必要性和紧迫性。

因而，色釉料网作为一个行业的自媒体，承担起为行业发声和整理行业数据的工作，为国内陶瓷色釉料及原辅材料行业的有序健康发展建言献策，是一份责任和担当。很多事情不去做的时候是无法体验到其中的艰辛和快乐的，特别是一份产能调查报告，要有一定的企业覆盖率和数据真实性等才能显得专业和权威。作为一个行业内的小媒体来说，或许我们的力量很小，但是始终坚信要不忘初心地努力去完成国内陶瓷色釉料行业的一个初步产能调查活动。

2022 年 9 月 15 日

房地产如果不行了瓷砖还怎么卖？

房地产作为陶瓷行业的根底所在，以往广东福建的陶瓷还仰仗出口50%的产能，但是现在出口夭折走不动，国内房地产在持续降温，未来多出来的产能如何消化是一个很严峻的问题。包括当前不少企业还在往前冲锋式地改窑炉提高产量快烧降低成本，原本已经拥挤不堪的"池塘"终究是有一些要被踩下去"淹死"的。所以说，大家现在要做的不应是去冲锋式地"找事"，而应该沉下心思，跟随国家的步伐，放慢速度，做精做专做新。摒弃以往对于陶瓷行业如何挣快钱的思路，静下心来做好产品才是当前的要务。

房地产不是说不行了，而是已经走到了相对稳定期，就像小孩子总不可能一直快速地长高。改革开放的30年让部分人习惯了高速增长快速地挣钱，但是接下来的一段时间可能就没有那么轻松了。任何事物从量变到质变总是有一个过程，而我们又刚好经历了前半程，前半程很精彩后半程未必就一定是暗淡无光。作为一名陶瓷人，坚守行业不忘初心终能收获你想要的东西。

2023年9月7日

"金九银十"能否挽救超低的开窑率?

"金九银十"已经成了各行业商家形容每年一度销售旺季的通用语,放在以往来说,似乎不管市场现状如何,金九月银十月都会如约而至。特别是房地产行业很多的楼盘都会选在九、十月份开盘,这个时候恰好人们的消费心理比较松动,所以构成一个相比于其他月份比较高的购买率,所以这两个月的消费额会明显高于其他月份,这就是"金九银十"的现象。另外,金九银十实际上是一个时间概念,在时间上因为 9 月份和 10 月份进入秋收时令,是农业收获的季节,按照人的收支消费心理,在消费、投资等费用支出方面由心情带动,在秋冬两季,特别是秋季的时候,家庭消费明显增加,是一个随时间季节而消费的金融概念。

不管怎样,对于陶瓷行业来说,不知道今年是否能赶上一波"金九银十"的行情,让已经在上半年就陆续关停的陶瓷窑炉再次点火开起来。之前一直都在讲"信心"比黄金还重要,事实上也确实如此,如果整个社会及行业从业人员都对自己所处的行业失去信心的话,那么消极与躺平横行只会让当前艰难的市场更加举步维艰。整体来看,疫情这 3 年的影响只能说是延缓了危机的到来,而且这几年也掏空了大家的腰包。不是大家不愿意去消费,是大家口袋真的没有多少钱来消费了。所以,纵然是各地都释放了一些消费的政策和补贴,但是市场依旧砸不起什么水花。

由此看来,"金九银十"不仅不会出现,整个经济环境的大盘依旧在下行盘整。即使是政策上有"保交楼"任务等,相对于国内巨大的陶瓷产能都是杯水车薪,今年虽然较之以往很难,但是行业洗牌还算比较温和,毕竟当前还没有出现大面积陶瓷企业倒闭的情况,但是后面来看的话,淘汰过多产能出局意味着后面的市场竞争更加惨烈。

2023 年 9 月 14 日

瓷砖提质保价可能是个伪命题

据相关媒体消息，国内部分陶瓷产区，如广东、河北、山东、山西等陶瓷厂发布涨价通知，自9月上旬起，对公司部分产品价格进行上调。对于涨价的原因，无外乎成本增加等因素。但是对于当前瓷砖市场来说，行业内卷下的国内瓷砖市场其实价格已经处于历史低位。特别是传统淡季的6、7、8月份，为了销量不少企业或者卖砖企业甚至在亏本的边缘打擦边球。至于为什么大家都选择在9月底时开始涨价，一方面是由于淡季降价企业亏损经营，销售价格过低甚至出现与成本倒挂的现象，因此出于平衡止损；另一方面，还是期待"金九银十"的装修季节瓷砖需求市场的回暖，希望提前宣布涨价消息锁定后期准备卖砖的客户。

我们都知道决定产品价格的因素与市场供需有直接的关系，市场供需关系直接影响着市场的运作和商品的价格。供给和需求的相互作用决定了市场均衡的价格和数量。在市场中，供给和需求之间的关系受到多种因素的影响，包括人口因素、收入水平、替代品和互补品、生产成本、政府政策、技术进步和季节性因素等。因此，对于陶瓷产品来说，通过提质保价的说法消费者不一定买单。对于瓷砖产品来说，为消费者提供高质量的产品是理所当然的事情，难道之前的产品都不是好产品？特别是部分自媒体中讲到的，广东砖的市场口碑可能随着广东知名一线品牌在外省产区的贴牌生产，无法保障外省产区贴牌砖与广东产瓷砖同品同质而损害广东砖高质量的市场口碑。

由此可知，对于瓷砖产品来说，限产保价可能还说得过去，通过提质保价的说法，笔者以为消费者或许不会接受和买单。消费者追随品牌是相信品牌产品的质量过硬，愿意为高出市场普遍质量的产品而买单。但是如果陶瓷品牌企业只想着大量投放广告打造市场知名度，而放任到广东以外的陶瓷产区贴牌，通过拉高产量、降低生产成本抢占中低端市场的路径，最终只会是搬起石头砸自己的脚。

2023年10月19日

04

品牌建设与推广

第四部分主要讲企业的品牌建设和如何塑造品牌形象。主要结合新媒体和社会热点话题等要素,来强化和指引企业如何借助新媒体来进行市场推广活动。其中第十二章主要讲品牌的建设和如何打造好"佛山陶瓷"这块招牌。第十三、十四章主要讲如何结合行业热点事件和利用微信去进行市场推广活动,以及帮助企业吸引流量和提高行业知名度。

第十二章 品牌建设与塑造

陶瓷色料企业的品牌建设

品牌的概念

品牌的英文单词 Brand，源出古挪威文 Brandr，意思是"烧灼"。人们用这种方式来标记家畜等需要与其他人相区别的私有财产。到了中世纪的欧洲，手工艺匠人用这种打烙印的方法在自己的手工艺品上烙下标记，以便顾客识别产品的产地和生产者。这就产生了最初的商标，并以此为消费者提供担保，同时向生产者提供法律保护。16世纪早期，蒸馏威士忌酒的生产商将威士忌装入烙有生产者名字的木桶中，以防不法商人偷梁换柱。到了1835年，苏格兰的酿酒者使用了"OldSmuggler"这一品牌，以维护采用特殊蒸馏程序酿制的酒的质量声誉。

品牌通俗地讲就是商标，即能够代表一个厂家的一系列产品的标志。中国最早的商标是一只白兔，出现于唐朝。现在社会各界都在谈品牌，企业希望把自己的品牌做起来，把品牌做好，国家在政策上也给予了很多支持，媒体也在传播各种品牌理念。但当前我们的品牌观念存在很多误区，很多人对品牌的认识并不清晰，造成品牌建设行为成效不足，品牌塑造效果自然也是不尽如人意。

品牌的重要性及作用

企业做产品，产品有产品的价值；做品牌，品牌也有品牌的价值。"品牌"是一种无形资产，"品牌"就是知名度，有了知名度就具有凝聚力与扩散力，就成为发展的动力。企业品牌是城市经济的细胞，是带动城市经济的动力。而企业品牌的建设，首先要以诚信为先，没有诚信的企业，"品牌"就无从谈起。其次，企业品牌的建设，要以诚信为基础，以产品质量和产品特色为核心，才能培育消费者的信誉认知度，企业的产品才有市场占有率，才能取得经济效益。

陶瓷色料企业通过自身的品牌建设过程可取得以下两大收益。首先，可以增加企业的凝聚力,使团队成员产生自豪感,增强员工对企业的认同感和归属感,还有利于提高员工素质,以适应企业发展的需要。其次,可以增强企业的吸引力与辐射力,有利于企业美誉度与知名度的提高。企业品牌的吸引力是一种向心力,辐射力则是一种扩散力。

同时,陶瓷色料企业品牌建设行为的本身也提高了企业知名度,强化了竞争力,并形成企业自身的一种企业文化。这种文化力是一种无形的巨大的企业发展推动力量。企业实力、活力、潜力以及可持续发展的能力,集中体现在竞争力上,而提高企业竞争力又同提高企业知名度密不可分。一个好的企业品牌将大大有利于企业知名度和竞争力的提高。这种提高不是来自人力、物力、财力的投入,而是靠"品牌"这种无形的文化力。

实施品牌建设的几个关键点

陶瓷色料企业的特殊性

陶瓷色料企业有其自身的特殊性,因为陶瓷颜料不是摆在消费者面前的最终消费品,而只是作为陶瓷厂家所使用的化工料中的一个组成部分,因而在品牌的宣传和推广上有一定局限性,其主要的客户是陶瓷厂家。

目前,陶瓷色料行业对产品的规格和技术指标没有统一的标准。每个厂家的产品发色和编号都是自定的。陶瓷厂家根据自己产品的花色设计要求来确定色料。需要说明的是,色料企业的产品对上样板后并不是直接就能使用的,一般陶瓷厂家还需要进行二次调色。这样的话,陶瓷色料企业的产品很少有比较固定的,一般都是根据陶瓷厂家的要求来确定,并且随时都有可能更改样板标准。

保持持续创新的能力

目前,佛山地区与陶瓷色料相关的生产企业就有100多家,企业之间的竞争是十分激烈的。在全球金融危机、经济萧条的大环境下,能够不被市场淘汰的企业,本身也具有一定的竞争实力。具体地说,成本优势就是色料企业的最根本竞争力。作为陶瓷颜料来说,其成本主要由原材料成本和加工管理成本构成。陶瓷色料的配方直接决定了色料成品的最终价格,通过技术创新的方式合理调配产品配方是降低成本的最直接和最快捷的方式。除了技术创新和新材料的使用可以达到降低成本、提高产品的竞争力之外,新产品的开发也是争夺市场的必要手段之一。必须根据市场的流行情况开发流行色,才能不断拓展新的市场和赢取新的客户。

对于陶瓷色料来说,只有保证自己的产品在品质和价格最优时,才能确保其在市场中的优势地位。因而,陶瓷色料企业的持续创新能力直接关系到产品的最终竞争力。确切地说,一个没有持续创新能力的企业是不会发展壮大的,更不会成为一个拥有品牌的企业。

建立完善的销售服务

由于陶瓷行业所使用的大多数原材料都是矿物原料,因而自身也存在一定的不稳定性。通常色料产品出现的质量问题,主要集中在色调不对板和流动性不佳造成浆池絮凝。陶瓷色料产品出现质量问题后,一般陶瓷厂家都会要求退货处理或者要求换货,有时候会寻求色料厂家的技术帮助。而目前,大多数色料企业都没有设置专门的售后服务部门,并且许多陶瓷色料企业中的技术人员对陶瓷厂家的一些工艺并不是十分清楚,因而并不具备解决所有质量问题的能力。因此对于陶瓷色料企业来说,不光要招聘专业的调色人员,同时还要完善公司技术人员的技术培训工作,要针对色料产品常出现的质量问题进行分析和总结,必要时还要配备具有陶瓷厂工作经验的专业技术人员。

目前,行业内的一些知名陶瓷色料企业都在拓展自己的服务范围,不再是简单地卖陶瓷色料和釉料产品。如道氏、康立泰、禾合等企业都可以独立完成陶瓷厂家的新产品设计和上线产出合格砖,并且可以为陶瓷厂家提供完善的售前设计服务和售后生产跟线全过程的跟踪服务。这也是陶瓷色料企业实力的一种表现,让客户更加信赖自己的品牌。所以说,建立和完善企业的产品销售服务是建立企业品牌的一个重点之一。

稳定的产品品质

对于颜料来说,色调的本身就是主要的技术指标。由于矿物类原料的不稳定性,通常会导致色料产品有一定的色调波动。同时,不同厂家的釉料和坯粉对色料产品的发色也有一定影响。一般陶瓷色料厂家都会在原材料进厂时进行配方上的调整和后期调板处理,以保证产品的色调一致性。"稳定才是最好的"这是禾合公司的产品宣传广告语,也在一定程度上说明了稳定对色料产品的重要性。

由于陶瓷色料同行企业之间的恶性竞争,有些企业为了一个批次或者一段时间内的产品价格优势,在原材料或者产品质量上造假的行为也是存在的。这种通过使用廉价材料来降低产品成本,并导致产品发色出现波动的做法是不可取的。

品牌建设的本身就是一个长期的产品使用过程所累积的客户印象工程，因为短期的利益而造成产品品质波动的行为，可能对企业品牌的建设造成无法挽回的结果。同时，这也是对客户的一种不负责任的行为。

适当的媒体宣传

企业宣传作为沟通企业与社会、企业与消费者的桥梁，在现代商战中的重要作用已显而易见。可以说，企业的生存和发展与宣传密切相关，有效的宣传已经成为企业促进生产销售，提高竞争力的有效途径。

陶瓷色料企业根据自身的经济实力，在实施品牌战略时做适当的媒体宣传还是十分有必要的。通过在专业期刊和报纸上作广告，可以明显提高企业的知名度，对销售人员的市场推广有一定的促进作用，并且使企业的员工有一种身在知名企业的自豪感，进而更加珍惜工作岗位，减少浪费行为的发生。由于陶瓷色料企业客户的局限性，一般广告宣传都是在陶瓷专业期刊和报纸上进行的。同时，积极参加各类专业的陶瓷展览会本身也是一种广告宣传行为，是企业综合实力的展现。

品牌与产品是两个不同的概念

品牌与单纯意义上的产品完全是两个不同的概念。品牌对于消费者而言，其价值要远远大于产品所提供的功能。正是这个原因，对于创造差异、培养消费者的忠诚度、传递高品质的信息及扩大市场份额来讲，品牌扮演着至关重要的角色。陶瓷色料行业经历了最近几年的高速发展，目前就佛山地区来说色料厂家就有100多家。同国外的同行知名企业相比，虽然国内色料企业的产品质量并不差，但是在企业的品牌运作管理上，我们还是有许多要学习的地方。并且，这种品牌优势在国外市场中的作用是显而易见的。

2021年8月1日

陶瓷暴利时代结束，进入品牌创建时代

最近这两年大家谈论最多的都是利润下滑，即使部分企业出现了逆势上涨的业绩，但是单位利润下滑、遭遇企业倒闭和尾款收不到等情况时有发生。2020年之后陶瓷行业对于电商的关注度直线上升，不少品牌陶瓷企业对于电商方面的投入也在不断增加，而且微信推广也得到了广大陶瓷商家的认可。还有就是，佛山本地相关的电商产业园也如雨后春笋般地拔地而起，这一方面是由于政府部门在政策上的鼓励与配套资金上的支持，另一方面也说明了很多企业存在盲目跟从的投机心理。

当然，电商、电销模式的出现与发展对于传统的销售行业来说不亚于一场噩梦，而且还关系到每一个企业的生死存亡。陶瓷作为一种家庭装修材料，相对于日常的家庭易耗品还是有区别的。因此，完全依赖于电商的套路也是不切合实际的，特别是对于陶瓷色釉料行业来说，各个厂家出于技术配方的保密需要，一般同行业之间不可能抱团去采购同一原材料，而且，由于化工原料的不稳定性，结合各家生产工艺的差异性，每一批次的化工原料进厂都需要进行检测与调试，所以通过网络途径来进行色料销售是不适宜的。还有很重要的一点，就是售后服务怎么去做，以及色釉料本身还不是最终面对消费者的产品。因此，作为化工原料的范畴，陶瓷色釉料以及现在流行的陶瓷喷墨墨水，与网络销售还是有一定距离的。

年底，现金流紧张一点都没有缓解的迹象，而且今年倒是让笔者感觉有点像2008年金融危机，那时候不仅仅是陶瓷行业的钱难收，整个相关联行业的货款都非常紧张。出口方面欧洲和中东市场的竞争日益激烈，国内色釉料企业的价格战都已经打到了欧洲战场。值得关注的是，陶瓷添加剂产品这一块的业务，由于单位利润低，不少色釉料企业没有兴趣去碰，但还是有那么两三家企业把小产品当大生意做，单价一千多元一吨的减水剂产品也能做到年销售额过亿。

2021年的陶瓷行业依旧面临着严峻形势，陶瓷行业的相关企业更是有必要采取相应的措施来抱团取暖过冬。陶瓷暴利时代的结束伴随着国内陶瓷产能的逐年下降趋势，让不少企业感受到寒风瑟瑟。陶瓷厂家降成本需要寻找更多的资讯和供应商，因此行业内出现不少自媒体和平台做资源对接。疫情之后的人们习惯了用手机工作和接收信息，为新媒体行业的发展带来了新的机遇和发展空间。

2021年12月22日

市场不景气的时候更需要做"品牌"

今年的陶瓷市场行情整体来说与去年的差异不大,目前色釉料企业的出口情况同去年下半年同期相比没有明显的好转情况出现。市场的分化主要呈现出以下三个特点:一是传统的以出口市场为主的色釉料企业回款时间延长,价格同比下降,压缩利润空间,订单量从去年下半年开始下降明显;二是以坯体色料为主的色釉料企业基本上是做国内市场,去年倒闭的抛光砖厂对于坯体色料企业的影响是显而易见的,部分企业在去年的"挖地雷"游戏中大伤"元气",因此在今年的客户选择上出现明显的调整,信誉不好的企业采购工作将更加"困难",而付款相对较好的企业,色料企业则是一窝蜂地去"抢客户,降价格";三是以"全抛釉"为主线的色釉料企业,传统的色料企业中较大的企业基本都投入到"与釉共舞"的新纪元。全抛釉经历三次升级后改名为"金刚釉"。特别是去年下半年到今年年初出现一批新的釉料公司,全抛釉的价格也是在不断地挑战"生存极限"。市场竞争得越是激烈,产业分工就进化得愈加明显,特别是一些保持创新能力的公司往往能够脱颖而出。当然,在市场最不好的时候,往往也是品牌力量发力的好时机。

广义的"品牌"是具有经济价值的无形资产,用抽象化的、特有的、能识别的心智概念来表现其差异性,从而在人们的意识当中占据一定位置。狭义的"品牌"是一种拥有对内对外两面性的"标准"或"规则",是通过对理念、行为、视觉、听觉四方面进行标准化、规则化,使之具备特有性、价值性、长期性、认知性的一种识别系统的总称。这套系统我们也称之为 CIS(corporate identity system)体系。记得之前看过一篇文章的分析说,如果用彩色笔写一个大写的"M"你首先想到的是什么?很多人会回答是麦当劳。这是一种潜意识的催眠行为广告。当然,我们这个陶瓷行业很难做出麦当劳这般效果。但是,通常我们说到"佛山陶瓷"的时候,对陶瓷稍有了解的人都知道说出如东鹏、金意陶、蒙娜丽莎、宏宇等企业名称。

现代营销学之父科特勒在《市场营销学》中定义,品牌是销售者向购买者长期提供的一组特定的特点、利益和服务。品牌是给拥有者带来溢价、产生增值的一种无形资产,它的载体是用于和其他竞争者的产品或劳务相区分的名称、术语、象征、记号或者设计及其组合,增值的源泉来自消费者心智中形成的关于其载体的印象。前段时间微信朋友圈销售人员传得最多的一条就是关于利润与服务的文章，如果没有利润哪里来的服务？初看确实有一定的道理，因为只有商家盈利了才会继续经营下去进而有售后的可能，但是服务的前提不是建立在利润基础之上的。而是说这个企业是否愿意去承担服务的责任，这也是区分是否是品牌企业的一个最大特点。因为每个企业的成本构成是不一样的，同样一片金刚釉800mm×800mm规格的瓷砖，不知名的二三线小厂出来的可能只要每片20～30元，但是品牌大厂出来的同样花纹和规格的产品或许要卖到每片200～300元。消费者往往比较关心的是产品的最终价格，而理智成熟的消费者，更加关注的是产品的性能与品质保障。

前段时间网上有人发文声讨阿里巴巴改变了中国的生意生态链，认为假货泛滥与中国人只追求最便宜都是网络惹的祸。其实，我们的实际情况又是如何呢？我们有没有真正关注到有大批中小型科技企业和新兴企业正在借助网络快速发展起来。比如我们原先认为网络出现会让大批实体小企业"死亡"，真实的情况是大批中小企业的倒闭，一是由于缺乏创新，二是产品质量或者产品性能不能跟上市场的需求。就拿我们陶瓷行业来说，去年市场火爆的"金丝玉玛""简一大理石"等企业，在央视或者是高铁站投入巨额的营销资金，有人会问投入那么多的钱，这个砖得要卖多贵才行呀？当我们还在不断刷新"特价砖"价格的时候，我们为何不静下心来想想同样是做陶瓷，当你一年做100亿元和人家一年做1亿元的产值是同样利润的时候，真的该停下脚步思考一下企业的未来了，盲目扩张、产能至上的时代已经过去了，陶瓷也开始进入品牌时代，进入精细化生产的时代了。

2020年8月4日

从岩板要不要做品牌说起

不知各位是否还记得尹虹博士关于岩板的3个灵魂式发问,其中第二个就是关于做岩板要不要做品牌的问题。可以肯定地说,不仅仅是做岩板,就是做色料、墨水、辅料球石等,只要是做产品,肯定要做品牌。记得十年之前,笔者曾经在行业一家报纸上也写过类似有关品牌的文章,对于大多数人来说,品牌可能距离我们很遥远,又或者自己不需要去考虑这个问题。但是在当今的日常生活与经营活动中却又是处处离不开品牌。

按照百度给出的答案,品牌的本质是品牌拥有者的产品、服务或其他优于竞争对手的优势,能为目标受众带去同等或高于竞争对手的价值。简单地可以理解为,一模一样的两件商品,由于分属不同的品牌,在销售价格上可能存在着差异。

品牌的价值包括功能性利益和情感性利益。广义的"品牌"是具有经济价值的无形资产,用抽象化的、特有的、能识别的心智概念来表现其差异性,从而在人们意识当中占据一定位置的综合反映。比如说到手机,大概来讲的话基本上可以划分为两个系统,其中安卓代表着开放式的集合式的生态圈,制造手机的商家都可以来装安卓系统。另外一个就是苹果独家的苹果IOS系统,这个苹果自家的系统,也可以说是一个封闭系统。往大了说,安卓手机可以是华为,也可以是三星,还可以是小米等品牌,但是苹果系统,只适合苹果手机用。并不是说苹果手机如何优秀,只是就工艺设计集成化以及高新技术应用方面,苹果公司还是拥有独特的产品优势。

不得不说,品牌建设具有长期性,而不是简单地花钱投一些广告就能塑造起来的。比如陶瓷色釉料行业内注重品牌的厂家如大鸿、万兴、国瓷康立泰、道氏、天宇、中达化工、中冠、陶结义等,都是在企业品牌的塑造过程中注重产品质量以及市场口碑的优质陶瓷原料供应商。

很多人认为,品牌就是打产品广告,但是更准确的定义应该是品牌就是标准化自己的产品以及对产品服务更进一步的提升,只有做到产品质量过关、售后服务到位、兑付供应商货款及时等各方面细节的综合提升,才能将自己的品牌打造出行业的知名口碑。

对于许多中小色釉料及辅料行业的企业来说,不要觉得自己的企业很小就忽略了口碑及品牌的塑造过程。特别是在企业品牌塑造过程中，可以先从企业主的个人口碑品牌做起，将自己的核心竞争优势充分放大，像尹虹博士的《陶业要闻》，让人记住的是博士本人的自带光环的品牌效应。还有就是从产品的包装方面下功夫，如简一大理石的广告语"不用大理石，就用简一"。如何让潜在的客户在短时间内记住你的产品信息，除了不停地刷屏广告之外，就是自家的产品必须有特色。

如同笔者经常提及的一句话，不是说我们出口的产品就明显质量更高，而是国外奉行的标准化管理，人家制定了标准，你要做人家的生意就必须按照客户的标准来严格生产，同等标准下价优者得。而国内的市场就颠倒过来，不是说你的质量好就能卖得好，而是说用价格来定标准，比如我们陶瓷行业，需要一个产品前是没有标准的，直接按照价格最低者得，因而出现不断压低价格而导致的偷工减料、产品质量不稳定等质量隐患。

综上所述，企业无论大小与否，都应该注重自身的品牌建设，小则塑造企业主个人口碑品牌，大则建立自身企业产品标准，而不以价格为先，应以质量为重。

2020 年 12 月 10 日

"佛山陶瓷"这块金字招牌该如何发扬光大？

"佛山陶瓷"集体商标的成功注册，饱含着佛山市陶瓷行业协会（以下简称协会）作为佛山陶瓷行业权威与公益性组织15年来的努力，当中付出的艰辛与汗水只有当事人最为清楚。而作为协会副秘书长的潘勇文，在17年的协会工作中，更是参与了整个商标15年的申请过程。从一开始的申请到最终的获批，在佛山市人民政府及各级部门的指导下，在会长、各副会长、常务理事、理事及会员单位的支持下，经过多方的努力，2020年9月14日，国家知识产权局终于批准注册"佛山陶瓷"集体商标的申请。

佛山市陶瓷行业协会注册"佛山陶瓷"集体商标始于2005年，期间曾3次被驳回。2010年，佛山市政府提出建设商标战略示范城市的目标，特别提出要注册"佛山陶瓷"和"盐步内衣"两个集体商标，市工商局明确提出委托佛山市陶瓷行业协会负责"佛山陶瓷"商标的设计、注册。协会在与国家工商总局详细咨询注册集体商标事宜时被告知，佛山陶瓷在佛山市志中的地位并不明确，没有体现出佛山陶瓷与佛山地区深刻的人文地理关系，注册"佛山陶瓷"集体商标的事情再次被搁置。

随后，佛山市陶瓷行业协会着手重新撰写新编《地方志》（1979—2002）中"佛山陶瓷"章节，在佛山市政府地方志办公室的大力支持下，新编的《地方志》"陶瓷篇"收录了协会专家撰写的章节，为申请注册"佛山陶瓷"奠定了基础。

相信大家同笔者的想法一样，目前"佛山陶瓷"集体商标已经下发证书，但是"佛山陶瓷"这个集体商标该如何使用以及相关的后续工作怎样开展，都是目前行业内大家比较关心的话题。为此，笔者向协会的潘勇文副秘书长专门交流过相关事宜。

第一，商标的使用与授权标准是首先需要解决的问题。"佛山陶瓷"集体商标与企业商标还是有一些差异的，"佛山陶瓷"集体商标主要使用在陶瓷砖类制品方面，而且还有一定的区域性。那么这里就衍生出一个关于商标授权的问题，作为行业协会持有的集体商标，在商标使用的授权方面肯定也有一个授权标准和机制，包括商标的使用范围、产品的技术指标规范，以及授权单位是否必须为佛山市陶瓷行业协会的会员单位等。

第二，是商标的后期监督与退出机制。既然企业达到了授权的标准，那么在商标的后期使用过程中，还要建立起商标的监督与产品是否达到所要求的标准的抽查与年检问题。"佛山陶瓷"本身代表着质量过硬，那么在授权使用这个集体商标后应该更加严格约束使用企业的产品品质，以及售后等综合服务，比如采取第三方机构每年不定期抽检产品等行为措施。在后期使用中如果发现企业有违反或者是对"佛山陶瓷"商标信誉产生了负面的影响，那么就需要有一个退出的机制来保证商标的权威性。

  第三，"佛山陶瓷"集体商标来之不易，大家更应怀着一种开放共享、严格要求的心态来做大做强"佛山陶瓷"。将佛山陶瓷打造成中国乃至世界的知名品牌。在"佛山陶瓷"集体商标的后期维权与合理使用方面形成一个"大闭环"的生态圈，既要保证"佛山陶瓷"商标的合法使用，还要建立违权必究的机制，有相应的商标授权使用以及专业维护人员的配备，为"佛山陶瓷"集体商标的合法使用保驾护航。

  以上仅为个人的一些看法，关于"佛山陶瓷"集体商标的管理与使用相关事宜，一切以佛山市陶瓷行业协会发布的信息为准。

2020 年 12 月 17 日

从特斯拉维权事件看陶瓷产品的售后服务

最近特斯拉的维权事件可谓是网上热点。姑且不说产品到底有没有问题，我认为，只要品牌方能够积极主动地帮助客户和消费者解决问题，相信这对于品牌方不仅不会减分，反而还会在客户心目中留下极佳的口碑。

换个角度来看，产品的价值除了产品自身的材料和人工等成本组成之外，消费者对于产品的认可和认知也是产品价值的重要组成部分。以车为例，德系的BBA在中国大陆的销售额是年年创新高，除了国人的生活水平和收入提升因素之外，还有一点就是大家对于这些品牌的认知和认可在逐步提高，而如夏利等品牌，即使再便宜也越来越难卖出以至于淡出市场。这说明客户在选择产品的时候看重的是"价值"，而不是"价格"。因此，我们也可以简单地理解为，价格是看得见的，比如原料和人工等成本，而价值则是看不见的，可以为客户带来价格之外的一些收益，而且不仅仅局限于产品自身直接带来的价值，还有可能带来更多的附加价值。所以，我们的制造型企业，在未来的产品定位上应该更多地倾向于为消费者或者客户带来更多的价值，而不是一味地追求降低成本、降低价格。

那么，回过头来看我们的陶瓷产品和相关化工辅料产品。或许陶瓷产品不像日用品那样经常使用，而且一经使用，问题很快就能暴露出来。瓷砖类产品，除非是质量非常差的在运输环节就会出现各种各样的问题，而大部分的合格产品通常都是需要在铺贴之后才显现出质量的优劣差异。当然，像目前比较火爆的岩板产品，加工裂问题除了产品本身的质量缺陷之外，很多时候是因为部分厂家出于追求产量、降低成本等考虑，采用了过快的烧成时间和快速的冷却，导致岩板产品在出厂前就已经是存在很多隐裂隐患了。

岩板到底好不好卖？具体还是要分厂家和品牌来看待的，用心在做品牌和做产品的厂家不会一味地从降成本角度来考虑市场问题。据了解，新明珠和金牌的岩板产品，目前市场还是比较认可的，这与他们的原料选择、生产工艺和烧成等是有一定关系的。目前，部分岩板厂家在不断地降价，为了降低成本，通过降低原料标准，加快烧成、冷却等拉高产量，最终能否换来市场尚不可知，但是可以肯定的是，对于岩板市场肯定是起到负面影响。可以预见，如果大家都不好好做产品，成品率下降、加工破损率超高等负面影响的问题，随着部分岩板厂家的低价策略，肯定未来一段时间内会在市场蔓延。牺牲品质、价格来换取市场的行为注定是一条死胡同，唯有坚持品质、价值才是市场的最终王者。

2021 年 5 月 6 日

陶瓷原辅材料行业企业要不要做品牌？

在做自媒体之前，笔者作为一名多年从事生产研发技术工作的"一线老兵"，只是简单地将媒体工作定义为做广告的范畴，直到一位行业知名大佬点拨我：媒体对于企业来说，是帮助企业塑造品牌和打造企业软实力的重要渠道。如何帮助企业塑造一个有影响力的品牌和看不见的软实力，一直是许多媒体人正在做的事情。对于体量大的陶企来说，不少一线大牌陶企下面设立了许多子品牌，但是对于陶瓷原辅材料行业，虽然个别行业龙头企业一直有品牌的意识，但是在细分领域中，真正具有品牌效应和软实力的企业屈指可数。大部分色釉料及原辅料企业，往往在申请完 logo 或者商标之后，并没有继续投入人力和资金去打造自己的品牌。最根本的原因还是陶瓷企业并不为原料企业的品牌买单。色釉料企业的采购原则是成本第一，很少去考虑原材料企业的品牌及服务，更多的是关注最终售价。

当前国内市场进入紧缩期，产品的竞争除了直接价格之外，售前咨询与售后服务同样重要。特别是陶瓷墨水以及抛釉等釉料类产品，产品服务越发显得重要。如何最快地打造出一个全新的品牌，需要做以下几方面工作。

一是突出自己的独特性。陶瓷行业竞争激烈，要想在短时间内建立一个成功的品牌，就需要突出自己的独特性。可以从设计、工艺、材料等多方面入手，通过与众不同的产品和服务来吸引目标客户的注意力，大家可以看看大角鹿这个案例。

二是建立品牌联盟。在建立品牌联盟方面，可以与其他相关企业合作，共同推出一款具有独特性的陶瓷产品。品牌联盟能够将品牌形象和品牌故事融合在一起，形成一个更加具有吸引力的品牌形象，提高品牌的认可度和忠诚度。例如釉料企业与知名陶瓷厂家合作推出新产品，并举办发布会。

三是利用抖音、微信及视频号。社交媒体已经成为品牌建设的重要渠道之一。利用社交媒体可以快速、低成本地推广品牌，吸引目标客户的关注和参与品牌形象相关的内容，可以在社交媒体上发布优质的图片和视频，向目标客户展示产品的设计和工艺。同时，也可以通过社交媒体与目标客户建立互动，了解他们的需求和反馈，不断优化产品和服务，提升品牌的口碑和认可度。从最近几场陶瓷展会可以看到，短视频越来越受到年轻人的喜欢，显示出快速广泛的传播影响力。

总之，建立一个成功的陶瓷品牌是一个复杂而又有挑战性的过程，需要从品牌定位、品牌形象、营销策略等多个方面进行深入分析和研究。在建立品牌过程中，需要突出自己的独特性、建立品牌联盟、利用社交媒体等多种渠道来推广品牌，同时也需要充分发挥品牌带来的好处，建立品牌认可度和忠诚度，提高产品的附加值和竞争力，创造商业机会和增加企业价值。而作为陶瓷上游的原辅材料行业，特别是釉料及陶瓷墨水企业，十分有必要做自己的品牌和打造自己的软实力，以提升市场定价权和议价权。

2023 年 5 月 25 日

第十三章　微信及互联网营销策略

微信群的出现将颠覆传统的"朋友圈"交友模式

最近有些忙，白天跑客户晚上基本上要花两个小时管理笔者自建的微信群，微信群的火爆应该有一半的原因归结于羊年春节期间的"红包大战"。

根据资料显示，仅仅从除夕夜到正月初一，各大互联网巨头以及商家将通过微信、QQ、支付宝钱包、微博、百度、抖音等软件、社交平台送出上百亿元红包。与此同时，陶瓷行业中的某家媒体更是抓住元宵佳节的年尾巴，推出陶瓷行业内的第一个抢红包微信群，短短几个小时就爆满了 500 人，这种速度或许都是不可想象的，短短几个小时就能够让你认识行业中超 500 人，这种互联网下的互动模式更是颠覆了传统人际交往圈。

又正如年前陶瓷行业内的某家化工色料企业创立了一家 B2B 互联网公司一样，让笔者感到惊讶。陶瓷行业这两年谈论最多的也是互联网思维与陶瓷的关系，无论是线上还是线下的互动，最终的目的还是要让有采购需求的客户有针对性地进入商家的店铺。以前我们一直强调在网上如何通过营销来提高人气流量，进而开展线下的销售活动，是通过第三方或者是由第三方的平台来引流并策划商家与消费者之间的联系。但是微信群的火爆对于今后互联网销售的影响是让客户与客户之间、商户与客户之间的信息传递更加便捷，这也是为什么现在一打开朋友圈就出现不少微商的原因。

微信群的出现更像是把一个人的朋友圈同更多人的朋友圈进行了融合，特别是对于专业性较强的行业来说，更是一种资源的整合与交换。特别是在信息化发展更加便捷与快速的互联网时代，资源的整合无非就是要么你被资源整合，要么你整合你的朋友圈资源。当然，进入朋友圈中的人又会进行一系列的连锁反应，并进行资源的 N 次元组合，所以说，微信本身也是一个颠覆我们传统生活与工作方式的工具，特别是手机智能化的不断改进，让人们能够更加便捷地利用互联网来拓展自己的空间。

就像微信群中流行的抢红包是一种"病",发红包同样也是"病"。笔者对于这两点深有体会,更有网友开玩笑说,抢红包颠覆了自己的人生价值观,马路上的一毛钱没有几个人会弯下腰去捡,但是在微信群中发个一分钱的红包往往几秒就被秒杀,还有人说玩的是气氛而不是钱多少的问题。而笔者也在短短的一个多月发出差不多 3000 元的红包,关键是每次发的红包还不是很大,多半是几分几毛钱的那种,想想这也是挺可怕的,不知不觉地就能发几千元出去。当你作为发红包和抢红包不同身份时的内心变化也是很微妙的。陶瓷行业相关的微信群在元宵节后爆发式地冒出,而且大部分群中的活跃分子基本上是行业的活跃分子。微信群的出现,让本身已经相对专业化的朋友圈更加丰富、与资源的整合更加紧密。特别是在大环境不容乐观的条件下,"抱团取暖"是一种较为"温柔"的方式,而微信群互联网思维下的资源整合与重新组合似乎来得更加便捷与猛烈。

2018 年 12 月 20 日

陶瓷企业营销要融合新媒体时代的"微信"

最近媒体基本上都在热炒中国三军仪仗队在俄罗斯参加阅兵的事情，走出国门的中国军人标准的军姿、整齐的步伐，给国外的观众留下了深刻的印象。借力网络的传播让不少"小事"变"大事"，不少以前难办的"大事"借助网络变成了"小事"。特别是近期有关陶瓷行业的一些企业倒闭的信息都是第一时间通过网络，如微信、QQ 等媒体进行快速传播的。因此，网络应用得好会是如虎添翼，但是用得不好也会弄得赔了夫人又折兵。

比如前段时间某家陶瓷企业邀请了志玲姐姐来助兴陶博会，但是不少人看到的是各种版本的 PS 版自家公司的宣传，又正如自媒体达人中陶科技的罗大叔所说的，网络营销不只是做做活动，就这次事件本身来说，如果邀请志玲姐姐的那家企业跟进连续进行二次或者三次营销，或许大家会记住这家公司的名字，不至于花费了几百万却如同放了烟花，放完后大家还是不知道哪家企业在搞活动，特别是在微信朋友圈高度发达的今天，朋友圈不再只是刷刷存在感，而是蔓延到自己乃至产品的潜意识深入营销。

今年元宵节后，微信群在陶瓷行业内迅速发展起来，可以说行业内的《陶城报》起了一个很好的引导作用。特别是到目前为止，陶瓷行业内相关的微信群不少于 300 个，人数在 500 人的微信群可能在 50 个左右，目前笔者翻了一下自己的手机，加入的相关陶瓷微信群有 6 个，500 人的微信群有 3 个，特别是后续相关的一些知名人士也加入了建群的队伍。当然也有一些纯粹是凑人头的垃圾群（非陶瓷行业内人士建的微信传销群），就笔者自己而言，其实微信群中的活跃分子永远都是那几个，而不活跃的基本上都是不怎么"冒泡"的，当然，也有一些是其他相关行业偶尔过来串场子的。而且，一般前期达到 500 人的群成员同后期建群的成员重复性很高，除非是一些非常专业的群，比如南鹰网络建的"陶瓷化工设备窑炉卫浴交流群"，黄惠宁建的出版书籍的"中国陶瓷数字喷墨印刷技术进步工作群"，佛山市陶瓷学会建的"陶瓷行业运动群"，《佛山陶瓷》期刊建的"佛山陶瓷是一家"，胡俊建的"旁观者会员交流群"，笔者自己建的"陶花岛跨界精英联盟"等陶瓷行业相关的微信交流群。

微信群更多地成为一种线上营销途径，通过微信群做的产品广告更加有针对性，特别是一些专业陶瓷群中的群友都是陶瓷行业内的技术或者是销售人员。上周末去佛山宾馆听了一节善仁课程,朋友圈中对这种类似于成功学的洗脑教育褒贬不一,有人听过这种课程后确实成功了,但是成功的人毕竟是少数。正如有人说的,别人研究怎么成功,而他们公司是研究别人失败的原因是什么?成功的人都是各有特长或者有特别之处,而大多数失败者往往有相同之处。有人说陶瓷是相对粗放的产业,但是在网络时代,不论是什么行业,只有跟上时代的步伐才能获得持久的发展与进步。

2020 年 12 月 12 日

陶瓷行业需要互联网＋，还是＋互联网？

陶瓷行业从今年7月份转折点之后，一直处在风口浪尖之上。本轮的抛光砖企业倒闭潮在年底的时候似乎来得更加让人猝不及防，以往的倒闭大都是一些相对信誉差或者经济实力不够强的企业，但是今年的倒闭潮更多集中在一些相对经济实力雄厚且信誉也不算很差的大厂。当然，这些倒闭的企业在陷入资金链危机之后，有些或许还有喘息翻盘的机会，但是随着现代信息传播速度的加快与媒体的一些针对性报道，在舆论上似乎加剧了人们对于企业倒闭的恐慌，以至于现在只要是有点风吹草动，供应商会比陶瓷厂家更加紧张。

对于国家来说，今年是一个调结构、促消费、稳增长的重要转折之年，特别是在"互联网＋"这一方向上，国家鼓励和出台了一系列相关的支持政策。单从佛山范围来看，就已经存在十几家打着电商园口号的创新园区。传统的陶瓷行业也在本轮"互联网＋"变革中不断创新模式，特别是行业相关的媒体，组织并策划了多场以"互联网＋"为主题的论坛活动。

"互联网＋"是创新2.0下的互联网发展新形态、新业态，是知识社会创新2.0推动下的互联网形态演进及其催生的经济社会发展新形态。"互联网＋"是互联网思维的进一步实践成果，它代表一种先进的生产力，推动经济形态不断发生演变。从而带动社会经济实体的生命力，为改革、创新、发展提供广阔的网络平台。通俗来讲，"互联网＋"就是"互联网＋各个传统行业"，但这并不是简单的两者相加，而是利用信息通信技术以及互联网平台，让互联网与传统行业进行深度融合，创造新的发展生态。

"互联网＋"代表一种新的社会形态，即充分发挥互联网在社会资源配置中的优化和集成作用，将互联网的创新成果深度融合于经济、社会各领域之中，提升全社会的创新力和生产力，形成更广泛的以互联网为基础设施和实现工具的经济发展新形态。从最近的3年来看，"互联网＋"已经改造及影响了多个行业，当前大众耳熟能详的电子商务、互联网金融、在线旅游、在线影视、在线房产等行业都是"互联网＋"的杰作。国内"互联网＋"理念的提出，最早可以追溯到2012年11月于扬在易观第五届移动互联网博览会的发言。易观国际董事长兼首席执行官于扬首次提出"互联网＋"理念。于扬认为未来"互联网＋"公式应该是我们所在行业的产品和服务，在与我们未来看到的多屏全网跨平台用户场景结合之后产生的这样一种化学公式。我们可以按照这样一个思路找到若干这样的想法，而怎样找到你所在行业的"互联网＋"，则是企业需要思考的问题。

特别是陶瓷行业在今后的几年还将会逐步淘汰一些落后的工艺技术和工厂。因此，不单是某个省份的陶瓷产业园的问题，全国各个产区以及细分到每个陶瓷生产厂家如何利用好"互联网＋"模式，如何利用"大数据"平台打造自己的生存空间，将变得更加迫切。当然，陶瓷行业中的一些领军式企业已经在改变，中国建陶智能制造唯一试点单位落户东鹏，作为建陶行业的标杆，东鹏现已率先启动中国建陶工业 2025 智能制造项目，并将智能制造、东鹏的绿色制造与"互联网＋"结合起来，实现工业化和信息化的融合，将设计端、生产端、销售端、服务端打通。

当然，并不是所有的陶瓷企业都能够在本轮"互联网＋"技术革命中完成转型，寻找一种适合自身企业发展需要的互联网模式更加重要。特别是在打造自身网络平台方面，有些企业或者自媒体人已经走在了行业的前面。从他们的身上我们可以看到：一是对大数据的获取分析并且加以理解、消化与利用，并转变为有价值的信息；二是需要建立庞大的潜在客户群体，并通过网络的形式进行信息的传递与交流，或者说是培育潜在的客户群体，但是，首先一条就是先要把这些客户资源整合到自己的平台里面来；第三点就是常说的线上与线下互动的开展十分关键，只有在你有真正"干货"的前提下，潜在客户群体才会对你有兴趣，因为他们也有学习进步的潜在需求。那么什么样的才叫"干货"呢？你的创新产品是否符合客户的需要，或者客户的需求你如何去开发出来，这也是需要通过不断的信息交流汇总，再分析再回馈等闭环循环加以改善的，那么问题又回到了大数据这一块。

讲了那么多，其实个人觉得，无论是在哪个环节上的改进，首先就是要具备或者需要建立一个平台来将你的潜在客户聚集在你的平台里。只要归集了庞大的潜在客户群体，后面的事情就好办了。其实小米当初也是这么逆向而为的，不是先盖工厂，而是先有了客户，再由客户的需求设计下单生产。陶瓷行业更多的是需要在传统的生产与销售中"＋互联网"，让互联网成为转型的"工具"而不是成为互联网的"用具"。

2020 年 3 月 12 日

陶瓷企业宣传不要让打卡变成"打扰"

"吃了豹子胆"在《水浒传》中有出现，豹子因为凶猛而出名，豹子胆比喻的是豹子做事的行为，出乎意料的举动，让人不得不服。有时候我们以此比喻某个人需要足够的勇气去做某件事，或者是明明知道这件事情很危险而且后果很严重依旧去做这件事情。不过"吃了豹子胆"这句话带有一定的贬义，通常是形容一个人不顾后果或无顾虑地去对待一件事。

比如"五一"节前的杭州某个动物园，为了不影响"五一"游客爆满所带来的收入，竟然隐瞒了3头豹子从动物园逃脱的严重安全隐患事故。特别是当员工上报后，该企业的总经理竟然下达了"封口令"，真的是应景了那句"吃了豹子胆"。所以在企业的日常经营活动中，遵纪守法是第一要务，即使真的出现了什么问题，也是要第一时间积极正面处理和解决问题。

临近6月份，属于陶瓷行业的两场专业展会即将上场开幕。对于广大的色釉料和原辅材料企业来说，抓住机会参展以及参与观展和活动也是一件收益颇丰的事情。由于今年的原材料价格涨幅较大以及涉及面较广，而且从有色金属以及基础化工原料层面来看，大部分的原料价格上涨而且部分材料价格达到历史新高。

因此，对于陶瓷厂家和色釉料生产企业来说，寻找更多的潜在原料供应商和新材料来降低成本，将是一件必须去做的工作和事情。由此可知，今年陶瓷展会的观展需求以及企业对于原料和新技术新工艺的渴望需求是非常强烈的。

新冠疫情的发生或许加速了数字化和网络化经济的发展，使当今的经济模式产生了非常明显的变化。特别是网红经济和直播短视频等新的互联网经济成为当前最红火的行业，不少城市的网红景点或者某个特色的建筑，又或是一个人物或者食品都能成为网红主角。因而，也形成了特色的网红打卡经济。不仅仅是朋友圈，与之相关的app等，如抖音、微信视频号、今日头条、百家号、企鹅号等组成了互联网新的经济圈。

而与之相匹配的就是"打卡"经济了，似乎没有什么是朋友圈"打卡"解决不了的事情。比如到某个网红店消费的时候"打卡"发朋友圈，到某个景点游玩时必须得"打卡"昭告朋友圈本人来过。有时候感觉自己就像古代的"皇上"，一早起床后的第一件事情就是打开朋友圈进行浏览点评，有点像在批阅奏折一般。

按理来说,"打卡"的本身未必是坏事。网上有这样一种说法,在微信朋友圈可以游遍世界。万能的朋友圈总是能给我们带来惊喜和惊奇,"打卡"行为在无形之中干了不少"宣传"的事情。因为每个人的朋友圈精准的行业内"个媒"的存在,无论是个人还是企业都可以利用朋友圈来进行"打卡"宣传。作为陶瓷行业的企业来说,"打卡"是最方便和直接的低成本营销行为,需要把握好产品的定位和"打卡"的频率。适当的"打卡"行为不但可以为企业加分,而且可以让你的客户更多地了解你并成为你的忠实粉丝。特别是类似行业年会以及行业展会的时候,企业出来"打卡"就更加有必要了。

2021 年 5 月 13 日

如何将陶瓷行业内朋友圈的生意越做越大？

5月后的市场呈现出明显分化，部分出口市场逐步回暖。特别是大中板的全面盛行，熔块亮面砖的逐步退出市场，对于整个陶瓷墨水市场来说是一个重大的利好。外部陶瓷市场的逐步恢复生产，对于陶瓷墨水色素以及包裹色料的需求明显回暖。目前来看，近期出口市场的主要品种集中在陶瓷墨水色素，如钴黑、钴蓝、棕色、锆黄等品种以及包裹色料中的包裹红色料。价格方面来看，大部分色料品种今年的价格较之去年原料历史低谷期来说，涨幅在15%～25%之间。

本期的话题我们来聊聊朋友圈的生意经，互联网经济新形态下的共享经济为我们的销售人员提供了许多借鉴。如果我们仅仅是看到一些人利用微信朋友圈或者微信群卖点小商品之外，那么再高端一点的朋友圈生意同样是销售产品，但是在单位价值上更高。朋友圈生意不再局限于快消的小商品和食品类。而且朋友圈的生意范畴也不仅仅是自己的朋友圈，而是应该通过自己所处的行业来进行裂变，不经过裂变发展的朋友圈是低效率的朋友圈。

因此，我们可以借鉴不少工具来进行行业内朋友圈的拓展，比如短视频类的抖音等交友软件的智能推荐功能，只要是你朋友的朋友都是会优先推荐给你的。又比如你感兴趣的行业或者某一类的资讯，系统也会推荐给你。对于此类的智能软件来说，特别是行业内的新人，只要在每次行业聚会或者活动的时候添加对方的电话号码，就可以精准联系到更多的行业内和相关资源，如供应商资源等。

所以说，如何让自己的朋友圈生意做大和做强，主要应基于以下三点去下功夫。

第一是在互联网的各种终端接收和在媒体上提高自己的曝光度，也就是让更多的人看到你。因为每个特定行业或者地域都有局限性，虽然当今的资讯传递更加便捷以及低成本化，但是目前所有的互联网信息都是经过多次筛选和定向推送的，所以要想在特定的行业内将自己的信息推送出去是需要一定的技巧和费用的。

第二是产业链互助，如果同行之间还顾忌产品竞争，那么产业链上下游的融合互助是可行的。模式上比如不同产品之间联合租赁大办公室的模式，通过产业聚集的方式让小行业间的产品上下游企业进行融合互助，也可以通过以点带面的形式，通过行业活动或者专业的行业展会来拓展自己的朋友圈。

第三是利用好各种人际圈，近年兴起的各种商会以及各类协会都是快速打入专业圈子的最佳途径。而各类圈中的顶部热点人物或者是圈内媒体等都是行业资讯的中心交集点，我们也看到各种高端组局的兴起和类似的如行业内学院等，都是通过行业内的顶部大 IP 人物为信息的传递交集点。通过此类途径接触到的往往都是高质量的潜在成交客户资源和成交率较高的客户群。

由此看来，要想做大陶瓷行业内的朋友圈生意，无非就是要增加行业内曝光度，让潜在客户有更多的机会认识你；其次，要积极参与产业链上下游的活动，融入和打造自己的产业链互助小圈子，让生意在圈内能够立竿见影地有效果；最后，要寻找机会参与到行业内的各类高端饭局，结识更多的行业内头部人士，能够得到行业信息交集点人士的推荐。

2021 年 5 月 20 日

陶瓷圈的"共享"模式为二三线企业"组局"冲刺

不论你处在陶瓷行业中的哪个环节,今天的选择都决定明天能否继续留在这个行业。在一个行业进入稳定成熟期之后,市场饱和达峰后将进入一个衰退周期,非常幸运的是我们这代人有幸见证到这个行业从起步到发展,从爆发期进入到目前的存量衰退周期。市场萎缩是相对的。头部企业进一步地扩张壮大吸引资本进入,维持生产从资本市场得利。没有创新和核心竞争力的中小企业的市场不断萎缩直至退出,然后从上至下的各段的企业流进行二次重组筛分,未来拥有生产牌照和自有土地的具备创新能力的企业才能继续在陶瓷这条赛道上前行。

说完了大方向,那么头部以下的企业就真的没有活路或者说只能等着市场来淘汰了吗?就当前的情况来看,共享经济与共享资源等所有围绕着共享来做文章的事情,都离不开一个词,那就是有平台或者有企业主愿意出来承担义务的风险来"组局"。正如共享单车、共享汽车、共享充电宝……共享经济不仅仅局限于快消行业以及服务行业,那么陶瓷行业如何借助"共享"这个新模式来为二三线的企业"组局",用田忌赛马的思维打破常规,在新的赛道上脱颖而出呢?

正如前面所讲到的,"共享"的基础是大家都能得利,但是前期组建模式和搭建平台是需要有责任心的企业来担当的,当然前期也是离不开"烧钱"的。而且单就市场来说,如陶瓷色釉料行业,未来可以在抛釉和岩板黑这两个产品上面进行"共享"组局运作。为什么我在这里不是说"组队",因为组队在形式上类似组织的模式可能存在个体职务上的差异。而"组局"的形式倾向于单个产品的组合以及企业、个人都可以参与,按照提供资源的份额来分配利润。各企业的组织和个人的经济行为不受单个"组局"项目的影响,但是能够通过组局来分配到资源,比如固定的订单、专业的售后服务团队、无忧的账期保证等服务。

因此可以预见的是,纵然是头部企业在不断扩张和压缩二三线等企业的生存空间,但是只要找到一个合适以及合理的运作模式,通过资源的整合和单个项目的"共享"模式"组局"运作,中小企业结合自身的资源优势通过企业之间的互联,还是有很大发展空间的。未来的陶瓷行业必然是一个高度的资源共享的资源圈经济模式,融入不同的以陶瓷厂家为中心的资源圈,才能让自己的企业获得更加长足的发展。

2021年7月29日

第十四章　行业热点与新媒体营销

陶瓷行业能与"元宇宙"擦出火花吗？

最近新闻上频现"元宇宙"这个词，包括在社交短视频的一些平台上也是会经常刷到一些相关的介绍。互联网行业的新一轮变革正在暗潮涌动，几大国际互联网公司更是投入巨量的资金来研发和发掘这一新概念。对于目前陷入岩板困境的陶瓷行业来说，会不会在"元宇宙"这个系统下获得一些新的创新和灵感？个人认为还是大有可为的。当今的陶瓷行业，无论是在品牌宣传，还是企业内部的经营管理，还有生产线方面都是充满了互联网、物联网等元素，而且更多地将新媒体和网络数字等技术应用于陶瓷的各个方面。

元宇宙虽然备受各方关注和期待，但同样没有一个公认的定义。准确地说，元宇宙不是一个新的概念，它更像是一个经典概念的重生，是在扩展现实（XR）、区块链、云计算、数字孪生等新技术下的概念具化。其基本特征包括：沉浸式体验，低延迟和拟真感让用户具有身临其境的感官体验；虚拟化分身，现实世界的用户将在数字世界中拥有一个或多个ID身份；开放式创造，用户通过终端进入数字世界，可利用海量资源展开创造活动；强社交属性，现实社交关系链将在数字世界发生转移和重组；稳定化系统，具有安全、稳定、有序的经济运行系统。

对于陶瓷行业来说，目前元宇宙仍处于行业发展的初级阶段，无论是底层技术还是应用场景，与未来的成熟形态相比仍有较大差距，但这也意味着元宇宙相关产业可拓展的空间巨大。我们可以想象一下，未来在家戴上眼镜就能互动式地看到设计公司的整体家居设计方案，还能在家身临其境地参观陶瓷生产线，以及亲身参与到瓷砖的花色纹理等自定义式的个性化在线生产等。而对于新媒体行业来说，让客户不再静态被动式地接受广告营销活动，而是可以互动交流以及身临其境地感受品牌与产品，升级单一的文字加音视频广告模式，转向多维度的交互式以客户体验感为感知的新媒体时代。

2021年11月18日

数字化时代陶瓷行业资源共享落地将更加丰富

在新媒体时代，因为疫情的影响，我们所处的经济环境都发生着巨大改变。客户和生产厂家之间的关系也在发生着潜移默化的改变。不难看出，越是市场行情差的时候，不少企业的广告宣传投入反倒丝毫没有减少，甚至还有增加。中小微企业在打造软实力方面确实也面临着诸多困境。周三，吃完午饭去隔壁朋友公司聊天，刚好撞见有客户在他公司商谈一些事情，结束时朋友顺手指着墙上的荣誉牌匾向客户讲解起来。按照他的说法，类似一些什么标杆企业等媒体发放的牌匾基本上都是花钱买的，反倒是客户，比如科达给自己颁发的"优质供应商"等称号的含金量更高，至少代表着自己的企业在与同行业内的龙头企业做生意。包括某个行业协会领导所讲的，以往协会提倡的口号是服务行业，当下的转变是服务会员、服务企业。可见，未来包括协会、媒体等机构，都必须围绕着如何服务好自己的会员或者客户才是王道。

当今，我们讲的最多的还是数字化。无论到哪里，相信只有数字才是最直观的表达，比如今年的行业内某个大会，对比之下不少行业内的人士越发觉得当年请的郎咸平过来确实打响了第一炮。如果只是简单地罗列数字和讲述数字的来源，正如一位朋友所说的他都可以照着 PPT 去讲。特别是讲宏观经济这么大的话题，一般人也是讲不来的，所以更需要结合我们陶瓷行业本身的特点，结合行业的情况来对比分析，相信这样会更加地让人愿意和喜欢去听。这也说明，术业有专攻，活到老学到老，像行业领头媒体每年邀请一些权威人士来给大家讲讲宏观经济形势和行业发展展望都是非常好的事情，大家都应该去支持。

数字化让我们陶瓷行业的今天更加融合，产区之间的互动以及企业和技术的创新交流更加便捷和市场更加透明化。而新媒体对于行业上下游企业的整合和平台搭建交融将会展现出更多的具体落地项目，而不仅仅是花钱发个牌子的事情。服务行业和为企业提供更多宣传之外的服务，将是未来新媒体行业所面临的新机遇与挑战。包括当下正热的直播带货、企业资质认证等项目服务，还有产业园区建设和商业地产的招商引资等，赋能的新媒体借助数字化和网络将会有更广大的服务企业的空间和能力。

2021 年 12 月 30 日

陶瓷营销还得看"大角鹿"

陶瓷行业有个很奇怪的现象，大的一线品牌厂在不断地创立新的二线品牌。小的陶瓷企业做贴牌或者是根本不在乎自己是否有品牌。前几天一个朋友说自己公司的产品太贵，定位太高端，企业主拍头决定再创立一个新的品牌，就是换汤不换药价格降一半，尽量把基于价格考虑失去的那一部分市场给抢回来。如果同一企业同样的产品，只是更换了包装之后只为降价抢夺下沉市场，不得不说，这样的品牌企业迟早会被玩坏。产品与品牌的关系应该可以理解为，产品是品牌的生存基础和情感载体。产品满足消费者的基本需求，只有产品被认同，才能不断地塑造品牌。因此，在品牌的塑造过程中，产品是生存基础和延续保障。品牌所要传递给消费者的价值观和自身的特色是通过产品来体现的，也是以此来与消费者进行联系的。要使消费者认同品牌，首先得让消费者认同产品，必须让消费者真实地体验到和体会到产品是值得信任的。

品牌最直接的作用就是在消费者心中占据地位，影响消费者在选产品时的想法。现在的消费者越来越中意有品牌的产品。同种价位的产品，他们会认为有品牌的产品更有价值，更值得信赖。据了解，大角鹿从2019年起便聚焦深耕超耐磨瓷砖领域，开创了中国超耐磨瓷砖新品类；紧接着在2020年革新推出第二代产品——微雕超耐磨钻石釉，有6000转以上的耐磨指数与A级防滑性能并刷新了当时的瓷砖耐磨度表现；全新第三代产品集结了独创的柔光肌肤和超耐磨钻石釉两大专利技术，解决了耐磨性和不易清洁的问题，触摸的感觉细腻温和。说到耐磨砖时第一想到的就是大角鹿这个品牌，这也是大角鹿在"超耐磨"大理石瓷砖这个品类成功打造出品牌影响力的成功案例。

可以看出，品牌与产品的关系是相辅相成的，先有产品再有品牌。选好所在领域的单一赛道产品一炮打响很关键。品牌初期的硬广和展会投入也是非常关键的，通过频繁多见和行业专业展会等展示平台，让消费者能够直观地看到品牌。其次，通过消费者参与现场活动亲身感受产品的特性也是非常实用的办法。通过群众口耳相传的形式来传播品牌产品，能够更快地打入中低端追求性价比的消费者群体。因而，除了上述的具体推广办法之外，产品定位以及消费者群体定位是品牌塑造过程中前期需要重点关注的关键点之一。

2023年6月15日

科达与国瓷康立泰强强联合"1+1>2"

陶瓷行业洗牌与兼并可能是未来一段时间会经常出现的事情，具备渠道或者是产品等技术优势的中小企业更是资本等关注的重点对象。例如行业内陶机巨头科达制造以2.64亿元的价格，收购国瓷材料控股子公司国瓷康立泰的40%股权。此次收购完成后，科达制造的陶机业务将得到赋能和延伸，有利于加强科达制造与下游客户之间的互动，增强科达和客户之间的黏性，通过产业链协同效应，助力陶机业务增长。通过此次交易，国瓷康立泰有望借助科达制造在海外的广泛渠道优势，推进其海外市场的开拓，进一步提升其综合实力。由此可见，这肯定是一种陶瓷行业内强强联合，最终所产生的效应肯定是"1+1>2"。

科达制造布局陶瓷原辅材料行业早有迹象可寻，其2022年年报中就提出自2023年起，科达制造将争取5年内实现陶瓷机械业务的"百亿目标"，在保持建陶装备强有力的竞争力的同时，向非陶瓷行业进行延伸，形成60%陶瓷机械装备、20%配件及耗材等陶瓷关联产品、20%陶机通用化装备（应用于石材、洁具、耐材、铝型材等其他领域）的业务结构，并成为"技术驱动、成本领先、供应链全球化"的陶瓷机械高端制造引领者。从装备供应商转变为全方位服务商，逐步实现陶机业务百亿目标。而作为国内两家上市色釉料墨水企业之一的国瓷康立泰来说，国内墨水市场内卷严重导致利润率不高，应收账款较多。虽然两家上市企业市场占有率早已超过70%，但是后期无论是哪一家都存在增长乏力的迹象。因此，通过本次强强合作，为伯陶墨水在国外市场的增长注入强力支撑。

陶瓷行业以往的收购与兼并等合作，更多是在自己所处的领域内的收购与兼并。包括色釉料行业内的两家上市企业，原先收购兼并行业内的墨水企业以及干粒等企业都是在所处的领域内的资源的整合。而对于产业链上下游或者是跨领域的资源整合商业行为，相信在未来一段时间还会上演。资本肯定是趋向于利益化和产业的布局，对于中小微企业来说，除向"专新特精"型企业靠拢看齐之外，如何练就好内功和提升自身的综合竞争力，未来被上市企业兼并或者收购未尝不是一条可行之路。

2023年8月10日

茅台酱香咖啡给陶瓷营销带来的启示

如果不是亲眼所见,我是万万不敢相信,白酒竟然能够与咖啡合体成为一款深受年轻人追捧的饮品。的确印证了那句话:在商人眼里,只有你想不到的办法,总有解决问题的方案。似乎没有什么敢不敢的,因为只要你能够找到需求点,总是会有消费者来为你的创意买单。

茅台的这番操作,让我不禁想起早些时候茅台还推出了自己的冰激凌品牌,果然是 A 股榜一大哥的豪迈,不仅要跨领域创新联合开拓新市场,还有 1+1>2 的创新思维。这也让我联想起陶瓷行业这些年一些企业之间的整合与兼并。其实看一个行业的发展趋势如何,多看看这个行业的龙头企业在做什么事情,也就能大概看出一个方向。比如说陶瓷行业的头部企业,投资房地产、文创等方面,还有新能源等。又比如色釉料行业的企业,延伸产品至其他行业,甚至投资餐饮、教育等行业的都有。还比如机械设备企业与色釉料墨水企业之间的合作,更多是行业内产业链上下游的资源整合,就如同茅台与瑞幸的整合是饮品与饮品的叠加创新。

从茅台与咖啡的结合来看,之所以能够火爆不乏以下几个要素。第一是新鲜感,白酒加咖啡之前也有人想过,可能也有人干过。但是两个大品牌的联合明显产生了 1+1>2 的市场震撼感。第二是作为白酒之王的茅台,可能是不少年轻人少有喝到的,但是降维整瓶变成整杯卖之后,至少价格上能够让占消费主力的年轻人群所接受,因而成为喝得起的产品。第三就是社交圈的传播厉害之处,朋友圈的刷屏让众人有从众的心理,特别是对于年轻人来说,似乎不点上一杯茅台咖啡发个朋友圈,感觉自己都跟不上潮流了。

2023 年 10 月 12 日

短视频时代流量代表财富，思路决定出路

前段时间看到微信圈中的一段寄语是这样说的，希望今年是未来十年里最好的一年。新冠疫情的时候人人都在抱怨挣钱很难，疫情后却发现不知道什么能挣钱。是不是很惊奇地发现，不仅仅是自己从事的陶瓷行业生意不佳，连带着周边的朋友都在诉说着这是从业十多年以来最差劲的一年。有好有差，市场总是二八定律，还是有一些企业在逆势增长，但就利润而言肯定是没有往年风光。坐拥全球最大的陶瓷内需市场，相对而言办法总比困难多，如何在这缩量市场中，探寻新的突破点是当前企业所面临的最大挑战。

千万不要以为陶瓷产品冰冷，不适合直播带货，又或者是家装个性化需求很难通过线上销售。新媒体时代让消费者可以更加便捷地获取资讯，同时也为更多的品牌企业提供了更具性价比的推广渠道。当前几乎所有的陶瓷品牌企业都有自己的公众号，还有专门的视频号、抖音号等运营团队。如何有效地获取流量是每个账号运营主管每天思考的问题，如何将瓷砖跟火爆话题关联起来才是最让人头疼的。特别是热门话题往往上榜时间短暂，如果不能创造热门话题，那就复制或者傍身热门话题来做视频也是个不错的办法。

一直以来，无论是生产产品或者是创作作品，坚持原创是比较难的。短期来看，复制和模仿是可以部分引流以及制造出小热门产品的，但是无法引领或者占据热门。当前陶瓷行业内媒体从纸媒转向微信公众号，再倾向于视频作品的创作只是其中一个方向。传统的文字内容创作依旧是媒体的主要意识输出途径，视频作品则更加容易传播，毕竟能够坚持看完一篇完整文章的读者不多了。

2023 年 10 月 26 日

… 05 …

痛点分析与标准制定

第五部分主要讲当前陶瓷行业所面临的痛点问题以及相关的标准制定。原料标准化的目的最终是打造陶企绿色健康采购，切实降低陶瓷的采购成本。其中第十五章主要讲行业账期过长所引发的连锁反应，以及由账期过长所导致的爆雷风险现象。第十六章主要讲行业内的一些潜规则和对于当前由房地产所引发的系统性风险的控制与如何去规避财务风险。第十七章主要讲行业内标准制定的问题、对当前行业内潜在危机的分析，以及对于陶瓷原料商等投机倒把活动的剖析。

第十五章　账期问题与观点

账期问题永远是原料商的"痛点"之一

陶瓷行业中的账期问题一直困扰着原料供应商及其上下游供应链，而且每年陶瓷展会期间的论坛活动以及陶瓷色釉料辅料行业年会也经常提及这一行业痛点问题。账期问题不能只提及陶瓷企业的霸王条款及无理由延期付款，同时也有原料供应商企业之间的无序竞争和引发的内卷问题。陶瓷行业要解决好账期问题，必须从陶企和原料供应商两方同时入手，提倡阳光销售服务及行业自律管理，坚决抵制无序竞争和毫无底线的价格战行为，减少行业内卷，共同营造和谐健康的陶瓷行业发展新格局。

从笔者近期所走访的情况来看，目前大多数陶瓷色釉料生产企业都面临着上面说到的问题。特别是我们陶瓷行业呼吁了多少年的及时付款问题不但没有好转，反而因为生意难做而变得更加严重。如笔者所经历的情况是，原先的大宗原料厂家，如氧化锌等，之前做色釉料的工厂基本上要求付款方式为月结，但是因为更多贸易商的竞争导致同样的价格出现可以延期几个月支付货款的付款方式。因此，不少陶瓷色釉料企业出于流动资金短缺的原因，只得通过采购可以延期支付贷款的贸易商的货，变相达到融资的目的（当然也有一些买家是为了压低价格而故意延期支付或拖欠）。而对于陶瓷厂来说，更是将这种延期付款方式发挥到了一个更高层次，因此，陶瓷行业的恶性循环就是陶瓷厂家压色釉料企业3个月的货款，色釉料企业进而延期至少3个月来支付原材料供应商的货款。当市场进一步恶化时，供货方在利润已经无法可降的时候，只能通过延期支付货款的方式来提高竞争力，这也是做生意中最危险的办法，因为这种类似击鼓传花的游戏，无论谁最后接棒或者源头陶瓷厂经营上有任何风吹草动，大批的原材料供应商都将面临着破产的风险。

再过一个月就是农历新年了，陶瓷行业内的几家媒体已经曝出不少陶瓷企业今年将提前一个月放假。虽然目前行业内人士对于来年的市场保持着乐观的看法，特别是今年不少陶瓷厂家将瓷片生产线改成仿古砖生产线（对于色釉料企业来说，仿古砖的盛行意味着色釉料的需求会有一定的增长），但是陶瓷墨水逐渐普及对于传统色釉料市场的冲击在2015年显现得更加明显。特别是2015年国家再次放开稀土出口配额后，国外陶瓷生产商也能更容易买到价格合适的氧化镨产品，而之前在出口市场占据一定优势的锆镨黄产品也将逐渐丧失价格优势。笔者以为，作为传统的色釉料企业，一方面要在釉料方面寻求突破，另一方面就是要做好传统色料产品的升级，如通过砂磨机深加工传统色料做成墨水色素，而且陶瓷墨水色素将是今后传统色料的一个重要组成部分。

2016年1月8日

账期长短取决于陶瓷行业是否正常运转

"时间都去哪儿了，还没好好享受就老了"本是一句歌词，但是想想自己的上一辈人，的确是这般写实，辛苦了一辈子，但是到了可以享受的年龄时，很多人却还要继续奔波。前几天在车上听广播说，上海决定返聘"银发"老出租司机，说是为了缓解当前的出租车司机短缺现状，不是说这个岗位没有人去干，如同笔者前几天在广州打车的时候听的士师傅说，现在上交公司的份子钱是每月一万块，还不算其他的零碎费用，平均下来每天中有半天时间基本上是为出租公司打工，而且两个师傅轮换早夜班为的是不能浪费和耽误时间。如此看来，即使是年轻力壮的青年人体力都要透支，更不用说银发老人了。开篇说了这么多，不为别的，就为我们这些辛苦劳动，靠自己双手来解决一家温饱的劳动者点个赞。特别是那些奋斗在生产一线的员工，他们忍受着陶瓷厂一年四季的高温和高粉尘工作环境，要我说那些拖扣工人工资的企业负责人还真是"黑心"企业主。

陶瓷行业前几年的盲目扩张，为今日的各种问题埋下了隐患。近日，江西某陶瓷厂发生了工人讨薪事件。拖欠工人的工资是一个方面，对于原料供应商来说，估计跳楼的心都有了，作为一家曾经也算是红火过的陶瓷厂，高峰时的相关原料用量也是让原辅材料供应商挤破头都要挤进去的，根据朋友中的传闻，仅佛山地区的机械原辅料供应商的应收货款已经是一个不小的数字，因为在早前有传说欠款总计可达4亿元，但是因为还涉及民间借贷等，资金规模预计超过6亿元。

当然，每次遇到这样的事情，工人的工资问题一般都可以得到优先和圆满的解决，毕竟陶瓷厂的固定资产在那里放着，虽然不排除早已亏空的情况。陶瓷行业有一个很不好的现象就是陶瓷厂的一般资金来源于压原辅材料供应商的贷款，如同上一次佛山附近的某家陶瓷企业倒闭停产时清算，仅仅是拖欠饭堂送猪肉的供应商货款就达到200万元，煤炭供应商的货款一般是千万级别的。现在的情形是许多陶瓷厂都是由几个私人企业主承包下来，然后就找大量的原辅材料供应商，一般的原辅材料厂家都是压货款3个月以上，大部分的陶瓷厂家在6个月以上，如此一来，工厂里面使用的原辅料基本都是原料供应商的未付款货物。陶瓷厂家只需要找上几家同种原辅料供应商，基本上就像是拿到3张高额的信用卡，用着免息的资金在生产，而销售回笼的资金又拿去做别的事情，这种貌似击鼓传花的游戏，危害大，社会影响力非常不好。以至于当笔者转发媒体的这条江西某陶瓷厂的新闻到朋友圈时，收到最多的回复是：只有这种厂早点倒闭，陶瓷行业才能健康发展。当然，这种说法有点走极端，但是回头想想，如果陶瓷行业任由这种付款方式发展下去，下一个类似事件出现就为期不远。

每次看到类似的陶瓷厂倒闭或者是因为资金的问题停产时，笔者的心情都是很复杂的。第一是觉得社会影响不好，毕竟涉及的工人面较广，很容易引发群体事件。第二是对原辅料供应商的伤害最大，虽说卖到陶瓷厂的利润空间可观，但是一旦压款周期内没有收回成本，所有的高利润都是负数，对于资金不充足的中小原料供应商来说更是灭顶之灾。第三就是说了很多年的压款问题并没有因为这几年不断有厂倒闭而得到改善，当然，这个压货款的事情不是几个企业或者几个人倡议一下就能解决的，只能以这种缓慢的割肉式的市场手段来引起陶瓷人的共识，当真到哪天行业回归正常的付款周期时，相信陶瓷行业的春天又会回来的。

2016 年 4 月 12 日

天冷请"关门"之供应商的痛点

立冬之后的佛山明显感觉到"冬天"已至的寒意,特别是下午五点半之后感觉天已黑下来。突然想到"石湾一支笔"老许同志,任何事情贵在持之以恒,如此想来"石湾一支笔"真不是盖的,人家是肚子里面全是墨水。就拿我自己来说,原想着推掉另外一家报纸的专栏,专心写好《创新陶业》报一家的文章,坚持了半年不到,找了些理由没有按照当初的愿景来完成"任务"。昨天下午,一个干陶瓷技术十来年的朋友来办公室说是道别,讲起现在技术工作难做,生意也不是很理想,准备回四川老家做建材方面的买卖。另外一个朋友晚上约吃饭,讲的也是一些关于收钱的事情。年底了,预料着陶瓷行业有些朋友的日子不好过,前几天的微信群里还在传两家陶瓷厂车间着火的视频。寻思着行业经验来看,这些厂的供应商估计是有点小麻烦事情扛着过年了。

昨天中午,众陶联的工作人员打电话,说是让提一些关于陶瓷行业的痛点、建议与推荐创新创业相关企业参加该平台的一个赛事。其实说到陶瓷行业的痛点,笔者以为供应商应该是有切身体会的,特别是在去年的陶瓷厂倒闭风潮中,不少原料供应商是大伤元气,有些供应商朋友更是倒下去,一蹶不振就没有了消息。笔者认为,从供应商的角度来看,陶瓷行业的痛点无外乎以下三点。

一是关系复杂,账期不定。

作为陶瓷厂家的原料供应商,关系复杂不仅仅讲的是一些中小型陶瓷企业,一些知名大厂名义上是"阳光招标",私底下也是"暗箱操作"。就比如行业内的某个企业招标的时候,把标准样板放在采购部的门口样品架子上,所有参选供应商都有资格随意取样对板,然后陶瓷厂会组织所有对上该样板的供应商进行不公开报价。按理来说,价优者中标或者是最低价者中标,但是实际的情况是即使你中标了,通过了价格第一关,后面还有送货检验这一关。有些供应商以为只要价格便宜就是"铁板钉钉子",但是送货后可能检验不合格遭到退货,如果接连退货了两三次,估计这个厂基本上是对你关上了"大门"。正是因为部分原材料本身就是"非标"的,在没有国家或者行业标准的前提下,企业标准就是最高标准,而企业的最高标准又是谁制定的呢?其实,在什么样的检测前提下检测和检测方法如何,目前完全是由陶瓷企业的技术员或者品管员说了算。

账期不定不是最坏的消息,供应商最怕的是企业倒闭或者是停产。在付款问题上，佛山地区的大部分陶瓷企业还是挺讲信誉的。比如讲好对单时间后3个月或者是6个月，或者是12个月付款开期票，这些都是可以理解的。为什么？因为供应商的报价是根据成本和付款周期来核算的，陶瓷厂付款周期越长里面包含的压款利息就越高。这也是为什么有那么多供应商愿意"飞蛾扑火"地去为陶瓷厂"填洞"的原因之一。简单的理解就是，3个月应付款加价25%以上，6个月应付款加价50%，12个月基本上是"天价"了。试想愿意花翻倍的价格让你赶紧送货过去的陶瓷厂还真的需要留个心眼儿。当然，像部分企业付款准时的，供应商通常只是每延长1个月收款便加收3%的利息进去。

二是材料波动，价格难扛。

看看股市的大起大落造就"富翁"和"负翁"的速度，就知道材料贸易商为什么对年底价格波动充满期待了。如果你从事陶瓷行业超过十年的时间，那恭喜你至少见证了陶瓷行业的两次"超级大乐透"派奖活动。第一次是2008年的大宗商品及有色金属的大爆发，特别是稀土元素的暴涨让不少囤积了氧化镨的原料商大赚一笔。据笔者所知，身边朋友就有两个人因此赚了一个千万元，一个500万元。第二次是2015年的有色金属，先是暴跌，跌幅已经重创了生产企业的成本线，不少企业开始停产保本或者是亏本生产。如陶瓷行业常用的金属单质锑76%含量的价格每吨从35000元跌至21000元，稀土氧化镨每吨也在27万元盘整了很长一段时间。如果这些稀缺资源的价格都背离了时间价值，可见实体经济的情况已经十分糟糕。依据陶瓷行业的"操作指南"，有色金属每年年底都会有一次波峰操作机会，就以今年来说，目前氧化锌已经涨价每吨2000元左右，氧化铝的涨幅可能突破100%，氧化钴和氧化锑的价格还在继续上涨。本轮涨价的推手是煤炭价格上涨100%，及环保执法加强导致产能减少。

涨价在部分厂家看来是"好事"，但是作为釉料生产商来说则是"挑战"。利德嘉负责采购的陈总给笔者算了一笔账，按照企业每月需求煅烧氧化锌300吨计算，仅仅氧化锌的额外成本即增加60万元，煅烧氧化铝的成本增加40万元，还不计算因为燃油价格上涨导致的运费每吨上升20～30元。在对陶瓷厂客户很难提价的前提下，企业出货量越多则亏损越多。类似这样的企业有许多，保客户和舍利润这个选择让不少企业主痛苦不堪。

三是百花齐放，套路太深。

这几年陶瓷行业的"新产品"更新速度让人眼花缭乱，陶瓷墨水进入稳定期，大企业在不断扩大产能，小企业在不断关门与新开。陶瓷墨水市场经过几轮洗牌之后，剩下的只有一对"大王"在PK。陶瓷墨水价格的一路下行，让中小企业逐步退出市场，也让之前在门外犹豫不决的企业选择放弃陶瓷墨水市场。当然，也有一些"不怕死"的企业弄了几台机器在过着"小资"的日子，但是前景依然不被看好。"全抛釉"的三哥"金刚釉"目前成为釉料企业的救命稻草，但是市场在经历了几轮洗盘之后，之前玩得很嗨的"大哥"赚足了银两已开始逐步撤退，后面跟进的色釉料企业面临着一个很纠结的问题，即在利润不断下滑的前景下，投资战线不断拉长，要么需要卡掉一些项目以保存实力，要么还要继续选择玩"击鼓传花"的游戏。

干混色料的情形也不容乐观，据说是防污环节不过关，再就是在金刚釉和大理石夹击下的生存空间十分有限。市场的需求是产品的生命线，在某个大型企业接完出口订单准备停产之后，后进的企业是否已经打开销售通道，以及市场是否已经愿意为之买单，还是一个需要考证的漫长过程。但是企业需要生产产生利润之后才能生存下来，之后再考虑这些经营问题，如果说选择了错误的方向，那是非常严重的问题。

通过最近的走访，笔者听到的消息是好坏参半。对于不少色釉料企业主来说，目前的市场行情其实是一种折磨人的盘整行情，也可以说是阴跌行情。已经赚到钱的和年纪大了的企业主开始选择退出"江湖"，而进入"江湖"的新秀派且投入了前期所有身家进行扩大家业的企业主则是忐忑不安，因为市场萎缩、利润下降，需要不断扩大产能，抢占更多的客户资源才能维持"工厂机器"的有效运转，但是风险也是在滚雪球般地变大。当然，我们也看到更多的年轻人不断地投入到这个行业，在新的机遇面前寻找新的商机。

2019年12月20日

2020年新冠疫情下原材料供应商的自我救赎

2020年新冠疫情下的陶瓷行业或许并没有大家想象得那么艰难，或者说即使没有这次疫情，陶瓷行业今天似乎也到了一个迭代升级期。陶瓷行业的第一代创业者或者说获得了时代改革红利的部分幸运儿，在陶瓷行业的机械技术升级、产能规模扩张、房地产红利等几波大发展周期中，所创造的富豪数字或许在我们从业者的身边都是真实存在的。做实业本身存在着很多不可控风险，比如这段时间的煤改气等都是可以左右一个企业命运的政策措施。因而不少人可能会觉得做贸易公司的优势就是轻资产、人工费用低、市场转换快、产品经营可以多样化，似乎与生产厂家之前只差一个工厂的区别。但正如笔者曾经的领导说的，你做贸易没有一点优势，与厂家比较，你价格肯定没有厂家的便宜；用代理商作对比，你的收款账期又没有代理商长。如此说来，似乎做贸易的根本就没有存在市场的理由了。

而当前行情下贸易商能够生存下来的理由无外乎以下几点。

第一，凭关系做生意。什么是关系？中国的国情一定意义上就是人情社会，你帮我，我帮你。在价格相差不大的前提下，通常都会用"熟人"的货。而且陶瓷行业的不少企业主在创业初期资金实力不是特别雄厚，因此不少色釉料企业，甚至是陶瓷厂家都有1~2个支持自己力度较大的原料供应商。只要这个企业能够正规经营、不踩坑的话，基本上还是能挣钱的，而且色釉料行业的企业负责人都是比较讲感情和诚信的，通常对于支持过自己的原料供应商都会优先考虑而很少替换。

第二，贸易公司真正做得好的基本上都是相对专业的公司，比如只经营1~2种产品，而且对于产品的本身性能也是非常了解。这样就可以做到根据客户的产品需要，针对性地推荐合适的原料给色釉料企业或者陶瓷厂家，既可以降低采购成本，又可以保证或者提供产品的性能。这也是未来厂家或者贸易公司的发展趋势，即销售人员向销售工程师的转变，只有业务员自身通过不断地学习，提高对产品的认识和理解，向客户提供专业的方案和产品，才能留住客户，并为客户创造价值，实现持续的合作与发展。

第三，目前市场中最普遍的贸易公司就是拼资金实力型的企业。特别是对原材料贸易公司来讲，其生存的空间本身就是通过分摊生产厂家的财务风险，介于生产厂家与使用客户之间的中介性质。陶瓷行业的付款潜规则是当前大量贸易公司赖以生存的因素之一。而贸易公司在前几年，通过较长的账期和囤货做行情还是有利可图的。特别是当前陶瓷厂家的付款情况在今年看来更加严峻，以往3个月能够付清的都是较好的厂，今年6个月能够结清的都是优质客户了。较长的付款周期为整个相关的陶瓷配套及原辅材料供应商圈子埋下了不少"隐患"。而有色金属行情因为疫情的原因，不少有色原料价格一直下跌，对于去年囤积了氧化铬绿和氧化锑的贸易商来说，氧化铬绿从去年高峰时的每吨33000元跌至目前的现金价每吨19000元，对于年前和年后囤货的贸易公司来说都是苦不堪言。目前来看，氧化铬绿价格似乎已经探底，进口铬矿也微涨，不排除未来1~2个月内氧化铬绿价格回调上涨的可能。

作为陶瓷厂家配套的色釉料及原辅材料供应商，一直以来都是弱势群体。比如有些陶瓷厂家找各种理由来打折货款，或者是明知自己企业快不行了，还找原料供应商去垫底。总的来说，原材料供应商还是希望材料价格行情稳定，不要大起大落，因为只有陶瓷厂生意好，自己的日子才好过。

2020年7月31日

陶瓷行业的"钱"为什么那么难收？

"陶瓷行业的钱为什么难收"其实是一个伪命题，不仅仅是陶瓷行业的钱难收，时下国内各个行业都存在这样或者那样的困难。正如之前在网上看到的一个视频中所讲的，有些人做生意是按照单件的利润来算，有些人做生意是按照一笔来算收益，还有些人不会去计较时下的每一个订单利润，正所谓贵人捞一把，后面啥都有。

有时候，无论是在生活中，还是在生意中或者是在工作中，能够遇到贵人都是一件可遇不可求的事情。有些地方的人出门做生意都是对亲朋好友老乡等帮扶拉带，而有些地方的人做生意却是对老乡或者亲朋好友坑蒙拐骗。做人一定要懂得感恩，而且要始终带着一颗感恩的心去帮助身边的朋友亲人，或者是大义一点去帮助需要帮助的人。

每次谈论到"钱"的话题都会让人比较抗拒或者说是戒备。请你想一想，最近一年借过钱给什么人？别人有没有按时还给你？或者是没有如约偿还但是提前跟你坦诚沟通了新的偿还时间。上周在微信朋友圈看到好几个行业内的朋友在催收欠款和货款，由此想到，问题的根源还是在于老生常谈的账期问题。

我们看待问题一定要从辩证唯物主义的角度去思考，陶瓷行业的账期问题应该是区别地去看待，这里面主要存在以下三种情况。

第一种应该属于"周瑜打黄盖"性质的，一个愿打一个愿挨。比如化工材料也好，还是色料墨水也罢，特别是工业级别的产品，如煅烧氧化铝等资源垄断性产品，由于生产企业有限，所以出厂价格等都是统一的。那么如果是厂家对厂家的话就不存在任何问题，有些资金链比较充裕的陶瓷厂家就愿意拿现金去进行采购，但是作为部分贸易商来说，其主要依靠的是价格波动上涨的行情以及批量走货来提高整体利润。因而对于陶瓷企业来说，同等价格、同等质量的情况下，贸易商愿意给厂家账期的话，陶瓷厂家还是愿意找贸易商来供货，因此应该算是贸易商自愿地把钱压到陶瓷厂家来换取市场。

第二种情况，更多的是类似于变相的融资形式。陶瓷制品从生产备料到出货的周期是22天左右，陶瓷厂家拿着经销商的现金在手上，一部分用于原料采购，一部分用于生产经营、人工等费用开支，还有一部分的货款其实是看不见的。原料供应商同陶瓷等厂家约定好固定的账期后，依据双方认可的成本价基础上，根据账期的长短来把融资的利息加上去。现在不少企业都是通过将自己的利润打包成几份，比如一年的利润如果有50%，那么自己主要拿走其中的25%，剩下的25%按照一年的账期，即供应商的原材料每6个月收一次款，在原有的价格上再加上12.5%的利润，大概类似这样的操作。

行业内不少原料供应商由供应商变成客户公司的"投资股东"也就是这种情况。这种合作模式的好处就是厂家不用拿全部的资金出来，只要有启动资金和厂房等就可以运作。对于贸易商来说，与生产企业达成变相的投资关系，可以稳固自己的客户和稳定市场销量，坏处就是一旦后端的生产型企业出现任何经营风险，很难保障收益和资金的安全。

第三种情况，就是霸王条款式的不对称的协议。对于色釉料等原辅材料行业来说，在陶瓷行业里一直属于弱势群体，而对于垄断性的和特别有价格成本优势的产品来说，可以做到先款后货，但是对于目前整个行业供过于求的现状来说，企业之间的价格战将导致整体利润的下滑。还有就是企业之间的账期也列入了价格战的选项，部分陶瓷企业或者色釉料企业之间通过比谁的账期长引以为荣，个别陶瓷厂家设好坑让色釉料企业跳的情况也时有发生，比如第一笔给现金，后面再来一个大订单，然后就开始以批款为要挟继续供货，直到这个供应商供到资金链承受不起断货为止，后面再来收款也是存在很大的难题。

综上所述，陶瓷行业的"钱"不是难收，也不完全是陶瓷厂家一方独霸的专利。生意本身讲究的就是合作双赢，你要想着赚别人的钱，别人还盯着你口袋的钱。所以江湖还在，只是江湖的人在不断更迭轮换。一开始就想着试图去改变整个行业的人都是幼稚的，你可以尝试先从改变自己身边的朋友开始。

2020年11月19日

陶瓷岩板黑标准制定与岩板黑市场乱象剖析

"不是所有的牛奶都叫特仑苏",出自特仑苏品牌广告语,意思是"这不是一般的牛奶,而是金牌牛奶,是独一无二的优质奶"。因而回归到色料行业来说,不是所有的坯黑都能叫"岩板黑"。岩板黑市场的混乱现象以及价格与品质的参差不齐,已经严重影响了陶瓷厂家作为客户端的用户体验感。而作为色料企业来讲,品质优异与成本较高的岩板黑产品与中低端的坯体黑色产品同台竞技本身没有问题,但是由于岩板品种以及坯体体系的不同要求所导致的对于岩板黑色也有差异。因而出现正版岩板黑能够上下兼容,但是在低端市场不能与普通坯体黑色同等价格,陶瓷厂家生产部分产品时,发现以往使用每吨3万元的岩板黑,现在使用1万多元的"岩板黑"也能使用的现象,进而对于色料企业产生不好的影响,对岩板黑产品与普通坯体黑色存在概念模糊的现象。所以,对于岩板黑生产企业来说,通过制定岩板黑标准从而为岩板黑核定市场价格是有一定帮助的,特别是能够让陶瓷企业消除对于岩板黑市场价格乱象的误解。

陶瓷岩板标准的制定为岩板黑标准的制定提供了参照物标准。所以,由广东陶瓷协会牵头组织,50多家单位参与编写的团体标准《陶瓷岩板》(T/GDTC 002—2021)经审查、批准,于2021年7月8日正式发布,自2021年8月1日起实施。那么,对于岩板黑来说,制定团体标准的时机已经成熟,可以说是已经有锚定的产品标准了。对于"岩板黑"来说,根据岩板标准对应地制定细分的岩板黑等级是十分有必要的事情。从发布的陶瓷岩板团标来看,该标准有两大特点:一是提出产品分级概念,以促进产业升级,提高产品附加值,满足不同消费者的需求;二是在规定产品性能的方面除了要求使用性能达标外,还要求产品加工性能、环保性能达标、符合国内生产水平达标。加入"可加工性"检验项目是因为岩板较普通陶瓷砖对切割和加工质量要求更高。环保性能检测对表面重金属析出和放射性提出了要求。同时,标准还要求产品需符合国内生产水平,避免标准面临曲高和寡或产品粗制滥造的局面。

笔者认为,陶瓷岩板黑色料团标的制定首先是根据岩板系列来划分。因为目前市场流行主要是黑白灰,而其中只有黑色岩板才使用色料。而岩板黑色色料的主要成分是氧化铁与氧化铬。因此,造成岩板缺陷的主要因素就是游离状态的铁离子与坯体粉料中的钙镁离子发生了固相反应,生成铁-铬-镁-钙基的黄色不耐温尖晶石以及释放出气体和膨胀系数的变化,出现岩板缺陷更多的表象是中心夹泡发黄。因此,要解决岩板黑色是否有缺陷主要是配方结构上减少游离态铁离子的出现,而铁铬尖晶石的最佳摩尔比是1∶1,在研发配方的时候可以适当增加铬的含量,保证游离态铁离子的最大化反应。

铬绿含量不应是岩板黑认证的主要条件

如果单就色料本身的命名来说,陶瓷色料产品中的黑色类大致分为坯体黑色和釉用黑色。釉料黑色通常为铁-铬-钴-镍-锰结构,又或者是铁-铬-钴结构的用于陶瓷墨水色素。而坯体黑色基本就是铁-铬结构单一尖晶石着色体。釉用黑色属于复合着色体,因为釉料中存在更多的钾钠钙镁以及液相的反应,因而对于单一的铁-铬结构的坯体黑色,很难不被液相中的游离钾钠钙镁溶解反应破坏单一的铁铬尖晶石结构,所以在大部分釉料中,坯体黑色呈现出着色力弱的特点。但是釉用黑色基于复合着色的特点,在釉料和坯体当中基本上都是有着色饱和度的。

出于成本和实用性的考虑,基本上可以排除岩板黑使用复合着色体系的配方。如前所述,铁-铬单一尖晶石结构的摩尔比为1∶1是理论最佳性价比,那么配方中氧化铁红同氧化铬的生产最佳比例是50∶50,但是考虑到混料的充分接触与以往的配方研制经验,例如锆黄配方中的氧化锆理论摩尔比存在量是3.6%,但是锆黄配方实际研发中,考虑到氧化锆的气化挥发损失与燃烧时的封闭环境,通常会将氧化锆配方中添加量增加到5%~6%。因此,对于要适应所用坯体的"岩板黑"产品来说,要保证氧化铁的完全固化反应完全的话,50%含量是一个最低量的保证,配方研制时应当适当地增加铬绿含量,如50份铁红、55~65份氧化铬绿这样的配比能够较好地保证反应充分。

综上所述,单就配方来说的话,保证铬绿含量50%以上是岩板黑的一个重要指标之一。但是并不代表一定是合格岩板黑。假如使用低含量的氧化铬绿或者是铬渣含量80%~90%的,通过添加少量的铁红,在铬绿指标上也能够达到50%的指标线,但是依旧不符合岩板黑的标准。这就涉及设定微量元素和游离态物质含量的指标设定。使用非国标铁红产品以及非99%以上国标铬绿产品当中的溶物盐和其他杂质,在煅烧过程中不会完全分解,依旧存留在半成品色料当中造成岩板缺陷。因此,岩板黑产品应该是能够上下兼容的产品。而坯体黑产品只能向下兼容,往上应用存在质量缺陷。

陶瓷岩板厂家联盟认证更能吸引色料企业参与岩板黑标准制定

如前所述，我们先谈到了岩板黑的一个定位问题。就是不能将岩板黑与传统的坯体黑色混为一谈。岩板黑类产品应该有自己的市场定位和在行业内达成一定的共识，即只有能够上下兼容岩板的黑色类产品才能称为"岩板黑"。而传统的坯体黑色即使铬绿含量非常高，比如氧化铬绿含量超过了50%，但是在厚板中仍存在质量缺陷的，能否称之为"岩板黑"产品有待商酌。

接下来，我们引入了铬铁黑配方摩尔比的概念来告诉大家，岩板黑色料存在质量缺陷的主要问题是对游离态铁离子以及杂质的控制问题，进而得出一个要保证铁离子的完全反应首先要有充足的氧化铬引入的理论支撑。并以铁-铬单一体尖晶石（$FeCr_2O_4$）分子式作为依据，当使用99%含量并以三氧化二铁和99%的三氧化二铬为主要原料时的重量配比，接近为$Fe_2O_3 : Cr_2O_3 = 17.5 : 82.5$。所以岩板黑的标准配方可以参考理论配比作为支撑，以实际使用中的产品评价效果为依据来评判。需要说明的是，岩板黑并不能等同于理论铬铁黑的配比。岩板黑应是以岩板能够使用不出现质量缺陷为主要判断依据。

另一个重要的点，就是除了氧化铬的含量以及使用原料的标准之外，其实作为配方中主要元素的氧化铁红也是造成岩板黑缺陷的重要因素之一。铁红的制备和生产方法我们在这里就不再去重复。但是有一点就是铁红本身也是有行业标准的，而目前色料行业除了使用国标颜料级别的铁红之外，一些非标的铁红产品也在被大量使用。因此如果使用非标类铁红产品，纵然在分析中也能够体现出氧化铁含量达标，但是其微量杂质和矿物盐等有害成分的存在会影响其在岩板中的使用效果，并造成缺陷情况的出现。而就像岩板标准一样，很难以原材料的标准来定义这个产品使用于陶瓷色料中是否合规和符合要求，也不可能要求所有的企业必须按照标准的原料来生产岩板黑类产品，只能是通过色料成品的检测项目和指标来筛选出哪些是合格的产品，哪些是不合格的产品。

因此，按照笔者的设想，基于色料产品本身的非标情况，以及各个色料厂家的生产现状和工艺的不同，即使是制定岩板黑标准，也需要参考大部分生产企业和使用企业的建议。即使有岩板黑标准，作为陶瓷厂家客户端，是否会按照标准来检测和执行也未可知。此外，色料企业中并非所有的岩板黑企业都能够参与进来制定标准和落实标准的执行。倘若只是任务式地制定一个仅落在纸面上的岩板黑标准，对于色料行业和陶瓷企业来说也不知道影响如何。但是，换一个角度来看，如果能够像陶瓷墨水初期使用的认证模式，以陶瓷厂家与色料厂家联合认证的方式来开展岩板黑的授权认证，反倒是能够给予市场上不同品质的岩板黑产品一个陶瓷岩板厂家联盟认证的入场券，笔者以为可以促使岩板黑色料企业更加积极地参与其中。

岩板黑产品的独特性与市场划分定义

我们关于岩板黑标准的一些设想，包括色料企业参与岩板黑标准制定的愿景基于以下几个方面，首先是参与起草的单位通过文件的起草，来彰显自己在岩板黑这个产品中的行业话语权，另外基于企业宣传和软实力的展现，包括一些荣誉之类或者是政府补贴等高新项目申报中的企业加分设想。另外，还有基于让陶瓷企业能够正确地分辨出岩板黑与普通坯体黑色之间的品质与价格差异。对于一个产品的市场定价来说，一方面是基于产品本身的原料成本和费用相结合的最终销售价格，另一方面，对于一些技术创新类的产品则是基于原料成本之外，叠加的研发费用等综合成本附加后的市场销售价格。

对于鼓励行业创新来说，新产品的研发和生产不能仅仅考虑原料成本，特别是中低端坯体黑色产品之间的产区价格战总是围绕原料和环保等成本展开，企业无法保证合理的利润。低廉的销售价格进而迫使黑色生产企业大量采用工业废渣和非标铁红等产品，一方面造成生产企业基地环境问题日益突出，另一方面无利润的行业价格战让企业增加了各种财务风险和研发投入。因而，中低端的黑色类产品需要进行市场重新价格定位，应该考虑环保等综合成本因素调整其终端价格，以利于行业的长期发展。而对于高端的岩板黑色产品来说，应该定义其高端市场的定位，不能通过使用非标原料等概念混淆的方式来营销降低岩板黑的品质和市场销售价格。任何企业都可以生产岩板黑产品，但是应该要共同地维护和遵守岩板黑高端市场的定位和保障品质与销售价格的地板价机制。

本文从岩板黑生产企业的角度出发，考虑如何帮助岩板黑企业推广市场，帮助陶瓷企业分辨和认识关于坯体黑色色料的一些基本情况，以及岩板黑产品的一些产品特性和独特性。最终的目的依旧是让陶瓷企业能够找到适用自己的原料以降低成本，推动色料企业理性抱团，共同制定和遵守行业、市场规则，并达成共识，促进行业的有序健康发展。

2022 年 3 月 10 日

2022年下半年陶瓷企业若无款，整个行业都缺钱

  2022年已经过去了一大半，从上半年陶瓷行业的上市企业年报来看，整个陶瓷行业大部分的企业都是一片倒地出现亏损的情况。排除受房地产相关企业的影响之外，陶瓷行业经历这么多年的高速扩张在2018年之后开始出现拐点，产品的同质化与单一化进一步加剧了企业之间的价格战。从釉料来看，抛釉类产品能够保持目前的市场占有份额确实令人惊奇。虽然抛釉砖在技术和产品性能上吸收了众多其他类产品的优点，借助陶瓷数字化喷墨技术和窑炉机械设备的创新升级，能够持续地升级改进，因而抛釉类产品实现了每隔一段时间就能推陈出新。但是，抛釉产品的价格已经明显降了下来，而且依托大量技术人员的后勤保障服务，釉料类企业在未来一段时间内，很难再通过降低成本的方式实现竞争，并在无利润下完成创新研发工作。

  当然，传统的色釉料行业情况更糟糕。坯体色料部分随着岩板的单一化和黑白灰盛行被打得在中低端黑色市场苟延残喘，出于成本的考虑使用高端岩板黑的企业少之又少，而且岩板黑产品单价被压得已无生存空间。釉用色料部分基本是墨水化，陶瓷墨水企业最终还是回归专业的釉用色料生产商。除了包裹色料体系出于自身配方和生产环保限制因素，尚能够保持一定的定价权之外，潮州地区的优势产区锆铁红需求持续减少，原子红产品随着琉璃瓦市场的退温市场需求也逐步减少。未来传统陶瓷釉用色料要向相关的装饰材料行业延伸，比如向玻璃、金属、涂料等行业去拓展才有前途。

  陶瓷相关产业链的资金流向大致是两个闭环，一个是以陶瓷厂为主体，收房地产商和渠道商的资金，压原料供应商的货款，部分付设备企业现金后，拿出流通的现金去干一些其他的事情。第二个闭环就是以色釉料企业为主体，收陶瓷厂的期票，付现金或者期票给上游原料供应商。因此，可以看到所有的供应商最终要找陶瓷企业收钱，而陶瓷企业如果收不到房地产方向的钱款，或者是卖砖渠道方向走砖不通畅，那么，其上端的色釉料以及五金等辅料原料供应商资金链都会出问题。

2022年9月22日

陶瓷色釉料行业当自勉从拒绝超长压款账期开始

可以预见的是，未来几年陶瓷行业将进入下行周期，会不断有陶企以及辅料等企业被洗牌淘汰出局。当然，随着国内陶瓷市场的缩减与需求总量的持续减少，陶瓷行业同领域内的企业之间的内卷还会进一步加剧。内卷的加剧也意味着企业之间为了争夺客户资源等将会出现无序竞争等高风险行为。类似前段时间出现的"某华"陶企所引发的供应商与周边陶企紧张的事件中可以看出，供应商作为相对弱势群体，当陶企经营出现资金问题时最先出现的就是拖欠甚至赖账不支付原料供应商的货款。由此导致的供应商去展厅和工厂门口拉条幅讨债也是迫不得已的行为。当然，一方面要提醒原料供应商合法合理要债，另一方面今后信誉不好的陶瓷企业在采购原料时想通过以往的压款方式貌似已经行不通了。

首先，对于原料供应商来说，要学会用法律的手段合理合法地维护自身的权利与利益诉求。大部分陶瓷企业都有完善健全的法律防火墙，特别是行业内的陶企聘请的专业律师对于陶企破产等程序已经十分有处置经验了。因此，对于原料供应商来说，在同陶企合作的同时，一定要保全完整的证据链，包括合同、送货单、磅单、挂账单等，以明确约定付款时间以及违约时所承担的责任等事项，为将来可能出现的客户陶企规避自身责任时，能够及时发起法律诉讼提供足够的证据支持。我们一直都在提倡诚实守信、合法经营，所以在日常经营活动中一定要完善这部分的内容。

其次，为什么每次有陶企出现问题的时候，拖欠原料供应商的货款数目就比较多呢？其中原因之一就是利润较高，部分存在倒闭风险的陶企，往往在倒闭或者改制之前就会有所表现，例如提出较高的采购单价，引得原料供应商愿意冒风险去赌。比如正常付款企业每吨每月让出 1.5％ 的利润，但是存在风险的陶企可能让出 50％ 的利润。因此，只要是利润足够高，付款周期过长也是有原料供应商甘愿冒风险去做的。由此，所引发的经济纠纷问题也是普遍存在的，陶企高额的采购成本在当下根本维持不了目前生产所产生的低利润，如果不是品牌企业有品牌附加值来支撑，这类陶企根本难以维持高额采购模式。需要提醒的是，高利润意味着高风险，原料供应商一定要有止损预案。超过多久或者是授信超过一定额度后一定要停止供货，及时维权收回钱款。

总的来说，通过合法手段规避法律风险来拖欠供应商货款的事情存在一定的道德问题。但是反过来讲，也提醒了广大的色釉料及原辅料行业的供应商要加强沟通与交流，减少行业内卷，避免无序的恶意压款竞争。同行业要有集体意识，抱团合法维护共同权利与利益。在此，倡议大家首先从拒绝超长压款账期开始，共同维护陶瓷原料行业的有序健康发展。

2023 年 8 月 17 日

第十六章　行业潜规则与风险控制

为什么陶瓷色釉料企业"讲规矩"行不通？

陶瓷色釉料行业在国内来说，大部分的企业都是集中在佛山，特别是行业内唯一上市的两家企业总部也都是在佛山。单就陶瓷色料行业来说，佛山以及周边地区相对比较集中，比如潮州地区的色料企业以锡基色料为主，佛山地区的色料企业基本上都是以釉用和坯体色料为主，而且不少佛山本地的色料企业在最近几年也是往周边如四会、江门等地区在转移。但是作为传统的陶瓷产地之一，佛山地区的色釉料企业总部被保留了下来，在行业中具有一定规模和地位的有大鸿、万兴、康立泰、道氏、创高、禾合、中冠、中达化工、扬子、大千、远大、华意、金威胜、大象、泰耀等知名厂家。

釉料方面，佛山本地的如利德嘉、万岛、瑭虹、科捷、三晶石等都是在行业内有一定影响力的厂家。当然，熔块企业方面，山东淄博地区具有规模化和聚集效应，相关的陶瓷熔块等釉料厂家不下200家。特别是不少中小釉料公司从来不打广告，很多釉料或者熔块加工企业在行业内是没有相关信息可查询的。而且色釉料企业几个人就可以成立一个公司，特别是行业内色料和原料类型的贸易公司非常多，甚至一个人的贸易公司在行业内来说也不少。

所以说，色釉料这个行业虽然有龙头企业和相关的行业协会，但是涉及一些客户利益和产品等相关问题时，没有一个企业能够牵头来组织和规范相关的行业"规矩"。色釉料企业之间的客户竞争也是十分激烈，对品牌陶瓷厂家和付款条件较好的企业来说，色釉料企业都是争破头皮地想做进去，而且在原材料价格暴涨的时候，不少没有多少库存的企业都是想着为了保留客户少涨价或者干脆不涨价，但是还有一部分企业为了抢客户进行降价操作。

正如一个朋友所说的，岩板黑色产品的价格只稳定了不到一年的时间就开始出现大幅下调，而且市场上的报价也是在不断地创出新低，但就市场本身来说，市场经济下企业合理的竞争也是正常的，而且色料行业本身不是标准化的产品，原料的使用也是非标的，因为是非标的产品，所以存在着许多技术创新的空间，企业的产品创新应该得到尊重和获得相应的更多利润收入。但是，如果仅仅只是为了抢夺客户进行低于成本价格的销售行为还是应该制止的。

  总体来说，色釉料行业的发展趋势本身就是更加集中化、单一化、产品寡头化。可以预见未来只有具有创新意识和具备资金实力的厂家才能更好地生存下去，个人贸易类公司的生存空间只会越来越窄，而且在资讯越来越透明的今天，依靠不对称的信息来赚取利润的生意将越来越少。企业只有做品牌，用心做好产品，依靠企业品牌的附加值来增加企业收益，才能走得更高更远。

2021 年 3 月 25 日

生意越来越难做，只因你在陶瓷行业待太久

现在的真实市场生态是，生意越来越难做。为什么？因为被互联网改变的，不只是商业模式，还有客户的期望。当然，更为重要的是客户经过多年市场磨炼，已经成长为这一领域的专业人士。特别是陶瓷色釉料行业和原辅材料行业，包括从事这些行业相关的机械设备和窑炉等常用的设备从业者。以往你是提供方案来让你的客户选择，或者有时候根本没有选择只是固定的模式。但是，现在的市场不一样了。你会发现你的客户变得越来越专业化，以及越来越难去简单地满足了。笔者想起恒特新材李平先生的一句话，"陶瓷色料行业不仅仅是要提供产品服务，而且还要提供感情服务"。那么从当前的行业发展来看，未来不仅仅要提供以上两项服务，还要提供更加专业的分析和趋势研判的服务。除为客户提供产品服务，还需要为客户提供一些增值的服务，为客户创造更高的价值不仅是一句口号，而是在将来要真的转化为一项能够落地的专业服务。

前几天一位朋友打电话的时候也提到，现在的生意越来越难做了。而且作为贸易公司，通常是通过以下三种方式来赚取利润。

其一是通过信息的不对等，能够代理销售一些其他行业的产品或者进口产品，以及一些几百千米以外的产品。

其二是以资金或者是市场的优势来获取生产厂家的产品支持，特别是一些国企的矿物或者大宗有色金属等稀缺类原料，通常都是经过大的经销贸易商来进行分销，因为单个的陶瓷行业消费量有限，厂家也是有这样的需求来让有实力的贸易公司垫资以大量走货。

其三就是以单纯的产品经销贸易为主，依靠原料行情来赚取利润的公司。这种类型的公司通常只是经营单品类或者两三类产品，通过大批量低价拿货，再通过垫资压工厂来赚取利息代差，平时依靠薄利维持公司的政策经营。在有消息面利好或者行情内幕的时候进行提前备货，从而获取行情带来的高利润。为什么说现在的生意不好做了？因为现在的资讯传递更加快捷化和透明化，利用传统的信息代差来赚取利润的生意往后将更加困难。其次是厂家利润的下降和人工成本的增加，迫使不少远距离的厂家开始在有一定销量的市场设定专人负责，就是说以后的优质和有固定需求量的客户，基本上厂家自己会去做。

不仅仅是原料方面，色料方面也是这样一个情况。对于有固定需求量和收款

准时的陶瓷厂，色釉料厂的负责人和原料公司的老总会亲自去跟单，贸易公司的空间越来越窄。其次，对于原材料来说，以往依靠行情囤货赚取暴利的情形也会越来越难，为什么？因为你的客户已经被市场磨炼得更加专业和对于行情的把握不比厂家和贸易公司差。

  讲了一堆道理，那么以后要依靠什么来赚钱呢？还是那句老话，在产品不是稀缺和市场唯一选择的时候，首先还是要做好产品的品质，不是说性价比高就是最好的产品。不同的客户需求是不一样的，你不可能用几个产品就能去通杀市场。这个时候你反而是要静下心来研究和判断自己的潜在客户群体在哪里，针对性地研发和为客户寻找合适的产品，在满足基本生产要求的基础上，再来为客户提供一些附加的增值服务，在自己力所能及的领域，为客户产品的升级和技术创新提供一些切实可行的帮助。记住：只有你的客户过得好了，你的生意才会更好。

2021 年 4 月 8 日

第十六章　行业潜规则与风险控制

陶瓷厂的"地磅坑",你踩过没?

本文主题是当今陶瓷厂的"坑"。做生意的人又不是"工兵",所以不要指望着见雷就能够避开。

首先咱们先来说说陶瓷厂的常见"雷区"之一,即送货进厂的第一关卡地磅和仓管。不少陶瓷企业都是在地磅这个环节玩"猫腻"。不仅仅是陶瓷厂,包括有些色釉料等生产厂家的进厂地磅这个环节,有时候就沦为公司增收创效益的"一线"部门。不少色料企业对于陶瓷厂的过地磅这个环节还是有点"经验"和体会的。特别是坯体料数量较多、整车进厂的时候,有时候一车给你扣个200～300千克的袋子皮也有可能。而对于部分贵重的化工原料来说,比如氧化钴、氧化锆等材料,在进场时随便扣几千克乃至10～20千克就是不少的金额了。所以,不少原料厂家在进场地磅这个环节都是有被陶瓷厂扣过款的。

至于说仓管的话,做原料的相信没有几个人会去得罪陶瓷厂的仓管。这里甚至有点"县官不如现管"的味道。别看业务做得大,走路都能带起风的销售精英们,进了陶瓷厂仓库的门照样都得低调做人。曾经听过有人自以为是卸货到化工仓,因为没有提前经过仓管的同意,被要求装了再重新卸车的,还有卸完对不上数量被扣数量的等。以前说别把"村官"不当官,进了陶瓷厂的门,门卫仓管可是业务人员的第一道关卡。

2021年4月15日

陶瓷厂"坑"系列之二：创收的公司财务部门

最近一两年，经常听到不少外贸公司负责人，或者是收款账户银行卡被冻结的消息。从权威媒体发布的信息来看，主要是为了打击电信诈骗以及相关的金融违法问题，而开展的一场"断卡"行动。从最近浙江义乌的某派出所发出的一份倡议书来看，由于冻结银行卡的手续波及面积过大，一度造成了义乌不少从事外贸生意的公司出现经营困难。在这里，也想提醒一下陶瓷行业同仁，特别是一些涉及出口和收款的问题，一定要留意走合规的程序，以免被外省的公安机关冻结银行卡，造成麻烦。

说到这里，本期的话题相信大家已经猜到和财务有关了。曾经不少人跟笔者提过这样一句话，自己开公司做生意，第一个技能就是要学会看公司的 3 张报表。我们这个化工原料行业，不少贸易公司都是企业负责人一个人既是业务，也是财务。而且在原材料这一块，更加明显是企业负责人一个人全程参与。当然，生产型的企业和大一点的贸易公司还是设有正规的财务部门。而且，当你自己做企业之后，就会发现财务工作的重要性不亚于市场销售部门。当然，我们听到更多的是合理避税，还有更高层次的财务规划和财务投资。

言归正传，为什么说陶瓷厂的 10 个"大坑"里面竟然有"财务陷阱"呢？这还得从几个方面说起。

其一就是"账期问题"。千万不要小看账期问题，因为在涉及金额较小的时候不起眼。但是整个陶瓷厂运转起来的话少则需要大几千万，多则几个亿的资金在周转。那么这个时候的财务账期可以说是变相的金融工具，把陶瓷厂的固定资产作为依托，以市场为筹码来融资。把色釉料企业的付款账期由 1 个月延长至 6~12 个月不等的账期，这是一笔非常大的低风险融资行为。而且不像银行有硬性的还款期，陶瓷企业开出的期票跳票是常有的事情。

其二是公司领导层面直接给财务部门下达创收任务。这一点上有点类似某些部门拍照罚款上任务的性质。个别陶瓷企业在套路这条路上越走越"宽阔"，而且对于这类业务也是游刃有余。财务部门的"指标"下达后，就要找到相关的部门去落地。比如我们前面说的仓库的磅房扣重，还有技术部门的优等品扣款，再有就是随意延长付款周期。甚至部分陶瓷企业为了降低自己的成本或者是创收，直接找个理由在对单付款的时候将账单打折。比如我们经常听到某个陶瓷厂收钱难收，但是通过打折可以马上收到钱。就像这样原本应收 1000 万元，给你打个 5 折，立马给你 300 万元，剩下的 200 万元按照原价拉砖走。这些信誉不好以及付款困难的厂家，不一定是快要倒闭的厂家。

其三是高利润吸引供应商做进去，第一批拿少量货而且立马兑现货款。第二批货下单的时候往往下大订单，接着就是要送第三批货才给你慢慢地批复第二批少量货款。这类陶瓷企业往往是性质相对较恶劣的。因为他不是不给你货款，而是一直通过货款和订单来吊着你，而且在不可预见的风险到来前，往往是撇开供应商的应付款第一时间跑路。类似的合伙性质以及倒闭后几个股东重组的企业往往风险相对较大。

2022 年 4 月 22 日

陶瓷行业潜伏的金融风暴或将奔袭而来

"溪云初起日沉阁，山雨欲来风满楼。"纵观近代历史，从比较大的几次金融危机演变过程来看，金融危机爆发之前，一定是会有所预兆的。特别是实体产业发展滞后，资金"争先恐后"地流向股市、房市等产业，金融资产泡沫严重。通过各种形式"加杠杆"参与到金融市场交易当中，大量的资金在金融系统内（虚拟经济）空转，实体经济很难得到资金。金融市场的交易量居高不下，人们投机心理严重。而在大众商品方面，资产价格上涨超出理性，脱离了正轨，甚至在某一个或多个领域出现价格与价值扭曲严重的现象。总而言之，当实体行业挣钱很难，原材料非理性地暴涨，再加上银行等中介机构的资金富足而找不到好的去处时，陶瓷行业那些账期较长，且产品没有品牌等附加值的厂商就需要注意了。

今年的情况特殊在哪里？股市受外部不稳定周边环境的影响，很难起到资金池的作用，全球都在货币大放水，这么多多余出来的货币总是要找一个地方去向的。只要美国的航母还在我们国家周边航行，那么这个股市就很难有大作为。另一方面房地产受控只住不炒的政策落实，以及国家税收层面的改革，迫使像佛山这样土地财政依赖度高达180%的城市，必然有一个经济下滑和基建减投情况的发生，这还是作为生产经济强市的佛山来讲。国家层面把影子银行和房地产相关的因素都管控住了，游资只剩下炒作大宗商品了。所以上半年的有色金属价格暴涨可见是资金在疯狂地输出，但是这个口子国家马上就要堵住了。因为已经放风出来要抛国储了，而且是直接对接生产企业，不再让中间的贸易商环节来中转。所以大宗有色金属的价格应该很快就会稳定，并根据国储投放量来回归价值面。

再来看陶瓷行业今年的处境。同往年相比，今年除了少数的上市企业能够在股市里挣到钱之外。实体方面的处境是非常困难的，如果没有一个品牌来支撑住产品的利润，仅仅是靠薄利多销走价格战的老路，注定是要付出惨痛代价的。为什么笔者要这样说呢？首先是需求市场的变化，通过渠道商以及当前国内房地产市场的情况，砖的销售情况应该是不理想的，而且单价的下降和部分房地产商的金融爆雷所牵涉的资金面相当广泛。陶瓷厂家收不到款对于开出的期票到期无法兑付所引发的连锁反应，相信很快就会逐渐地暴露出来。再者，虽然市场资金充足，但是对于需要资金的企业来说，没有高价值的抵押物以及正规渠道融资成本和时间应付不来，只能走非正规渠道的融资，以及变相地让供应商来融资的情况，进一步加重和加速了企业倒闭的步伐。

　　总而言之，近期股市回调是大概率的事件，手中持有现金应该是最安全的。大宗有色金属因为国家层面的国储抛仓肯定是能短期把价格打下来，回归稳定的。陶瓷行业内来看，倒闭潮不是毫无征兆，库存高企以及融资比例较高的陶瓷企业都是存在较大风险的雷区，特别是新扩建的岩板相关无品牌的新生企业更是危机四伏。贸易商以及原料供应商企业更应时刻关注陶瓷厂客户的付款情况是否正常，本轮洗牌的力度将不亚于 2007 年。

2021 年 6 月 17 日

陶瓷行业下半场"活下去"不是一句"口号"

中国有一句古话叫作"赚钱容易守财难",2018年房地产龙头企业万科率先高喊"活下去"时,还真不是它自己活不下去了,其实是给自己和其他人做警示。今天再回过头来看我们的陶瓷行业,在去年陶瓷岩板一片遮天的火红浪潮中,看似行业迎来新的增长点,殊不知2021年的这个夏天才是"人间炼狱"的开始。6月份的终端市场销售情况到底如何?尚且不说几家欢乐几家愁,总体上来看似乎没有人过得很好。或许有人会说生意很好,但是不挣钱。6月份后的岩板市场和传统陶瓷砖市场明显转差,不仅仅是陶瓷产品,相关的琉璃瓦行业也是面临同样的问题。部分企业想到地铺石好卖,临时改一两条线去做地铺石,殊不知等改完地铺石生产线后,市场不见得会好转。前期岩板呼声很高的个别企业已经在停窑减产了,岩板的局限性应用市场决定了岩板不可能是地铺砖的代替品,更不可能奢望岩板能成为一个时代的终结者。

岩板或许只是陶瓷产品中的一个过客,存在即合理但是不可能完全取代,因而别再一窝蜂地上岩板生产线了。别看现在头部品牌企业生产的岩板产品销售业绩还不错,但是那是岩板的头部企业。如同现在的网红经济和自媒体一般,任何一个领域在未来只有头部的前十企业才能够很好地活下来,前三企业能够挣到大钱,其他后面的企业或许只能是个陪衬。从未来的企业发展趋势来看,企业品牌与单个产品讲究的是所属领域的垂直度,只有在专属的领域做到垂直度的优质创作者才能很好地生存下来。简单地说就是在岩板产品这个领域,要么你的产品加工性能最好,或者你的产品花色最前沿。比如某个全抛釉企业的产品主打耐磨,那么他的全抛釉砖在耐磨这个领域做到最强。你不需要将企业的所有产品做得非常有特色,但肯定需要在一个分属领域产品里面做到一个共同性的"亮点"。

再来谈"活下去"这个话题的时候,当然不是讲这个行业不行了。而是结合当前的内外环境来看,部分企业在下半年可能还真的"不行"了。对于做生意的人来说,先不讲今年如何不亏本,而是要谈今年下半年的生意还要不要做的问题。相信不少人一天会接到多家银行的贷款电话,就拿银行贷款这件事情来看,以往企业需要融资贷款都是要围着银行转,手续费以及其他费用还不少。那么今年来看看银行的服务,先不说你需不需要贷款,银行由之前的审核者变成了现在的服务者,主动围着企业要放贷款不说,还减免所有的手续费用等。这说明实体经济已经很差了，有钱的人找不到安全的投资渠道，房市不给炒，股市看不到希望，大宗商品目前国家已经抛储压价。包括某些企业销路受阻、产品滞销，宁可把企业闲余资金放在银行做理财。而有些企业则是生意萎缩，融资成本高企叠加生意淡季人工成本分摊剧增。特别是现金流持续紧张的企业，如果再碰上传统淡季和行业高风险倒闭潮，那么接下来的下半年真的是要迎来陶瓷行业的倒闭潮了。

传统淡季来袭，"活下去"对于陶瓷行业各自产品领域头部企业来说是警示，但是对于广大中小型"陪读"企业来说或将是生死存亡的抉择。陶瓷行业的发展已经在几年前转型不再是唯"数量"无敌，今后的发展必将是围绕高质量的单品垂直领域创新。陶瓷行业洗牌未必是坏事，专心做产品，用心做服务的企业不一定能够活得很好，但是市场口碑肯定是最好的，坚守自己所擅长的领域并持续改进，相信机会总是留给那些有准备的人。

2021年6月24日

陶瓷行业下半年谨防系统性风险的发生

为什么要说下半年需要防范系统性风险的发生？从最近两个月的市场行情来看，部分原料的涨价行情似乎并没有得到有效的控制。其中我们陶瓷行业中常用材料的主要矿源在国外，近期暴涨的硅酸锆和氧化锆等相关的锆英砂系列产品，短期内没有明显缓和的迹象。另外，单就国内的环境来看，假使新冠疫情本轮德尔塔毒株不能得到有效的控制，那么下半年的生产以及物流流通等都会受到相应影响。即使前段时间住房城乡建设部对惠州等部分城市的房价上涨过快进行了约谈，但是市场行为的本身很难就政策性强制要求而局部降价。但从佛山房价我们也看到，即使受到疫情影响后的2021年房价还是在短时间内上涨，但是幅度已不像前几年那样翻倍上涨。我们也可以简单地理解为类似股市当中崩盘后的踩踏行为，市场预期破灭以及对于未来的不可预测等增加了企业的抛货和贸易商货物滞销于仓库的行情出现。

目前，单就机械行业来说，岩板的国内第一桶金前"100"条生产线订单已经接近尾声。部分辊棒等设备企业的订单相继在八九月份前会完成。而后期加入岩板赛道进行下半场厮杀的企业肯定会有一个产能缓降和淘汰停产的情况发生。对于大部分的化工原料供应企业来说，下半年的系统性的个别企业崩盘风险也是一直存在和很有可能发生的。头部优质企业的市场固定且竞争日益白热化，那么下游企业的日子肯定也好不到哪里去。下半年的市场还会有一波"金九银十"的行情，但是疫情的再次暴发对于后期的影响依旧不容忽视。色釉料企业对于原料的价格锁定应将大订单抛给原料厂家，结合企业的实际生产情况按需拿货付款，通过中长期的大订单提前锁定原料价格，为下半年的行情做好准备。

整体而言，外部环境叠加新冠德尔塔毒株的影响，对于下半年的整体行情笔者依旧保持谨慎的态度。陶瓷行业在年底前依旧会有一波行情和企业采购生产潮，对于色釉料企业来说应该结合自己企业的原料采购计划，进行一个中长期的原料大单采购，提前锁定未来3～5个月的年前价格。部分涉及进口矿源的原料价格还将持续进一步上涨的趋势，下半年的企业精力应集中在筛选优质客户和把控原料采购成本上。

2021年8月19日

陶瓷系统性风险所引发的连锁反应还在后面

事物的发展终归还是要讲究一个规律性与协调合理性。行业产业链条中，良好的消费者与生产者，贸易商与生产厂家之间，按照已经形成的固有的行业潜规则在继续向前发展。当然，如果其中一个环节的某个节点出现了严重的系统性风险的时候，相关联的上下游必将引发骚动和行业的重新洗牌与资源的重新配置，以及新的行业规则的形成。

陶瓷行业目前所面临的根本性问题应该是产能的问题，但是进入市场的企业没有一个行政性的政策来引导退出，以及不同区域的经济发展需要，对于整个陶瓷的全国性的规划应该是没有的。因而大概在七八年前出现了陶瓷的二次配置，从经济发达地区向经济不发达、环保要求相对较低、经济需求更高的欠发达地区转移的情况。陶瓷的终端与城市发展、未来的人口存量和房地产息息相关，因而一旦房地产行业出现不良情况的时候，陶瓷行业必然会有连锁反应，进而影响相关的原材料和处在原料供应链上的各方企业。因此，无论是从宏观经济面的发展来看，或是微观的线下实体经济运行来看，资源的重新配置已经开始。未来强者更强的趋势将越发明显，控制企业的现金流与负债率将会是新形态，不仅是陶瓷企业，贸易公司以及色釉料供应商也必须采取相应的财务风险规避措施。

整体而言，临近中秋后让行业瑟瑟发抖的不仅仅是环保问题，燃料和原料价格的暴涨以及部分产品缺货，进一步增加了企业的生产成本，限电停产和市场滞销所产生的后果可能是今年提前停窑，与去年的晚开晚停相比，今年或将是早开早停。下游的系统性风险所牵连的部分陶瓷企业及相关联的配套材料企业，或将面临财务上更加严峻的风险考验。

2021 年 9 月 16 日

复合硅酸锆行业是否会走向岩板黑的老路？

硅酸锆作为一种陶瓷常用原辅材料，近年在陶瓷行业的用量逐年上升，包括新兴的印度市场等对于坯体增白方面的要求提高，对于硅酸锆以及增白剂的需求也是呈现出稳定的使用量。硅酸锆在陶瓷坯釉料中主要起到乳浊（遮光）和增白、加强坯体强度、增强抗水解性等作用，同时还可以增强硬度和耐磨度。特别是随着陶瓷坯体色料市场的逐步萎缩，导致部分原来生产陶瓷色料的厂家开始进入硅酸锆行业中。硅酸锆的生产主要基于锆英砂品质的好坏，以及研磨工艺等生产工艺，复合锆的生产与常规硅酸锆的生产还是有一些工艺及配方上的差异。如果仅仅是采用低含量的锆英砂来研磨生产复合锆，相对来说技术含量不高。而对于坯体增白剂来说，目前市场上的增白剂有含锆及不含锆的产品。

复合硅酸锆很早就有企业在使用，但是从去年开始进入了一个相对火热的市场状况。主要原因就是传统 64％含量以上的产品价格过高，企业降本增效需求压力大，对于必需的原料都有降价要求。另一方面来看，部分硅酸锆生产企业通过新工艺技术与配方的调整，使得复合硅酸锆 50％含量的产品能够在釉料中达到传统工艺 64％含量的白度效果。可以简单地理解为，在大部分条件下，新型复合硅酸锆的增白效果比传统工艺硅酸锆增白提升 20％。同等白度下，采用了新型复合硅酸锆产品的陶瓷企业可以大幅降低成本，每年可以节省几百万元甚至上千万元的原料成本开支。

新型复合硅酸锆市场的急剧扩张，也吸引不少原来没有硅酸锆生产经验的企业进入这个行业，导致产品品质良莠不齐，市场价格有点类似岩板黑当初一样从高点急剧往下走。企业创新与研发投入成本在价格不匹配竞争环境下容易导致劣币驱逐良币，也即信息不对称，物品的估值方（陶瓷厂）估值一定时，物品的提供方（原料供应商）会选择提供实值较低的物品（传统复合锆），致使实值较高的物品（新型复合锆）越来越少。

由此来看，硅酸锆生产企业也应当建立对应的沟通机制，减少行业内卷和价格的恶意竞争，保证各自的合理利润才能保障后期的健康有序发展。而对于原料企业的销售人员来说，诚信合法经营是经商的首要条件，保证产品质量与维护市场秩序是同等重要的事情，一个混乱的市场是做不长久的且存在更多看不见的风险。

2023 年 9 月 21 日

陶瓷供应商内卷之下的降价策略失效了

　　市场环境越差的时候，往往也是行情价格最乱的时刻。正如前段时间爆出的陶瓷中板价格已经降到6元一片，不仅仅是高产量的窑炉在不断上线，不少人已经看不懂行情，有点像当初的岩板行情一样，飞蛾扑火似地往前冲锋。坐着等死和搏一下找死都是值得去同情的。如果真的哪一天行业内卷不下去了，那反倒是说明行业洗牌开始进入尾声了。陶瓷市场如战场，当前大环境不好，不少企业都把降价当作杀手锏来使。正所谓杀敌一千，自损八百。行业内卷之下企业同行之间硬碰硬的较量，损失惨重的不只是对手，实际上是两败俱伤。

　　随行就市的价格波动是正常的市场行为，特别像今年这种行情之下，不少原材料的价格都从高位跌落，部分材料价格回归历史低位，就如同氧化钴的价格一般，去年底建仓囤积氧化钴原料的不少企业和个人都被打了个措手不及。氧化钴价格一路回调，虽然也有小幅上涨，但是低位时跌至14万元的含税区间，不少去年底和年初进去的成本都是在20万元上下。正如一位氧化钴经销商所言，明年的行情可能更差，因为今年的销售情况还行，出的货大部分都是中间商囤积。市场销量转存量，只是换了一个仓库储存而已。因此，当市场需求真的不行的时候，无论如何低价，没有需求的市场对于价格已经麻木。而要在本就寒冷的市场获得生存，不少人开始选择割肉离场。

　　陶瓷市场需求低迷，瓷砖价格跌至新低。原料供应商深陷部分潜在倒闭风险的陶瓷厂风波当中，不仅仅是大企业目前回款困难，不少个人贸易商等因为账期问题也深陷烂账风险当中。我倒是想提醒一下，那些还准备降价厮杀抢夺同行市场的企业当下应该消停一会儿，即使是以往看起来非常优质的厂家，临近年底了未必还是优质企业，虽然降价可以一时抢夺一些客户资源，但是冒着极低的利润空间和超高的烂账风险，有些生意真的可以放一放、缓一缓。虽然不是当下最好的选择，但是留得青山在，不怕没柴烧。

2023年11月16日

价格之战终究是两败俱伤

陶瓷行业在这一年整整折腾了一年，一阵风"刮倒"了几家看似健康的陶瓷卫浴企业，一场雨"浇活"了另一批新人。天然气的新火能否烧出"新"陶瓷还是一个未知数，可以肯定的是，2020年的严峻形势已经摆在了大家的面前，用"几家欢乐几家愁"来形容再恰当不过，有朋友说今年是白干了一年，更有因为收不到货款而变成"负数"收入。更有传言山东、四川产区已经有陶瓷厂准备放假了？当然，有些朋友却说今年的行情好过前两年，企业的出货量和销售额都高过往年，问其原因无外乎产品结合了市场的需求，市场需要的产品就是企业的研发突破点和生产方向。

低成本的价格战只会是两败俱伤，而只有保持独有的特色产品，方能常胜不败，我们常说现在市场行情不好，高附加值的化工产品几乎早已不见踪影，特别是陶瓷色料行业竞争到今天，往日的薄利多销战略都走到了尽头。因为整体的市场需求在下降，薄利多销意味着需要打败更多的同行，除了需要充足的流动资金支撑以外，还需要有强大的销售团队刻苦攻坚，以及冒十二分之风险收不到货款。陶瓷色料行业在这一年也是被陶瓷墨水打得一塌糊涂，陶瓷墨水的国产化进程简直就是一部好莱坞版的价格战商业片，陶瓷墨水价格从高大上的20多万元，跌到目前的6万多元，难道仅仅是因为工艺改进了？任何一个产品只有在它保持独一无二的市场地位时，那才是高附加值（通俗讲是暴利），这一年墨水行情下的传统色料订单变化就是陶瓷厂的以往色料采购是按照吨为单位，现在是按照千克为单位进行采购。问题是不仅仅国内的情况是这样，就连周边的东南亚市场，如越南、印度尼西亚等国家在色料的采购方面也是明显减少了很多订单。

话又说回来，大家可能认为，色料厂的订单从"吨"变为"千克"来进行生产的费用应该更低了呀？其实不然，陶瓷色料一般很少直接是原板出货，为了保证产品的稳定性，一般色料品种通常需要保持两种色调，例如红棕色料，一般会生产出偏向于红紫色调和红黄色调的两个系列，当客户需要时再进行调和处理，当然，像锆系列产品中的锆黄，色调当然是越青黄色调越好，需要红色调的时候往往可以加入少量的锆铁红来进行微调。因此，无论客户的订单是多少，客户的样板都是需要重新调色处理的。另外就是混料环节有些厂家并不是每种色系都是专用的混料机，这样就存在你订货10吨和订货100千克，色料厂的生产环节都是一样进行调板和混料。特别是一些中性的如灰色等产品，由于不是在单一色料瓶中进行调和的，通常需要用到红色、蓝色、黑色等三四种色料品种，因此调板时间相对要长一些，另外就是混料环节中，由于某些色料的加入量是非常少的，如0.3%这样的情况下，1吨灰色料里面才加入3千克的钴黑产品，混料的投料工艺和搅拌环节都要求特别严格，否则混料不均匀容易出现对板色差导致重复返工的现象。

笔者2004年刚刚进入陶瓷行业时的第一份工作便是调板，现在想想对于陶瓷色料企业来说，调色对板也算是陶瓷色料企业日常工作中的主要工作，也是最主要的工作。陶瓷色料从化工原料经过煅烧工艺环节升值之后，调色对板是直接面对客户的环节，不同的调色体系和使用的半成品批号不同，乃至影响到产品混料时的最终比例，进而影响产品的最终价格。而对于陶瓷厂家来说，调色也是重中之重，如前些日子微信群盛传的某陶瓷企业色差门事件导致的损失也是不可估量的，特别是陶瓷色料调色不同于有机色料的调色，有机色料的调色只需要比较外观的颜色即可，而陶瓷色料的调色外观颜色不具备决定性，只是具有参考性，如宝石蓝色料的外观是紫色的，但是经过上釉煅烧却是深紫蓝色的。所以说，陶瓷色料色调的对板对色需要经过高温煅烧之后才能见分晓，而且不同的釉料中，不同系色料调和成的组合色还容易发生二次反应，变成其他的杂色。因此，陶瓷色料的调板对色不仅仅是个技术活儿，更是一个精细的经验活儿。

2020年1月15日

第十七章　标准制定与潜在危机

陶瓷六宗原料采购价格指数的一些设想

为什么近几年无论是陶瓷色釉料企业,还是陶瓷厂家和贸易商,对于有色金属行情的关注度越发看重起来?笔者以为,生产厂家关注有色金属行业更多的是出于成本控制的考虑,因为近些年的技术创新几乎是遇到了瓶颈,人工成本的大幅上涨以及相关的环保成本增加之后,生产企业切身体会到只有原料采购上节省开支才是实实在在的。而对于贸易来说,甚至是手头上有点闲钱找投资的行业从业人士,更多的是从倒卖有色原料的巨大利润中看到了有利可图。因此不难看出,媒体推出的原料参考这一期节目是当前比较受欢迎的热门专栏之一。

在2020年的色釉料网的年底行业年会上,我们曾经启动过一个叫《陶瓷大众原料采购价格指数》的项目。但是一年多的时间已经过去了,为什么我们的这个指数至今还没有发布和公布出来?是有一定原因的。首先笔者还是说说这个大众采购价格指数的一个技术背景和来由。当时是为了大家方便了解获取陶瓷色料墨水釉料等原料的一个价格走势,指数当中不存在具体的产品价格。其中在价格指数模型的设计当中,笔者是引入了标准配方价格作为基点价格,采集行业内市场占比较大的5~6家色釉料厂家的出厂价格作为除权叠加后,最终获取一个综合的数字。包括常见的色料品种和墨水产品,以及釉料熔块产品其实都可以纳入进来。

然后,我们还设计好了计算模型和大致的价格采集单位。但是最终还是采集厂家的价格数据上面存在较大难题。首先就是陶瓷行业的付款存在很大的差异与不确定性,各家的终端不同客户之间的价格相差很大。另外,基于企业的市场保护机制,不愿意过多地对外提供自己的产品销售价格和出厂价格。因此导致我们虽然前期做了许多基础工作,但是最终在市场数据采集这一块存在较大的困难。如果一项数据只是理论数据,没有来自市场终端的有代表性的数据来支撑,那么这个数据是没有太大的研究价值和实际意义的。

陶瓷色釉料行业对于产品价格的相对保守是基于市场付款条件的差异和不确定性导致的，包括产品同质化和市场萎缩导致的企业之间的价格竞争进入白热化。陶瓷大众原料采购价格指数可以为陶瓷厂家和行业从业者提供一个原料的价格走势和行情，对于企业的销售和涨价行情中的同步行为提供了行业参考数据。因此，以不具体产品销售单价为指数的采购价格指数还是可行的，是有利于行业健康发展的好事。

2022 年 4 月 14 日

制定陶瓷颜料行业产品标准是一件好事

陶瓷岩板黑是热点话题之一。陶瓷岩板从最初发展期到现在的成熟稳定期经历了大概3年时间，陶瓷岩板还能流行多久？岩板黑还能做几年？我们回过头来看看陶瓷产品的发展史可以发现，越是发展到后期，随着机械设备等工艺的越发先进，每一代新产品的流行时间也是在不断缩减。比如前期的抛光砖、水晶砖等产品流行时间很长，金属釉、二次烧微晶石等时间很短，包括干混通体砖类产品，流行时间不过四五年。

作为这一波陶瓷技术升级产品的岩板，经历了3年的高速发展与成长期到现在的成熟稳定期，以及已经开始的下半场岩板行业洗牌与重整，估摸着两年之内就不再流行。所以，岩板黑作为岩板的配套产品，也是当前色料行业的一个主要产品，而且根据岩板的特性进行特定研发生产和总结出了稳定的生产工艺。因此，在现在这个时间段来制定岩板黑色产品标准是非常适宜的。

据笔者所知，作为陶瓷岩板黑标准起草主要发起人的黄惠宁先生，本身就是陶瓷行业内非常热心的资深专家，也曾经担任知名陶企的高管和技术负责人。最重要的是，黄先生也曾经起草过陶瓷行业内的相关团体标准，如《陶瓷岩板》标准，主编了《陶瓷墙地砖数字喷墨印刷技术与设备应用》等专业书籍。而且，陶瓷色料行业中由广东三水大鸿制釉有限公司主导起草的《建筑卫生陶瓷用色釉料》等系列标准已经发布，并于2007年11月1日起正式实施。从时间节点上来看，色釉料行业特别是在2010年之后的陶瓷喷墨数字化之后，岩板产品在厨房等与人们的日常生活存在的潜在入口接触，对于重金属盐渗出物和辐射物等相关要求的提高，以及陶瓷墨水色素和岩板色料的耐温与抗氧化性的技术升级，为修订版的陶瓷色釉料行业标准提出了新的要求。

陶瓷色釉料行业未来的发展方向肯定是走专精特新路线，单纯的色料产品和配方等优势不再是企业的生存法宝，必须从产品的研发方面实现精准的科学化的结构设计。引入新的材料和新的设备应用，让现有的固相合成法的合成效率提高、单位能源消耗降低等。另外，还需要系统整合型的人才引入，将生产与库存等物流系统的整合更加高效，合理规划原料采购计划，保障原料价格的长期锁定。所以，对于陶瓷色釉料行业来说，针对特定产品制定团体标准是一件好事。

2022年5月5日

陶瓷色料行业团体标准升级更新十分有必要

关于陶瓷色料的标准问题，其实在年初的时候笔者就当时行业内关于陶瓷岩板黑色料制定标准发表过专题。目前国家鼓励行业协会等社会组织来牵头编写相关的团体标准等，比如今年住房城乡建设部发布《住房城乡建设部办公厅关于培育和发展工程建设团体标准的意见》，明确原则上住房城乡建设部将不再组织制定推荐性标准，其中指出到2025年，团体标准制定主体获得社会广泛认可，团体标准被市场广泛接受，力争在优势和特色领域形成一些具有国际先进水平的团体标准。

那么陶瓷色料行业的团体标准又是一个怎样的情况？通过网站查询可知，《中华人民共和国轻工行业标准：陶瓷颜料（QB/T 2455—2011 代替 QB/T 2445.1—1999，QB/T 2455.2—1999)》规定了陶瓷颜料的术语和定义、产品分类、要求、试验方法、检验规则及标志、包装、运输、贮存。该标准适用于日用陶瓷釉上、釉中、釉下装饰颜料，不适用于含荧光物质的陶瓷颜料，是由中国轻工业联合会提出制定的。另外，2020年，中国陶瓷工业协会批准发布 T/CCIA 0001—2020《喷墨打印用陶瓷颜料》标准。2020年6月，《陶瓷包裹红颜料》《喷墨打印用陶瓷色料》《陶瓷包裹黄颜料》3项中国陶瓷行业团体标准审查会在江西金环颜料有限公司，采用网络会议与现场会议相结合的方式召开，该3项标准由江西金环颜料有限公司、欧神诺陶瓷有限公司、醴陵科兴实业有限公司共同起草编制。

需要说明的是，常规陶瓷色料的标准还是在2011年的时候更新的。到目前为止已经接近10年的时间。当前无论是常规的釉用色料，还是说当前较为常见的陶瓷岩板黑色料，以及陶瓷墨水色素之类的产品，除了产品本身的一些物理和化学指标之外，以往的标准倾向于使用标准，即工厂的使用验收标准。那么，陶瓷色料产品除当初的发色以及粒径等常规指标之外，还应该在绿色环保以及重金属和辐射等其他指标方面有更高的要求。因而，当前对于旧版的陶瓷色料团体标准升级更新是十分有必要的一项工作。

2022年8月18日

陶瓷行业内为何大家对统计数据十分敏感？

通常来说，一个人如果比较关注一个行业的话，那么对于这个行业的一些数据是相当熟悉的。如果一个人非常专注于一个行业，那么对于行业中的一些数据更是信手拈来，可以做到无论什么时候都可以脱口而出。就像在我们所处的陶瓷行业内，不仅仅大家耳熟能详的公众人物对于行业的一些大数据都特别熟悉和了解，包括一些协会的领导还有从事具体分属领域的企业管理者，都能够对自己所处的领域数据做到心中有数。纵然现在信息发达和统计数据的方式更加多样便捷，但是能够去收集和统计并且最终得到自己想得到的行业数据，还是存在着工作量大和耗费时间、人力、物力、资金支撑等困难。因为，我们看到的大部分陶瓷行业内的相关统计数据主要基于政府部门的统计，以及相关的行业协会或者部分媒体的统计数据。

我们在文章中引用的陶瓷数据也大多来自政府海关统计部门的数据，包括一些行业内上市企业的相关数据也只能从其公开的报表获知，具体的业务和想要细分的数据还是很难从中得知。从企业面来说，包括一些生产产能和实际销售情况等数据一般是不会对外公布的，即使是规上企业自己上报的数据，其实也是存在一定误差的。无论是企业出于自身的经营保密性需要，还是担心环保税务方面的问题都是可以理解的，但是从另外一个方面来讲，对于一个行业的发展和远期规划来说，总体的产能数据和准确的生产硬件设施数据，可以帮助行业中的企业认清产能数字，以及对企业未来几年的发展远景进行规划。往大了说是帮助行业锚定方向、了解趋势，往小了说是帮助企业认清市场及时调整后期发展规划。因此，对于产能以及产业方面的调查报告数据，无论是虚高或者是偏低都是不合时宜的。

随着 2017 年中国瓷砖产量达峰之后，房地产开工数逐年下降，不能再拿顶峰时期的超 100 亿平方米作为参考指标了。特别是这两年对于陶瓷来说，产品的同质化叠加上产区同质化，行业洗牌以及部分企业退出市场在所难免。当前，已经有协会层面和媒体在重新组织进行陶瓷行业进行新一轮产业调查，希望尽快拿出数据帮助行业把握发展趋势和为企业指明后期发展方向。

2022 年 10 月 13 日

陶瓷原料"投机倒把"的事情不能干

陶瓷行业越是行情不好的时候，反倒越有人愿意干一些囤积原料等投机倒把的事情。为什么这样说呢？因为行业不景气、需求不旺时，部分贸易公司或者老板的手头上有大量现金无处安放。陶瓷行业的压款特性导致不少企业的资金大部分都是压在陶瓷厂或者流转路上。但是疫情结束之后，行业复苏缓慢加上需求持续的减少，陶瓷企业爆雷以及资金风险越来越高，于是不少个人或者企业开始减少资金压给陶瓷厂。减少供货或者是薄利现金交易导致了不少企业主或者贸易公司的账户上资金富足。不少色釉料辅料企业主或者个人曾经尝过囤积原料倒卖的甜头。因此，对于今年行情不好的时候，类似往年囤积氧化钴等原材料能短时间赚取超过100%利润的事情，不少人还是为之心动的。

在以往看来，囤积原料倒卖的事情是违法行为。顾名思义即是以买空卖空、囤积居奇、套购转卖等手段获取利润。随着市场经济体制的确立，在1997年取消"投机倒把罪"，投机倒把条例也于2008年1月撤销。现在干囤积原料倒卖的事情并不违法，但是也不是人人能干的。信息化时代，商品的资讯传播迅速，囤积原料倒卖的前置条件除了能够掌握该商品的未来行情趋势之外，能否及时找到接手或者接盘方才是最关键的。就如当前氧化钴的价格，从去年年底开始不少人囤积氧化钴，从价高时的18万~19万元进场，到今年3月底时的12多万元不含税的价格。前期市场囤积有货被套的资金相信不少。当前，氧化钴行情稍有向上的趋势，不少人又开始想着囤积，但是前期囤货被套的估计不在少数。

因此对于大部分人来说，投机倒把原材料的事情还是不能干。其一是无论行业是向上或者是向下走，都因现货交易以及平时无客户资源很难及时脱手止损或者盈利。其二是原料现货交易不像期货那样有第三方存管，现货交易你如果不懂行情和趋势，其建仓成本和实物保管都是重要的成本因素，通常不是行业内人士很难去把握和控制验收质量等。其三就是作为囤积倒把方，没有稳定的供货方和销售渠道意味着自己没有定价权和议价权，纵然是真的赌对行情，其最终获利情况也不可控。总的来说，非入行，不投机。

2023年7月6日

陶瓷行业正在遭遇"中年"危机

世事洞明皆学问，人情练达即文章。所谓男人的中年危机是指男性在40岁至60岁之间的一种生理和心理状态，这个阶段的男性往往面临着职业、家庭、婚姻、健康、自我认同等多方面的挑战，感觉生活失去了动力和意义，容易出现焦虑、沮丧、抑郁等负面情绪。而我们所处的陶瓷行业，或许正在进入这种"中年男人"危机的状态。不少企业负责人看不到未来的希望，或者是对于企业的未来比较迷茫。因为市场变化与行情波动没有规律可言，重新进入一个新的行业则充满更多的不确定性。所以，无论是陶企负责人，还是下面员工，一场"中年"危机正在悄悄袭来。

不少陶瓷品牌企业都有超过10年的时间了，不是每一家企业都能够成为百年字号。在中国，据统计数据，企业的平均寿命只有3.9年。那么这些超过10年的中小企业是否可以理解为正处在"中年"期？为什么会有如此大的差距？因为大部分中小微企业只顾盈利，紧盯短期利益。很多国内企业特别是家族企业，经营无统一标准。有了一定规模后，容易出现比较大的问题，这时需要制定出一套较为完善和系统的制度，才能规范操作。目前行业内不少陶瓷相关企业都进入到"陶二代"操盘时代，如何让自己的企业安全度过这段"中年"危机都是考验他们的拦路虎。

目前，对于各岗位的工作人员来说，更是遭遇青黄不接的状态。首先是刚毕业的年轻人不愿意待车间，即使是放在销售终端的展厅，也没有多少人能够坚持下来。正如不少企业想招聘一些有一定工作经验的岗位，从年头招到年尾都不一定能招到合适的人选。年轻点的干不来，超过40岁的很多企业不招。特别是生产一线的普工，未来生产现场工作环境条件差的企业更加难以招人。今年很特别，一方面不少大企业都在裁减人员或降薪，另一方面又有不少企业在招聘各类急需的人才。

焦虑、沮丧、抑郁等负面情绪不应当成为陶瓷行业的主流气氛，毕竟中国依旧是全球最大的陶瓷内需及生产市场之一。作为企业来说，除了需要把控自身的财务风险之外，对于外部风险的把握也需要审时度势。"中年危机"并不可怕，可怕的是毫无作为和坐以待毙。

2023年9月28日

06

陶瓷展会与行业年会活动

第六部分主要讲关于陶瓷展会的一些观点和看法。第十八章主要讲如何办好一场陶瓷展会,以及陶瓷企业如何利用好陶瓷展会去拓展客户,进行市场推广。第十九章主要结合陶瓷行业的现状,谈对于每年年底的陶瓷行业企业年会、协会年会的一些看法与观点。

第十八章　展会经济与观点

谈谈参加陶瓷展会营销的几个关键点

2024年广州陶瓷工业展将于6月18日在广州琶洲会展中心开门迎客,由于各自利益分配的不平衡而导致的行业内"两会"之争,使得本届展会从一开始就有了一些不和谐的声音。"三高"的陶瓷行业除了众所周知的高污染、高能耗、高排放,不可否认的是,陶瓷行业的利润也是非常可观的,所以以后说咱们陶瓷行业应该是"四高"。每年一届的广州陶瓷展会作为一种传统的营销推广模式,由于原则上可以在相对集中的时间里接触到许多经销代理商或者目标客户,从而使得展会的经济性相对突出,也使其成为众多陶瓷色釉料等有实力企业的营销推广法宝,例如4月份的佛山本地陶博会也是受到佛山本地陶企的重视,这也在一定层面推动了会展经济的发展。但从市场营销系统的营销组合来看,展会本身如同媒体一般,是中立性质的信息交流平台,只是市场推广系统中的一个普通环节而已。陶瓷企业参加展会本身的成功与否,根本上取决于参展商与专业买家的数量和质量。然而经过十几年来的会展经济的大力发展,每一届陶瓷展会的质量也出现了参差不齐的现象。严格来讲,一次成功的展会应该是举办方、参展商以及专业买家的三方面共赢局面,而不是现在许多展会所出现的参展商与专业买家的数量与质量严重失衡的现象。

当前,随着国家宏观房地产调控的继续,今后一段时间内陶瓷行业竞争将加剧。同时不少新的陶瓷参展商大量增加,各家陶瓷相关企业都想利用展会这一平台,快速实现自己企业的营销目的,相信不少参展商也就被淹没在展会的汪洋大海中,导致许多企业抱怨参展的效果都大不如从前,但是面对参展可能带来的外贸出口大单,又使得许多企业抱着"赌一把"的心态:去吧,投入的是纯利润资金成本,而又不是每次参展都能有所收获;不去吧,又担心失去商机,至少也是一个展示机会,万一谈成一个经销代理商可能就收回所有参展的成本投入。甚至,竞争的白热化导致现在的许多陶瓷企业参展的目的,都已经从过去能拓展到多少新客户变成了留住多少老客户。因为参展意味着向市场证明该品牌还存在，今天的展会俨然已经变成了：参展不一定能提升什么，而不参展将失去"证明自己还活着的"机会。

作为参展商的陶企来说，参展的大部分企业都是为了实现产品营销及品牌推广的目的，但是陶瓷参展企业仅仅是到了展会现场参展还是不够的，因为，能否成功吸引潜在的客户达成交易还要取决于诸多因素。通常，对于参展商来说，把展会利用得好，可以为参展商赢得一方市场广纳一方财源；利用得不好，又是一个破财的漏斗，展会后则充满悔意。为此，行业内的几大知名陶瓷企业为将展会举办成功，更是花高价聘请专业的营销策划公司，通过展会现场大玩各种营销之魔法，如娱乐营销、事件营销，以及仿效车展请车模参展做法等。

娱乐营销：通过策划和组织，在展会现场搭建舞台，用各种娱乐节目表演吸引人气，然后通过和现场观众的互动，达到品牌推广的目的，经常看《陶城报》的就知道金意陶推出的"非诚勿扰"系列营销活动，本来是江苏卫视的一档娱乐节目的《非诚勿扰》，再被冯小刚导演的影视化广告效应，整个社会对《非诚勿扰》这个成语更是趋之若鹜，可以说金意陶的这个《非诚勿扰》营销活动在行业内是一个很经典的策划案例。

事件营销：通过策划事件，在展会现场形成轰动点，然后用媒体的力量，展开传播，例如前段时间的苹果商标之争，虽然最终两家相关企业达成和解，但是经过媒体放大后的炒作，相信之前不怎么出名的唯冠这次也是火了一把。作为陶瓷行业的企业来说，前段时间的行业内两家知名企业的关于"洞石"系列的产品之争也是可以借鉴的。还有每年的陶瓷展来自淄博的永坤色料和江苏的拜富，更是将中国古典艺术文化引入产品的营销，除了现场的民族乐器的演奏，搭配上宣传上的中国风在展会现场也是一道亮丽的风景线，积聚了不少的人气。

作为轻工业的陶瓷来说，似乎跟美女搭不上什么关系，但是去年的广州陶瓷展就有科达机电的模特薄板走秀，让吸引人眼球的美女来与产品或者品牌产生一些联系，从而吸引人气，达到了品牌推广的目的。

目前佛山本地的陶瓷企业都在准备着参展的事情，笔者所在的南海禾合高新材料公司每年都去广州参加展会，对于企业来说，参加展会的投入跟收获不一定存在正比，但是正如前面所说的，去参展的本身就是一次"亮剑"行为，特别是在当前经济形势不明朗、行业整体效益不佳的前提下，参加展会不光是让自己的产品向行业发布，更重要的是让自己的老客户对自己公司的产品更有信心，当然，做好展会前的准备工作还是十分有必要的。

第一,陶瓷行业中,陶瓷机械和陶瓷厂家相对来说资金实力雄厚,而对于相关配套的一些色釉料企业来说就良莠不齐了。因此针对参展要有市场规划,即参展要与企业的市场推广计划相匹配,更要考虑企业本身的资金情况。就目前来说,每年的相关陶瓷展会是有很多场的,资本不够雄厚的企业不可能参加所有展会,同时每一个展会都有其区域性等特点,比如地方性重的淄博陶瓷展、佛山本地的陶博会等,而像广州陶瓷展和上海陶瓷展相对来说面向的是整个国际国内市场。企业可以根据自身的区域市场现状及规划来做决策,如想重点开发国外地区,则可针对性地选择参加国外或者国内一些大型的展会等,这样能更有效和精准地面向目标客户群体。

第二,把握好自己产品的定位及产品的特点。如去年的科达机电推出的清洁煤生产线,它本身是做陶瓷压机系列产品的,现在向陶瓷相关机械产品发展。还有摩德娜公司推出的宽体窑炉都是有自身特色和突出优势的产品,以及行业内现在很热门的喷墨打印相关技术的产品推广。例如禾合这次参展将要展出的适用于喷墨墨水生产的系统化颜料产品。

第三,在报名参展前必须搞清楚展会的举办方和相关的一些资料。特别是本届展会之前的"两会之战"导致的市场谣言,导致许多企业在参展的事情上摇摆不定。还有就是按照目前的展会安排,年底的时候在广州琶洲会展中心原地还有一场陶瓷展会,这个必将对展会的市场推广重要性产生消极影响。参展企业一定要做些适当的调研,不能只看主办方的宣传资料及官方网站,众所周知那些宣传资料里虚的成分偏多,可以从侧面了解其他同行对该展会的认识以及承办的展览公司的口碑,此外可以通过互联网搜索引擎做相关信息搜索。如果参加的展会没有足够数量和质量的专业买家,则参展商参展的意义全无。

态度决定一切,细节决定成败。一次成功的展会营销,一定是每一个细节都执行到位的,针对每一次陶瓷展会活动,对于前期的筹备、现场的执行以及后续的跟进一定要具体落实到谁在什么时间完成什么事情,同时除了市场推广目录、价格体系、参展人员服装、展台设计等广告宣传品外,现场营销人员的沟通能力与方法及产品介绍的技巧需要强化培训,否则即使能吸引来客户也很难留下客户。作为一个一直"被夕阳化"的陶瓷行业来说,我们不光是要通过展会来赢得客户的认可,还有就是要让大家改变对我们这个"三高"行业的认识,我相信我们陶瓷行业的明天会更加美好!

2024 年 5 月 7 日

新冠疫情或将改变世界"展会"新模式

"如果没有遇见你,我将是会在哪里,日子过得怎么样,人生是否要珍惜"。这是一首歌的开头歌词,相信不少人都听过。新冠疫情不仅仅是改变了我们的生活,它还在改变着全球经济的新形态,或许真的像世界银行所预估的,中国将是今年唯一一个出现增长的主要经济体。就如同笔者在去年11月份所筹划的自媒体一般,如果不是新冠疫情的"助攻",很有可能笔者的这个自媒体就要半路夭折了。疫情期间不仅仅是直播行业火爆,据说让王者荣耀和刺激战场这两款游戏的年度利润贡献也是增长最多的时间段。

疫情期间时间的充裕与跨地区行动的受限,让大家将更多的时间花在了手机上面。特别是现代经济活动的每个环节,基本上都已经开始出现手机的影子,以至于基本上对于还在工作中的人来说,手机已经是一个离不开手的"工具",而不再是单一的通信设备。

目前世界范围来看,新冠疫情在国外的情况不容乐观,而且至少在未来的1~2年内都存在影响。再来看国内外的一些展会都已经公布延期举办,跨国间的人员流动控制得非常严格,所以广交会等都转为线上举行了,谁都不能保证类似"青岛"这样的意外情况发生,特别是一旦出现因入境等意外情况导致的传染将使得全城进行核酸检测,这部分的检测费用开支将是不小的财政压力,虽然国内疫情已经得到了有效的控制,但是从跨省人员流动来看,目前大家还是保持谨慎,不是很重要的事情,我想一般人都不会进行跨省域的流动。

智能手机的不断升级换代,所带来的更多高级场景等功能应用使得人员不一定要亲自到现场才能够获取想要的资料或者资讯。特别是直播以及AR虚拟场景等甚至5G网络革命性功能的推出,大家随时随地可以获取全球各地的展会现场,或者与类似展会现场观众的虚拟场景下的真实客户端实时视频语音等交流工作。手机端加上云台的运用,以及相关服务器搭载的整合场景应用应该很快就会到来,所以说云上展或者线上展未来可能将会成为新的展会常规形态。

就展会本身来说,由于展会的专业性,对于展会观众的锁定也是相对容易的事情。特别是对于传统的展会组织方来说,由于已经存在历史沉淀,对于所属的行业肯定也是更加熟悉,展会组织方的未来工作方向应该是更加注重展会前后的线下服务和信息的整合工作,以及云平台的维护与拓展。这就要求展会组织方更加懂这个行业，以及更加专注所在的行业，传统的单纯展会组织方可能面临市场的淘汰。

对于参展企业来讲，目前陶瓷相关行业都似乎遇到技术瓶颈，新产品推出速度减缓，参加展会更多的是"证明"自己还在这个行业。而且传统展会的装修花费相比较于虚拟的线上展示来说，是一笔不小的企业费用开支且"一次性"的装修也不环保和节能。对陶瓷行业来说，大部分企业参展的目的是给"外国人"看的，所以新冠疫情在全球没有得到有效控制前，如何吸引更多的外商参与到线上的展览也是一件任重道远的事情。

单就展会本身来说，目前的广州陶瓷工业展应该是世界级的最具名气和专业陶瓷展会之一。我们也看到基于疫情的原因，广州陶瓷展改为线上云展，这也为后面的陶瓷相关展会开创和探索了一个新的模式和展会形式。而对于佛山本地的陶瓷展会来说，本地本身就是陶瓷总部和大建材行业的集聚地，以往的陶瓷砖类产品和卫浴等产品同五金、陶瓷化工机械、原辅材料等行业是分开来办展的，未来有可能出现汇集类似"佛山大建材"的模式，将传统的陶瓷配套的五金卫浴水暖等佛山本地的优势产业，如不锈钢铝合金门窗等行业进行一个资源大整合，跳出传统的"陶瓷圈"，组建一个以陶瓷为主线的"陶瓷＋"大建材生态圈。

2020 年 10 月 15 日

新媒体+网络时代的展会经济真的就不行了吗？

周一的时候一位朋友过来拜访，顺便讲起了上周在厦门举办的石材展。据说展会搭建将近16万平方米，人气也是相当爆满。虽然石材行业与陶瓷行业的关联不是很大，但是在部分原料以及加工设备方面都有相当大的互融互通性。所以，我们也看到不少相关的色料以及墨水等机械设备行业前去参观或者是去参展。这也说明越是生意不好的时候，大家更加地迫切需要通过跨行业的展会平台来寻找新的增长点和新材料与新工艺。因而，在疫情之初笔者也曾经抱着怀疑的态度，感觉线下展会或许会因为新媒体等互联网+而产生一些消极影响。但是，结合对其他行业的一些展会观察发现，展会的成功与否关键在于展会组织方的办展理念以及手上所掌握的资源来决定。

由此来看，决定展会的无非就是两个方面的工作，一是招展工作，二是观众邀请。简单地说就是要把核心或者具有产品创新的企业拉过来参展，让这些企业能够通过展会的平台接到更多的订单以及塑造企业品牌效应。观众邀请不仅仅是局限于行业内专业观众的召集，既要有潜在买家客户群体来观展，还需要将产业链进行延伸拓展，尽可能地将相关的产业链上下游企业或者使用方邀请过来观展。企业参展的最终目的是卖产品出去，观众观展的目的可以是多方向需求，可能是采购、参观学习，还有可能是跨行业领域应用寻找市场等多种多样。

那么，未来的展会方向如何？单一的产品展示还会有市场吗？可以确切地说，单一的行业产品展示的展会将会越走越窄，而且很有可能是在赔钱赚吆喝。新媒体时代信息的获取与基于手机交际的数字化时代，单一行业性质的产品展示已经无法满足当前企业对于展会的需求期望。任何单一行业性质的超过10年的展会，参展客户群体已经相对固定化，而且观众群体也是在重复性地单一循环，没有新的热点来刺激观展。这样的单一行业性质的展会除了食品等快消行业适用外，对于产品更新换代相对较慢的行业来说基本就只有一条死路。创新思维不仅仅局限于活动，对于展会现场本身来说，相关的论坛活动以及其他仅仅是锦上添花的效果。

新媒体+时代的热点创新经济行为身上的几个关键点，无外乎"共享""产业覆盖""融合"等关键词。"共享"可以理解为资源的交换共享，可以是平台也可以是个人间的资源共享。通过"共享"的方式来产生裂变的效果，我们也可以理解为抱团,当无数个小团体抱团整合之外所产生的由量向质的变化是不可估量的。"产业覆盖"是当前展会的新趋势,只有将整个产业链上下游全覆盖,甚至是跨行业地引入机制来保持展会的引领创新。从"融合"来看既有产业的融合,还有行业的融合。一个成功的展会必然是一个包容与共赢的展会,而且未来的展会经济不但不会削弱,只会越来越专业,与产业更加接地气地融合而共同进步。

2021年5月27日

新媒体助力陶瓷展会经济更加蓬勃发展

新媒体时代的一个重要看点，就是让信息变得更加感官可读，与线下体验相结合的观众参与不再受到地域的限制。以往的展会往往依据参展的客户类型或者是观众的来源方向等，综合地去考量这个展会的层次与级别。从直观的数据上来考量的话，参展的企业数量与所处的行业地位，以及国际和国内省份的参与度等都是一个综合考量的技术指标。但是，在新媒体时代，不是以具体的国外或者省外等参展客户数量和观众的外来性指标，来衡量这个展会是否更加具有国际范。因此，在新冠疫情下的全球展会经济正在进行着新一轮的创新与洗牌。陶瓷行业的展会来看，未来真正具有强大影响力和号召力的两大陶瓷展会正在崛起和再续辉煌，而地处改革开放前沿阵地的广东必将助力两大展会做大做强。

从今年的陶瓷展会来看，新媒体以及自媒体行业正在前所未有地参与到陶瓷展会经济与展会档期当中，线上与线下的密切协作，以及依托在线直播和相关的视频论坛等丰富多彩的现场活动，为展会增加人气，将企业的需求与供应信息推送出去，利用平台的资源优势整合跨行业和跨领域间的合作，让观众能够不受地域和时间的限制全程参与进来。而且针对优质的产品进行专项的定点推送。如果说展会本身就是一个大平台的话，那么参展的企业就是一个个直播分支点，企业中具备了解产品性能和善于语言表达的人员化身企业代言主播，企业亮点主打产品通过"主播"的形式，更加高效地传达给意向潜在客户群。

整体来看，今年的陶瓷展会同往年相比，在数字化媒体传播方向上是一大亮点，类似色釉料网这类基于技术出身的自媒体优势，在以陶瓷分支单项赛道中的优势是显而易见的。未来企业参展不仅要展示出自身的特色和优势产品，更应该将企业代言"主播"的角色进行专项培养，让企业的技术与销售人员能够结合自身工作的职责，在直播平台上从容上阵专业讲解。时代在变，陶瓷展会经济更是在数字在线化上全线开花，未来自媒体以及行业技术大咖等"流量"型主播必将是平台助力的主力军。

2021年8月5日

关于陶瓷展会的一些思考

上个月刚刚结束的陶瓷行业两大盛会,精彩纷呈、亮点颇多。除了陶瓷相关的机械设备之外,部分与石材行业关联的设备制造企业也涉足陶瓷岩板的加工与运输等设备环节中来。当然,展会本身除了拓展业务之外,类似陶瓷行业这种非常成熟的展会除了参展商相对都是老熟人,对于观展的群体来说也相对固定。因此透过一些其他行业的展会可以看出,展会经济本身越来越专业化和配套产业链化的发展趋势。展会本身整合资源的平台力量是其他线上平台无法比拟的,因此就结合线下的实际成交概率以及结识新客户和拓展新业务等实用性方面来说,展会未来不仅要做好线上线下的活动,还应将工作向产业链的外围进行关联性的延伸。

单就参展企业来说,本身行业内的头部企业通常都是引领性地参与展会。部分企业每年的展会都会向市场展示一些前瞻性的研究成果,或者是已经投入市场的产品。比如今年的陶瓷展会中,国瓷康立泰的彦高机械所展示的静电喷釉技术就是跨行业应用领域的延伸。将应用于汽车油漆行业的静电喷釉技术向陶瓷行业进行跨界应用,可以实现每平方米10克釉料的精准打印。对于不规则等曲面物件可以做到更加均匀施釉而不产生堆积。对于未来一些贵重金属效果的釉料来说,通过精准和高效的静电施釉技术,让瓷砖色彩更加多样化,产生了无限可能。因而,对于展会平台来说,未来招展工作中不仅仅是陶瓷行业企业,对与陶瓷相关的石材加工、喷釉机械、纳米研磨、高新材料、物流仓储等都可以成为陶瓷展会配套行业的潜在参展商。

最后一点,也是本届展会观展过程中笔者所思考的一个问题。目前的展会活动已经有领导、嘉宾逛展等类似的专业和非专业组织观展活动。比如以省份陶瓷协会组织的区域性观展团,也有国家或者区域外的国家形式观展团。主办方更多地将精力放在外场观众的组织上,而对于后期的展会来说,除了通过更多的线上与线下活动增加展会本身的热点与人气之外,对于展会平台本身就是一个完整的产业链来说,组织参展商按照行业属性或者按照馆号来进行交互性的互动观展活动,也是十分有必要的。所以笔者建议在后期的陶瓷展会中,主办方完全可以根据这个思路来组织或者由第三方专业机构来组织馆内展商之间的互动观展活动,既可以提高展会本身的热度,又能够增进内部资源的整合对接,促进参展企业来年参展意愿的达成。

2021年8月12日

2022年新冠疫情之下的陶瓷展会充满挑战

第36届广州陶瓷工业展6月29日如期开幕了，由于疫情管控等多方面的原因，让本就充满了许多不确定性的展会在众人期待中正常开启。主办方的相关人员更是在展会开始前的一个月就从北京飞来广州开始筹备工作。当然，也有一些相关企业根据自身情况未能如约地出现在展馆里面，对于如此重大的世界级陶瓷专业展会，其中的组织与相关方面的关系协调工作更是比以往的非疫情时期更加艰难。因而，正如笔者在朋友圈中所讲的，感谢2022广州陶瓷工业展主办方的辛勤付出，感恩各参展企业的大力支持，对于来自全国各地观展的朋友表示热烈的欢迎。正因为笔者自己也是打造平台，脚踏实地想为企业多做一些实事和有价值的事情，使笔者更能切身地体会到举办一场大型活动的各种不容易。

对于参加展会这件事情来说，陶瓷行业当中曾经参加过展会的企业更有发言权。参加展会的作用或许说有直接获取国内外客户的潜在可能性，还有一些是塑造企业品牌效应和企业软实力的打造。当然，还有一些参展的企业由于自身业务发展的需要，希望借助展会平台能够短时间地在特定圈子里面打造出自己的影响力和"秀肌肉"。大型企业或者行业龙头企业更多的是展示自己最新的研发产品，中小微企业则是希望找到区域之外的更多潜在客户。本身广州陶瓷工业展经过多年的经营，目前在专业性和产业链拓展性延伸等方面的成绩还是有目共睹的。先不说参不参加展会，陶瓷展会的不可代替性决定了大部分的企业还是需要这样一个交流与展示的平台。

不得不说，今年是不少人从业以来遇到的最为艰难的一年。不仅仅是我们所处的陶瓷行业整个产业链遇到前所未有的困难与危机，而且陶瓷需求与陶瓷产能在下半年很有可能会更差。我们企业当前更多考虑的是如何存活下来，因此，不论是陶瓷相关的展会平台，还是陶瓷行业内的全媒体行业，都将遇到更加严峻的市场考验。陶瓷相关企业裁员缩减各种开支，疫情的不确定性让各种聚集性活动都存在不确定性。作为媒体和展会平台来说，如何切实地帮助到企业，让企业觉得有价值和有意义才是最终能够让企业愿意买单的前提条件。

2022年7月7日

2023年陶瓷展会或许迎来大转机

不得不说的是疫情以来的这3年，相关大型活动包括陶瓷展会都深受影响。甚至还有举办方赔钱赚吆喝的时候，除了需要随时留意着疫情的发展情况面临被叫停的风险，即使能够按时举办也是在防疫等措施上面有一笔不小的开支。在国外客户不能进来观展，国内厂家行情不好节省开支的大背景下，让本就缺少行业聚会的时刻更加显得难能可贵。当然，令人看到希望的是国家的防疫政策正在悄悄发生改变，纵然是现在相关部门提醒今年冬天的奥密克戎新变异毒株将会更加厉害的背景下，明年的形势相信会比现在的市场环境宽松些许。

正如不少做出口贸易的公司正在开始尝试着"走出去"，毕竟3年的"禁足"让本就充满变数的国外市场发生了更多变化。从大的环境来讲，俄乌战事叠加的欧洲缺气少电等导致高昂的生产成本，迫使制造业未来可能会从欧洲本土"走出去"。这也是今年国内氧化铝出口破历史纪录的主要原因之一，包括相关的一些化工原料产品，国内的陶瓷相关制品及材料等行业或将迎来一次新的机遇与挑战。在此背景下，如果国内的防疫措施放开，那么相关的欧美采购商肯定会积极地来中国参加展会寻找供应商。因此，只要俄乌战事不扩大化，对于国内的制造业来说，未必不是一次机会。

对国内市场目前不要抱有太大的期望，因为房地产已经下行是正在发生的事情，陶瓷行业洗牌明年还会加速推进。体量大且客户单一的生产型企业面临的问题可能会更加棘手。但是，对于国外市场来说一旦国内政策放开，外部的采购订单应该会延续并好过今年，而对于相关的展会来说，如果抓住机遇，吸引更多的国外专业采购商来观展显得更加重要。

2022年11月3日

陶瓷展会下的"色釉辅"专业馆有盼头

疫情之后的陶瓷展会将在4月开始迎来一个小高潮，除了因为延期改到今年4月18日档期的佛山陶博会之外，佛山潭州陶瓷展今年也是将产品展与装备材料展分开来举办，佛山潭州陶瓷展之产品展将于4月15日开幕，较之陶博会提前了3天，装备展在5月30日至6月2日。与此同时，福建晋江的第五届中国（晋江）国际家装建材博览会也是在4月1日至3日刚刚举行完。还有将于4月底在江西高安陶瓷产区举办的2023华中建陶精品荟。可以说，国内陶瓷行业的整个4月份将有3场专业的大型陶瓷展会举办。然后，就是6月份的广州陶瓷工业展。可以说，今年上半年陶瓷行业展会活动热闹非凡。

作为企业来说，参加展会能否接到订单是最为直接的考虑因素。特别是疫情这几年叠加房地产的转向，对于大部分的陶瓷相关企业来说过得并不好，当然不排除个别逆势上涨的企业也有，但是总体来说，大家都是在勒紧裤腰带过日子。好不容易熬到了疫情结束，看着国门在逐步恢复开放，市场大有恢复的迹象。因此，今年的展会相对往年来说，大家更加愿意去参加的因素之一就是抢占境外订单、提高国内知名度和市场占有率。特别是国内增长乏力、收款账期太长、价格竞争激烈、利润微薄，导致更多的企业愿意花时间和精力去做好出口和来自外省的业务。

因此，通过参加各地陶瓷产区的展会，对于拓展色釉料及原辅材料行业的国内业务还是十分有帮助的。伴随国内陶瓷"走出去"的战略以及东南亚及中东地区陶瓷新兴市场的增长所带来的原辅材料订单，广州陶瓷工业展和佛山潭州陶瓷展等展会平台，为国内企业"走出去"提供了很好的展示机会。而且，对于辅料企业来说，不一定要很大的展位才能展示出企业的实力，还可以让国内的色釉料及辅料企业抱团统一行动，打造出更加专业规范以及品类齐全的原辅材料专业展馆，才是未来吸引更多人流量和引起重点关注的趋势和方向。

2023年4月6日

如何理性地看待一场陶瓷展会的成功与否？

关于陶瓷展会的相关话题，每年上半年都是行业相关媒体人谈论和关注的大事。放眼国内当前的几大陶瓷展会，陶瓷媒体人基本不会缺席每一次行业聚会。当然，这与相关的展会方是否重点打造与推广也是有很大关系的。任何一场有影响力的活动，前期的宣传活动必不可少。特别是像广州陶瓷工业展这样的全球性大型专业陶瓷展会，不仅在陶瓷行业相关媒体上有报道和推广资讯，而且在国外其他大型展会或者重要的产区，都有推广活动和市场宣传。当然，一场有影响力的展会不仅仅是靠展会期间的活动来刷屏，更重要的是能够每年如期地举办，以及经过时间的沉淀所打造出来的口碑和全球影响力。

目前来看，陶瓷行业相关的展会大致可分为陶瓷产品展和陶瓷工业展。前者倾向于陶瓷产品本身，也就是瓷砖、岩板等具体品类产品展，融合了设计师平台的加持，包括吸收了瓷砖类产品加工和铺贴类厂家。因此，产品展的观众端更多的是设计师以及全国各地的瓷砖经销商。当前如福建产区的晋江家博会和江西高安产区的华中建陶精品荟主打的就是产品展。还有近乎同期举办的佛山产区的陶博会以及潭州国际陶瓷与卫浴展览会，都是以产品类为主。后者陶瓷工业展关联的上下游产业链范围更加广泛一些，基本上以陶瓷原辅材料和陶瓷工业设备等环保机械企业为主。如广东佛山潭洲国际陶瓷装备与材料展正逐步向"东方博洛尼亚展"迈进，影响力越来越强。陶瓷工业展不仅仅是与陶瓷相关的企业来参展，上下游企业都会来参加。更重要的是广州陶瓷工业展通过30多年的重点打造，已经成为中国陶瓷工业对外展示的名片，国外采购商利用广交会期间来中国采购已经成为一种习惯，所以广州陶瓷工业展还是许多国内相关陶瓷配套企业的首选展示平台。

如果说一场展会的成功与否是由参展企业数量来决定的，肯定没有信服力，观展观众数量以及现场达成或者有潜在成交意向的指标均达到一定水准，才是一场成功展会的标配。特别是国内市场遭遇紧缩时期，更多的企业将未来几年的重点攻克目标放在了国外市场的开拓。那么，未来相关的展会不仅仅是要整合容纳国内陶瓷产业链上下游段的企业，还需要帮助企业打通国际通道，吸引更多专业的国外观众来观展。

2023 年 5 月 11 日

2024年陶瓷展会需要考虑的几个问题

关于陶瓷展会的相关话题，目前在行业内看来依旧是比较敏感的话题。特别是疫情放开之后，各类陶瓷行业产区活动以及相关产品展会等也陆续开展。对于2024年来说，陶瓷行业展会又有一些新的变化，相信大家之前都已经看到了相关单位的新闻。陶瓷展会有大有小，有产区性质的地方展会，如福建、江西、河北等陶瓷产区，通过长期持久的举办，目前都已经具有一定的知名度。当然，也有国际水准的知名工业展如在广州举办的陶瓷工业展，以及佛山举办佛山潭州陶瓷展。而据相关消息，2024年貌似在广州有两场陶瓷工业展，对于广大的参展企业来说，选择去不去参加或者是选择去参加哪一场都是一个需要思考的问题。

对于一场陶瓷展会，参展企业都是十分认真去对待的。毕竟在当前行情之下，能够拿出真金白银去参展的企业本身也是一种行业实力的展示。企业参展的需求在以往的文章中我们也是讲了许多，但是归根结底就是参展的本身无外乎两方面的需求，期望得到订单以及提高企业的品牌形象。特别是当前行情差，不少小微企业的参展意愿比以往更加地迫切。从今年的相关展会上也能看出一个趋势，那就是陶瓷企业由于自身利润和市场环境不好，大部分参展企业开始缩减摊位面积和部分企业停止参展，当然，也有不少以往很少参展的企业今年反倒是拿到位置较好、较大的位置来参展。市场总是在那里，有好有坏，有进有出才是一个有活力和发展潜力的市场。

打造展会就是打造平台，而平台最重要的就是服务。任何一门生意，一味地利己肯定不能做长久。财聚人散、财散人聚的道理相信大家都懂。因而，办展会既要天时、地利、人和的大环境，还要保持一颗持续服务客户、为客户创造价值和提供更多的发展后服务的心，这就是未来陶瓷展会平台方需要去努力的方向之一。而作为陶瓷配套相关的辅料行业企业来说，多参加展会以及参加各产区的展会，不一定要拿大展位，哪怕只是标间，只要能坚持下去一定会有收获。

2023年11月9日

第十九章 陶瓷行业年会看点与思考

陶瓷行业需要一场什么样的年会活动？

年会活动是陶瓷行业一个绕不过去的话题，以前我很难将年会与经济相关联在一起。

开头说到这里，不禁要问，陶瓷厂家财大气粗办一场像模像样的盛大年会活动，在以往看来是再平常不过的事情了，但是再看看今年的情况，似乎还是感觉到了一些市场的冷淡。整个行业下滑 20％左右，不仅仅是陶瓷厂家，与之配套的如色釉料、机械五金、包装等方面都受到一定的波及。以往来看，色釉料行业的几家有实力的大企业每年也都会举办一场有一定规模的年会活动，今年各家的情况还是差异挺大的。

说到这里，还是要表一个态。无论企业的经营情况如何，年会还是不能省。当然，也有不少企业是将年会定在年后开工的时候。不管怎么说，企业有大有小，生意有好有差，可这个年终的"饭局"倒是有点像年终奖金，你可以少，但是你不能没有。因为这也是一顿人情饭，更是一个企业的交情饭。一个企业的文化建设和团队精神的建立，往往都是在一些重大节日和关键时刻体现出来。所以，在这里笔者依旧建议各位企业负责人，年会还是要开。

既然要办年会，该怎么办？办什么样的规模和形式还是有讲究的。像传统的媒体行业的年会基本上就是颁个奖，发块牌子，舍得投入的像《陶瓷信息报》那样请个国家级的大师人物过来讲讲经济形势什么的，那都算大手笔了。另外，从企业方面来看，大的陶瓷厂家和上市色釉料企业在公司年会上还是认真对待的，不仅仅员工自己出节目，也会请一些专业的娱乐公司或者专业的策划公司来操作公司的年会活动。再到中小微企业，抽个奖，发个荣誉证书等形式都是大同小异，这里主要还是围绕着企业员工来说，基本上就是与众人同乐，皆大欢喜。

总的来说，如果说单个企业是"小家"，那么所属行业可以谓之"大家"。就拿陶瓷色釉料行业来说，单就佛山本地区的色釉料及原辅材料企业加起来估计上千家都是有可能的,特别是与原辅材料相关的包装等陶瓷厂家配套的企业。如果能够将陶瓷色釉料及原辅料行业的这个广大群体组织起来,每年年底的时候按照取之于民、用之于民的理念,轰轰烈烈地办一场自己所属行业的年会活动,那将是一件心向往之的公益事业。

2021 年 1 月 28 日

第十九章　陶瓷行业年会看点与思考

2022 年放假前陶瓷人还要做的三件大事

　　今年的春节在 1 月份，所以过完国庆之后的陶瓷人大有快要放年假的感觉。不少中小微的配套原料企业可以选择躺平，但是对于品牌企业还有一些大中型陶瓷企业来说，能够按时发放工资也成了一项任务和社会责任。特别是 9 月份之后的陶瓷市场行情惨淡，可以从佛山南庄等各地的瓷砖卖场感受到丝丝凉意。不仅仅是卖特价瓷砖，就连一二线城市的品牌店都开始卖不动砖了。上游的原材料供应商更是观望谨慎入市，抛釉之类的企业基本上是新客户不接单了。种种迹象表明，今年的冬天比往年应该会更"冷"。纵然是行情差，层层压价控制成本，不少原料价格甚至无利可图，但是依旧有厂家在打价格战，抢客户，丝毫不在意收款问题。有时候，争未必是好事，不争也可能就是在争。

　　再回头来看看陶瓷人年底前还必须去完成的三件大事。排在第一位的依旧是跟钱款相关的催收货款。相信今年的收款比以往更加艰难，因为源头的房地产行业的几十亿坏账搁在陶瓷行业，最终还是要有人来买单的。至于说最终会摊派到谁的头上，那就根据各自的客户和压款金额等各方面情况来定了，总之做多与少其实还是自己决定的。第二件事情就是参加一些协会的年会或者陶瓷厂家的供应商大会。每年年底都是各种年会活动集中举办时段，但是今年冬季据传新冠病毒的变异毒株增强了传染力，所以今年的各种年会活动或许都会提前进行，或者是延期到年后。第三件事情应该就是人员招聘与设备检修了。越是行情差的时候反而是人员流动频繁的时期，企业降本增效手段之一就是裁员高管控制薪酬成本，其次是挖掘创新人才，提高企业竞争力。另外，设备检修工作都是年底必做的事情。

　　总的来说，非常时期都是非常规做法，就像行情差时许多企业在裁员的同时，不少企业又在招人，要知道企业之间的竞争归根到底还是人才的竞争。产品与市场销售策略等都是具体的措施，但是最终还是要回归到人的身上。无论是企业自身培养或者是花钱外聘，寻找陶瓷企业合适的人才与发掘陶瓷行业新方向的人才，决定了未来陶瓷行业的发展前景和方向。

2021 年 1 月 21 日

2024年陶瓷行业年会能否玩出新花样？

临近年底不少行业都在开始筹备各自的年会活动了，疫情放开之后的第一年，不少以往想办没有办，准备办没有办成的活动都可以在这个时间段开始计划了。今年房地产行业的不景气连带着整个陶瓷行业，都笼罩在一片看不到希望的悲观气氛之中，特别是7月份之后停窑声不断，倒闭企业增加，只要是跟恒大、碧桂园、融创等几家大的房地产合作的陶瓷企业，或多或少都存在着一定的财务风险。还有不少二三线的企业销售情况堪忧的，能否坚持到年底目前未知，一旦停窑之后明年能否正常如期地重新点火依旧是个未知数。当然，也有一些逆势增长的企业，毕竟是少数。作为陶瓷行业的配套附属行业，每年举办一场行业活动还是十分有必要的。

消费减负不等同于消费降级，就像不少企业负责人说今年行情是从业20年以来最差的一年。不少企业今年都在缩减开支，可花可不花的钱一律不花，可去可不去的展会一律不去，可赞助不想赞助的活动一律不赞助，不出席。甚至说，今年企业人员之间的走动都少了，因为没有业务啊，或者是行情太惨淡没有什么好去交流的。因此，不少企业把展会的最后两天当成了行业交流的最佳场所。因此，大家并不是不想交流，而是缺乏一个交流的时间与平台。而作为行业年会活动之一，以往都是讲讲PPT或者是发发奖，然后大家吃顿饭就完事。所以说，如何去定位这个年会的性质很关键。

作为陶瓷配套的色釉料及原辅材料行业的企业，行业年会应该更加倾向于作为一个交流的平台。通过邀请一些行业的权威专家来解读一些行业发展趋势，以及行业龙头及技术新创企业来分享一些行业前沿技术及工艺，其次才是给对行业发展有贡献的企业适当颁发一些奖项。当然，如果能够有一些艺术娱乐节目汇演那就是锦上添花了。包括一些会员企业自荐的节目等，花小钱，办大事，大家乐应该是年会的最终目的所在。

2023年11月23日

陶瓷行业年底的几场活动还能开吗?

当前的行业形势让不少人看到了即将过冬的寒流，正如古人所云不破不立，事物的发展总是向前的，不遵循规律发展的必然是要受到自然惩罚的。所以，接下来的行业洗牌是必然的，倒闭的发生也是正常的，应该理性地去看待和积极地面对接下来更加严峻的形势。

进入 11 月份后，行业不少原本计划或者正在计划中的项目因为疫情而暂停。比如佛山陶博会在原本延期一次之后一切就绪，但是因为疫情的严峻而再次延期。还有行业协会的年会活动等，以及原本计划月底进行的一些陶瓷行业活动也不得不再次按下暂停键。如中国建筑卫生陶瓷协会原本计划 3 号在南昌举行的年会活动延期，《陶瓷信息报》的高安站活动延期，佛山市陶瓷学会的年会活动也刚刚宣布了延期举办等。相信在本轮疫情没有得到有效控制之前，各地的聚集性活动多少都会受之影响。当然，因为今年的特殊与行业形势的多变，大家还是希望有更多的机会去现场交流，希望本轮疫情能够尽快得到遏制和有效控制。

总体而言，疫情后期陶瓷行业受到的影响不仅仅是原料大涨成本不可控，市场萎缩叠加出口严峻，人工成本的逐年上涨以及环保政策的不断升级，未来存量企业还会经过多轮的市场洗牌和行业内部洗牌。对于陶瓷行业年底各种类别的年会活动而言，笔者觉得十分有必要，而且针对性的专属行业交流性质的互动研讨会更容易吸引相关配套企业来参加。年会活动不应该仅仅是作报告、颁发奖牌和吃吃饭，而更应是行业内企业相互之间的交流平台。

2021 年 11 月 11 日

07
环保政策与创新

第七部分主要讲环保政策与行业创新的话题。其中第二十章主要从环保政策的角度，结合当前行业情况来分析未来行业的发展趋势与企业今后需要去做哪些事情，特别是碳交易以及"双碳"政策等对于行业今后的影响等。第二十一章主要讲产业升级与技术创新方向的话题，包括对于陶瓷煤转气实施后的影响以及当前陶瓷行业新工艺、新材料研究方向的分析。

第二十章　环保政策与新能源

陶业环保整顿，窑炉停产与陶瓷涨价可否同行？

前几日，笔者在陶瓷朋友圈中见有陶友发出："停窑通知：陶瓷涨价要来了！"并被不少陶瓷行业内媒体朋友多次转发，其内容提到：由于肇庆市政府出台严厉治污措施，要求肇庆市所有环保不达标的陶企限产50%，并进行环保整顿，7月份环保验收合格后可以重开。肇庆产区作为拥有50家陶瓷企业、200多条生产线的广东最大瓷砖生产基地，在此次环保整顿中被限产50%，整改不达标将被关停。先不说其他地区如何，至少笔者去年在肇庆的四会待过一年，所在的工业园区之前是电镀工业园，后因环保整治而被规划为陶瓷颜料生产工业园，如今看来，当初被游说重金投入的陶瓷"香饽饽"，如今也面临关停走人的窘境。

据知情人士透露说，早在年前，肇庆市政府就曾组织企业召开过会议，要求企业按照要求升级改造，但当时并未提及"关停"，也没有出台相关文件。直至今年4月，肇庆市空气质量综合治理领导小组发出通知，从4月15日起全市陶瓷企业不能稳定达标排放的要限产50%。肇庆市白土镇、禄步镇、金利镇、四会市等地陶瓷企业先后接到相关文件，开始着手停窑整改，目前肇庆市环保未达标陶企均已限产，停窑已达半数。

笔者在想，肇庆地区的陶瓷厂基本上都是煤转气，先不说煤转气的转化效率如何，以及是否环保，社科院的专家已经说了中国的雾霾天气与使用煤为主要原料有很大的关系。陶瓷行业从烧重油到烧煤气，再到烧天然气，成本是否增加真是"如人饮水冷暖自知"。反正不管你信不信，笔者每次走广三高速去往肇庆的路上，一过芦苞特大桥就见到青山绿水，以及特有的一年四季白雾茫茫。

如果说按照2015年即将执行的国家新环保法的规定以及现阶段正在实施的整顿，陶企各方面的成本即将提高，单脱硫、脱硝方面，价格上涨10%~20%。虽然政府要求陶企在停窑期间进行整改，7月底验收达标后可恢复生产。但亦有人指出，根据现阶段下达的环保标准，在氮氧化合物、粉尘等排放的要求上，整改后能达标的陶企基本为零。只有排放治理而没有技术改进也是很难达标的，环保不能理解成某一个环节的节能减排，只有在治污的同时进行能源的高效利用、新工艺、新技术的研发，以及新能源的开发才能从根本上解决环保问题。

  环保问题之所以引起大家的关注，其本质是当前的环境污染已经到了不得不治的地步，以及当前人们生活水平的提高，对更高生活质量的追求。环保治理也不能一刀切，如果说因为环保整治而导致成本增加，进而通过涨价的方式将企业的"压力"转变为"消费者"的压力，其行为是"不道德"的。当前环保技术以及环保问题的出现可以说是中国企业在环保问题上的历史欠债，只是说到了时下不得不偿还历史欠债，否则留给我们子孙后代的青山绿水、蓝天白云不知从何说起了。

  当前国家宏观经济增长动力欠缺，房地产也正在经历着2008年式的转折点上，这次国家"救不救市"我们拭目以待，房地产这个被国家宠坏的"孩子"迟早会弄出点"事儿"来，与房地产紧密相连的陶瓷行业也是"唇亡齿寒"，不得不尽快做好打算，至于说有陶瓷企业借着环保整顿停产之际，想着涨价的法子，笔者看来还是早早打消念头，如今市场竞争水深火热的，人家江西、四川等产区不断降低价格抢占市场，更有因全抛釉和喷墨打印出现成本下降，面对以农村市场为主的中部和西部陶瓷产区不断下降价格，此时想涨价，奉劝陶友们还是端正思想，脚踏实地地去做些实事，搞点创新，切实降低成本的同时又能兼顾环保达标才是上策。

2021年1月28日

陶瓷窑炉预热利用需谨慎

最近一股冷空气的到来，才让暖冬的南方有了点冬天的味道。笔者赶紧收拾衣柜，准备好过冬的衣服，把一些夏天的衣服整理好，能穿的摆放整齐，不能穿和不想穿的衣服赶紧打包扔掉，一来可以腾出位置，摆放其他东西，二来可以方便知晓自己哪些衣服还能穿，不够的趁着有时间赶紧"备货"。说到这里，不得不说一下陶瓷行业的年底备货现象，今年的停窑风潮早就在7月底吹过一阵子，但是到了10月份仿佛市场一下子又活跃了起来，一些新投建的窑炉点火试产，一些已经停下来的生产线又开始重新点火。

当然，还有一些熄火的陶瓷厂家没有继续点这延续之火。特别是前段时间微信中盛传的窑炉预热改造之争，以笔者看来，连续式生产窑炉的预热改造本身就是一个伪命题。为什么要这样说呢？首先来看，连续式生产窑炉热量利用的本身就是一个恒温的保温过程，在加热瓷砖和窑炉体的本身是消耗掉大部分的热量，而自身自然的热量损耗也是应该有公式可以计算的，笔者虽然不是学窑炉热工的，但是有一个道理笔者还是知道的，就是去年过年的时候，笔者回湖北老家过年，一天我老爸兴奋地告诉我说买了一个节能煲汤锅，说是只用平常一般的煤气就能煲好汤，平时你用煤气烧30分钟，你用这个节能锅烧10分钟就熄火，半小时后汤锅的汤就好了。笔者仔细看，这个所谓的节能锅的锅底与平常的锅相比较，多了一块厚重的铁块，"节能锅"之所以能烧10分钟后就熄火是因为先烧热了锅底的铁块，熄火之后铁块慢慢散去的热量可以加热锅底，起到煲汤保温的作用，卖锅的为了宣传当然是这样用数据化的对比方式讲给老人家听。试想一下，我们煲汤之前，先要加热锅体和里面的汤料，假如没有铁块的时候可能只要5000焦耳的热量，当你在锅底加了一块厚铁上去，不说别的，你这火力先要把这个铁块加热吧，那你觉得同一条件下，锅底加个铁块难道消耗的热能跟没有铁块的一样？笔者以为，这个确实需要好好计算和演示一番才能得出准确的答案，但是，不难看出的是，加热同等温度的时候，有铁块的锅底肯定消耗的热量大过没有铁块的锅底。

如此看来，连续式生产的窑炉的确有一些预热是可以利用起来的，但是过多地抽取预热是利用的本身也会加快窑炉体的热量损失，在保温的生产过程中，窑炉高温区的热量本身是由窑头的抽烟机倒抽进行热量的传递，进而起到预热的作用，试想过多地抽取窑炉预热去利用，最终肯定会由增加油枪的喷油量来贴补热量的损失。以笔者看来，进行过预热改造的陶瓷厂家不妨做个对比试验，把之前同样产量的产品放在同一生产线上进行改造前后的用油量对比，估计其中还是有很多技术上的问题可以探讨的。如同陶瓷行业年底一股脑地改生产线之风，看到别的厂家全抛釉改成仿古砖生产线，陶瓷展也是说明年仿古砖流行，一些陶瓷企业就坐不住了，赶紧追风上马改造窑炉生产线，殊不知人家改生产线不仅仅是做砖的问题，而是一个系统的问题，至少人家可能是仿古砖市场有单，或者自己的仿古砖有特色必能驰骋陶海。总的来说，陶瓷行业已经进入了智能时代，数字化的解决方案的陶瓷应用意味着精细化的生产模式将代替传统的规模化，如果还以传统的思维模式去做陶瓷，估计明年说多了都是泪。

2019 年 12 月 28 日

"碳达峰"与"碳中和"为何利好持证陶瓷企业长久发展

在开篇之前,咱们还是先来复习一下什么是"碳达峰"与"碳中和",毕竟不是环保圈中人的外人,对于这一环保政策多少还是有点疏于了解。碳达峰与碳中和的目的与意义都是限制碳排放量。碳达峰是指二氧化碳的排放达到峰值,不再增长并逐步回落。碳中和是在一定时期内,通过植树造林、节能减排等形式,抵消自身产生的二氧化碳排放,实现二氧化碳的"零排放"。

那么,再来看看我们的国策是什么?2020年9月,在第七十五届联合国大会一般性辩论上,我国首次提出要在2030年前实现碳达峰,2060年前实现碳中和的目标,并随后在多次重大工作会议中,提到碳达峰和碳中和目标。这是国家在环保政策上对于国际社会的一个承诺。

就"碳中和"的长远目标来看,对于国内的陶瓷行业来说还有近40年的缓冲期。2030年前碳达峰,预示着未来几年内,对于以燃煤和燃油等为主要燃料的行业受影响较大,其中对于总体碳排放目标的制定,对于区域内新增碳排放企业进一步的收紧,对于无牌无证企业的查处工作将会越来越严。对于各地工业园区的陶瓷企业来说,排放政策的逐步收紧也意味着未来一段时间环保设备等的投入也会增加。当然,通过这一系列的政策规范,未来只有有核心创新力的企业才能更持久地发展壮大下去,行业洗牌后的市场环境也会更加个性专一化,以及以服务为向导的高附加值的产业服务化。

2021年7月8日

陶瓷行业纳入碳交易后的成本或许再增加

"双碳"在未来一段时间必将是生产型企业必须重点关注的一件事情，截至今年6月30日，广州碳交所累计成交配额2.07亿吨，占全国总量27.7%；总成交金额达50.92亿元，占全国总量22.62%；成交量和成交金额均居全国首位。以广东碳市场为例，在碳市场控排企业2019年和2013年企业边界一致的前提下，碳交易的电力、水泥、钢铁、石化控排企业排放量实现了绝对量减排，减排幅度达12.3%。下一步，广东计划将陶瓷、纺织、数据中心等行业纳入广东省碳排放权交易体系，进一步收紧控排企业免费配额的比例，上调新建项目购买有偿配额比例，有效控制控排行业的排放总量。也就是说，未来在广东建厂的要求和成本会进一步地提高门槛，而且现有的陶瓷行业碳指标很有可能会重新分配，这有利于本来就处在缩量洗牌的陶瓷行业加速淘汰落后产能，并让现有大型优势陶企进一步做大做强。

碳交易是温室气体排放权交易的统称，在《京都议定书》要求减排的6种温室气体中，二氧化碳为最大宗，因此，温室气体排放权交易以每吨二氧化碳当量为计算单位。在排放总量控制的前提下，包括二氧化碳在内的温室气体排放权成为一种稀缺资源，从而具备了商品属性。《京都议定书》把市场机制作为解决以二氧化碳为代表的温室气体减排问题的新路径，即把二氧化碳排放权作为一种商品，从而形成了二氧化碳排放权的交易，简称"碳交易"。2021年6月底前将上线的全国碳排放权交易市场，主要包括两个部分：交易中心将落地上海，碳配额登记系统设在湖北武汉。2021年，生态环境部等多部委于6月25日宣布全国碳交易市场开启。从上述新闻可以看出，未来两年内广东乃至全国范围内的陶瓷行业被纳入碳交易系统是大概率事件。

陶瓷行业纳入碳交易系统之后，由于原先的免费分配的碳指标会重新进行二次分配，而且各省对于陶瓷产业的支持力度也是存在差异化的，比如类似江西高安和广西藤县等新兴产区的总体碳指标的分配总额，是否能够满足未来一段时间内的企业扩张需要等。另外，随着纳入碳交易系统行业的增加，碳交易必将激活和流转市场化，当前的碳单价与国外差价较大，进一步刺激碳单价的助长推高，因此，未来碳单价上涨对于陶瓷成本的增加是显而易见的。

2022年8月11日

锂电是风口，低碳将是陶瓷新的增长点

2022年的锂电之热从相关的含锂材料价格创出新高可以看到，未来一段时间之内新能源汽车将是代替传统石化能源汽车的一大趋势。电动车的普及带动了对镍资源的需求，而近日在俄乌冲突以及青山/LME事件下，镍更成为市场热点。相关机构分析认为，镍价在短期内仍会受到非基本面因素影响而较为波动，但长期来看，预计未来五年新的镍资源上线偏少，加上高镍三元锂电池在能量密度和续航能力的优势下带动需求，镍资源的供需或将于2024年前后出现缺口，因此镍价未来还存在较大的上涨动力。而再来看新能源相关的产业，包括锂电相关的机械设备也是陶瓷相关机械设备厂家转向的重点领域。

陶瓷行业除了产品本身的创新之外，机械设备厂商更是陶瓷行业创新的领头行业。据笔者所知道的，包括之前的陶瓷行业墨水研磨的主要设备砂磨机行业，也是在近年全力投入到锂电材料的加工研磨设备的体系研发。而与陶瓷相关的窑炉等设备企业，主要在锂矿煅烧窑炉以及锂电材料的搅拌环节等，开始涉足锂电相关机械产品。除此以外，与低碳以及"双碳"相关的，包括陶瓷厂太阳能光伏发电项目，生产车间智能化和原料回收等涉及的设备方面的信息量非常大。因此，作为陶瓷相关的机械设备与环保设备等制造商，未来几年在低碳和"双碳"相关的陶瓷设备领域还是大有可为。

总的来说，新能源锂电方面与陶瓷的结合未来还是有许多可以去拓展的地方，包括锂电材料的加工环节深入以及锂电相关设备的拓展。而作为低碳和"双碳"相关的一些领域，未来存活下来的陶瓷企业，必然还将在机械设备和数字智能化以及走绿色建材光伏发电等领域有很大的潜在增长点。不一定是机械设备厂家存在机遇，对于陶瓷领域以及跨行业的一些数字智能应用等领域，还是存在更多的机会来改变未来陶瓷的生产与行业的二次塑造。

2022年12月8日

2023年陶瓷转烧锂只会"死路"一条

随着新冠疫情结束,大家都在盼着陶瓷行业复苏,以及年后订单会较之往年好转一些,但是现实情况是严峻与残酷的。即使相关报道接近七成以上的产区陶瓷企业已经相继点火,但是陶瓷色釉料行业的企业大部分还似乎在观望,个别企业点火1条窑炉,还有一些企业员工尚未到齐。另外,还有企业直接告诉业务人员2月份先不要跑市场和接单,等到月底情况明朗一些再做打算。不少企业负责人对于今年的色釉料市场非常不看好,似乎去年应该爆雷的陶瓷企业还没有引爆,所以对于往年信誉不好的陶瓷厂家几乎都不愿意去压款送货。如果釉料企业相对情况稍好一点的话,对于传统的色料企业来说,陶瓷墨水基本不会去考虑,岩板黑以及中低档黑色市场至去年第四季度遭遇断崖式减少之后,留给传统色料行业企业可以选择的道路越来越窄。

去年,市场传出部分色料企业也开始像高安陶瓷厂家一样转烧锂云母。因为之前有传温州企业主在高安按照每年2000万元1条陶瓷厂窑炉的价格,承包了10条陶瓷生产线赚翻了。当前,高安市场之所以锂矿加工生意这么红火的因素之一,就是新能源市场火爆对碳酸锂需求大,大企业像宁德时代之类的新项目基本要到2023年中才能陆续投产,再加上碳酸锂价格从2020年的每吨10万多元涨价至2022年高峰期超过每吨58万元。正是由于暴涨的碳酸锂价格和需求短缺给高安的陶瓷企业转烧锂云母提供了市场。目前,碳酸锂价格约为每吨45万元,而将锂云母加工为碳酸锂,其成本约为40万元,包括锂云母采购成本约30万元,能耗及人工成本约10万元。如果碳酸锂价格每吨跌破40万元,而锂云母价格没下跌,加工企业将无利可图。

由此可见,市场热炒的新能源锂相关的投资也是在大手笔进行中,包括陶瓷行业内相关企业也开始转向碳酸锂相关的设备和产业园。强强联合之下,中小微的陶瓷厂或者部分色料企业单纯通过煅烧锂云母等加工企业,在未来1~2年内必将无单可接,随着这些资本市场大企业的项目投产和产能释放以及相关产业聚集化,还在幻想中投资新建窑炉来煅烧锂云母赚取加工费的企业基本是无路可走。

2023年2月16日

第二十一章　产业转型与技术升级

传统陶瓷色釉料企业转型与出路

2023年已经接近尾声，国内陶瓷行业正面临着一系列的困难，其中房地产市场的波动对色釉料行业产生了直接而深远的影响。过去，陶瓷行业与房地产的紧密联系一直是不可忽视的现象。然而，随着房地产市场的不稳定，陶瓷行业在色釉料企业上下游供需关系方面也出现了变化。这一困境使得陶瓷企业不得不面对更加激烈的市场竞争和生存压力，传统色料企业中已有的选择退出，还有的选择往涂料等其他需要用颜料的行业转型，另外一些企业利用现有设备改做硅酸锆等。

尽管面临巨大的挑战，但色釉料行业近些年来在技术创新方面取得了显著的进展。首先，新型环保叠加功能属性釉料的研发逐渐成为行业的热点。色料墨水化和釉料的喷墨化在未来是一个趋势。其次，纳米技术在色釉料制备中的应用也为产业带来了全新的可能性。通过纳米技术的运用，色釉料的颜色、饱和度等特性得以实现更为精细的调控，为产品设计提供了更大的创意空间。此外，喷墨数字化技术的普及也使得类似精雕墨水等产品应用的瓷砖大板产品的设计和生产更加精准高效。

对于未来缩量市场的国内陶瓷行业来说，陶瓷行业的发展将继续受到多方面因素的驱动。第一，智能制造将成为陶瓷生产的关键发展方向之一。通过引入人工智能、大数据等技术，陶瓷生产线将变得更加自动化和智能化，提高生产效率的同时也降低成本。第二，定制化和个性化需求的增加将推动陶瓷产品的设计和生产向更为多样化的方向发展。色釉料作为陶瓷产品的重要组成部分，将需要更灵活的配方和制备工艺来满足市场的多样需求。第三，可持续发展将贯穿陶瓷行业的整个发展过程。从原材料选择到生产工艺，陶瓷企业将更加注重生产的环保性，以适应社会对于可持续性发展的迫切需求。

总的来说，我国陶瓷色釉料行业正经历着百年之大变局转型期，虽然面临着房地产市场波动等多重压力,但技术创新为行业带来了新的机遇。未来,通过智能制造、个性化定制和可持续发展等方面的努力,色釉料行业肯定迎来洗牌重塑周期和产业融合发展。未来,国内色釉料企业,包含陶瓷墨水企业等,不会超过100家,传统的色料企业不会超过20家,陶瓷墨水企业不会超过7家。

2023 年 12 月 21 日

"煤改气"倒逼企业降本提质

本期的话题虽然跟近期的"煤改气"有点搭边,但是我们只讨论后"天然气"时代企业该如何生存下去的话题。随着国家经济的发展、国力的提高以及对环保问题的重视,尤其是对日益严重的工业化污染的担忧,使得天然气的利用成为必然。天然气作为一种优质、高效、清洁的气体燃料已经被广泛使用,采用天然气取代煤炭作为燃料可以大大减轻对环境的污染。而且就色料行业来说,不少企业在几年前就已经在使用天然气作为燃料了。

按照专业人士的分析,改烧天然气后的成本增加是必然的,但是通过升级窑炉节能设备和扣除煤转气设备维护等综合费用,陶瓷生产企业在使用燃料上的"煤改气",可以通过对用能工艺和设备改革,达到较大的节能效果和降低燃料成本。此外,"煤改气"后由于不使用燃煤,消除了烟气中 SO_2 的排放和燃烧过程粉尘的排放,减轻了企业环保设备的负担,也减少了操作人员费用和生产管理费用。而且厂区内取消了燃煤堆放仓储、煤气站、煤渣堆放场地,大大减少了陶瓷企业的用地面积。总的来看,"煤转气"后的燃料成本费用会增加 40%~50%。

不可否认的是,本轮的"煤转气"肯定会淘汰一部分生产工艺落后的陶瓷厂家,即使没有"煤改气"这道坎,在今年这种行情下不少以出口为主的企业也面临倒闭的风险。在今天看来,国内制造业的进入门槛将会逐步提高,特别是生产中存在污染排放的企业,因为环保政策出台以及环保设备改造等都会迫使企业提高生产技术和投入更多的经费去改进生产工艺和配方。单就色料行业来说,行业会更加集中和专业,不大不小的企业要么被收购,要么会被市场所淘汰掉,而且小微企业的生存空间也更加艰难。

在当下这个时段,笔者以为"煤转气"对于陶瓷行业来说未必是件"坏事"。正如不少成功人士的成功许多时候都是被逼出来的,大的方面比如咱们的北斗导航系统,小的方面比如国产的喷墨打印机和陶瓷压机,哪一件不是自己逼自己做出来的?回到文章的整体上,企业的核心竞争力是"质"与"量"。什么是品质?不是简单地把一块砖仿造出来。色料行业的"质"就是稳定,而陶瓷厂家的"质"又是什么呢?单独来说"量"的话,很难去说通这个量到底是理解成"多"了还是怎么样?任何一件产品除了要有"质"的保障之外,还要有一定的市场销量,不是简单地说做得越多就越成功。

总的来讲,现在再来探讨是否支持"煤转气"已经没有任何意义,当下企业首先要关注的是改烧天然气后的成本控制,以及天然气设备和窑炉改造节能等,其次是提升自己产品的"质",再来保障如何才能做出"量"。

2020 年 8 月 27 日

陶瓷技术创新的未来方向在哪里？

陶瓷行业在进入到数字化喷墨打印布料以及使用清洁能源之后，不知道还属不属于"三高"行业，至少在近些年我们所看到的包括一些绿色建材和数字化车间等机器人广泛应用等，对于传统陶瓷行业的产品以及工厂环境的改观还是很明显的。科学技术是第一生产力，国内陶瓷在不断地产品轮换升级以及窑炉等机械设备创新迭代之后，除了砖的硬度不断提高，以及生产和设计更加数字化之外，变化和升级最多的应该还是机械设备板块。"绿色环保节能"一直以来与以"高污染、高能耗、高耗水"为代名词的建陶行业搭不上关系。但数字化、智能化、绿色化的时代新趋势，毫无疑问成为陶瓷企业顺应历史发展潮流的战略选择。传统陶瓷行业在转型的道路上必将是痛苦和纠结的过程。

单从陶瓷行业的创新方向上来看，机械设备始终是在第一梯队里面。有了设备之后才会有相应的终端产品出现，比如大尺寸规格的陶瓷岩板产品，除了需要相对应的压机设备之外，烧成环节的窑炉以及配套的棍棒，还有喷墨机等机械设备的配合下形成的系统。从一个创新产品的身上看到的将是整个配套的产业链的发展方向和趋势。包括岩板相关的加工延伸到后期的设备和跨行业设备的应用。那么，未来陶瓷的升级也就基本上围绕着机械设备的升级改造来进行。按照一个产品基本上5～6年的火热期来看，未来单个产品流行的时间还会进一步地缩减。因此，在没有新的人才和新的材料引入和跨界应用支撑下，下一次的陶瓷科技创新革命越发显得更加艰难。

通过以往的发展经验来看，产品技术的创新通常都是在某一个产品开始市场泛滥之后进行的。而且越是市场萧条和行情环境非常差的时候，越发地需要创新来寻找新的行业经济增长点。包括当前的岩板和数码釉料等数码磨具的现实窘境，也是反映出市场终端对于这类产品的喜爱程度。为什么目前750mm×1500mm这种规格的产品深受市场终端的喜爱，而且大有一窝蜂短时间内造成生产厂家聚集践踏行情的隐患存在？这时大家需要去关注终端市场客户群体对于设计风格的喜爱与线下装修应用的市场需求、诉求。

2022年6月9日

未来陶瓷行业会不会转烧"电"?

人生最重要的不是赚钱,而是选择和谁在一起。与谁为伍决定了你的人生,不管是选择工作,还是事业合作伙伴都决定你一生的命运。许多事情在我们当下觉得不可能发生的情况下,随着时间的推进而逐步地实现。当我们把时间节点倒退到2010年之前,陶瓷喷墨打印技术刚刚在国内出现,陶瓷墨水以及墨水相关的砂磨机技术还处于保密状态的时候,大部分陶瓷人对于传统的半人工机械化的陶瓷行业,幻想着如果实现了全数字智能化的生产线,还是一件遥不可及的事情。因此,当国外陶瓷先进产区都没有完全实现喷墨化的背景下,国内陶瓷行业的喷墨打印数字化进程在当时并不被看好,大部分人士预估的要实现国内陶瓷喷墨打印数字化至少需要5~6年的时间。但事实就是在2010年国产陶瓷墨水实现规模化量产之后,再到2014年之后两家上市企业以及一众国产中小陶瓷墨水企业,全面推进加快了陶瓷喷墨数字化和国产化的普及。

当前的国际油价高企,国内企业用气包括运输行业对于油价高企反应直接,而且虽然天然气属于清洁能源但属于不可再生资源,对于环保和能耗方面的要求在当前看来还能接受,但是气价波动以及遇到冬季优先保障民生行业,对于陶企的生产也是存在很多不确定性。另外,陶瓷总产能和需求已经开始进入下行通道。2019年开始进入100亿平方米,2022年预期国内建筑陶瓷产量还将下行进入80亿平方米是极有可能的。房地产的饱和对于瓷砖需求的持续减少,未来陶瓷需要向专精特方向转型,个性化以及定制化的转型对于陶瓷生产逐步转变到降低零库存,精细化定制化生产,不再盲目追求产量、规模优势。那么,第四次的陶瓷技术升级很有可能是从燃料窑炉开始,让瓷砖烧电是极有可能实现的。

正如当前大家都倾向于购买新能源汽车一般,历史发展趋势和国家政策的导向为新能源汽车的普及化再次提速,如果再联想到当今的油价高企,新能源相关的产业也会成为未来一段时间的投资热点。对于陶瓷来说,岩板热度潮在本轮洗牌重塑行业次序之后,陶瓷的升级或许很有可能从制造环节的绿色能源进行,包括当前不少陶瓷厂房开始铺设光伏发电设备,未来生产车间的窑炉改为使用电能是很有可能去实现和普及的。

2022年7月21日

陶瓷材料行业内卷下的转型之路

创新的本身需要投入大量的人力与物力，特别是需要一定的时间成本和长期投入。陶瓷行业的研发部门一直都是企业比较看重的部门，特别是一些大型陶企有专门设置项目申报的部门，主要的工作就是做高新项目申报和专利的申请。除了可以提高企业的知名度和荣誉感，更能申请到政府部门的许多优惠政策。作为传统的色釉料企业在项目申报等方面，更多只是为了挂上一块高新企业的牌匾。因而，行业不少企业打着创新的名号其实更多是为了一些证书和挂牌争取政府的优惠政策。所有的创新本身是企业有利润的支撑，但是目前整个行业，乃至各个细分领域由于市场紧缩导致出现企业大面积亏损。面对当前的创新窘境，一面是企业面需要节流开源，降本增效，另一面是创新无力，转型无门躺平或者是最后的冲刺。

以往来看，陶瓷原材料市场中间商或者渠道商是有存在空间和市场的，信息的不透明和行业高速发展期的卖方市场保证了可观的利润空间。特别是在信息不通畅和不透明的时代，信息时间差就是金钱。那么，到了今天整个市场都在紧缩，生产厂家库存积压，需求方出于成本控制尽可能地压低价格，互联网信息实时传递，导致最终的货物源头以及低价在渠道和客户那里近乎是同时获取的。所以，未来一段时间，整个市场经济形势不太好，厂家面临去库存直接对接客户降价到底。渠道商为保客户延长账期，降低利润，爆雷风险直线上升。陶瓷产业链的上游和下游企业都不好过的艰难日子才刚刚开始，而且未来很长一段时间内都需要去面对。

阿里巴巴的使命是"让天下没有难做的生意"，愿景是"创造一种新的商业文明，让数以亿计的小微企业通过互联网受益"。可以说，互联网是一把双刃剑。它让我们可以更加便捷、快速、低成本地获取自己想要的信息和资讯。但是，同时也让会打压生态链的中下端弱势群体和抵消一部分有创新意愿的中小微企业创新动力。如果拿来更加方便，谁还会想着去搞科研和投入无底洞般的创新呢？贸易企业终究是没有定价权和议价权，因此，做实体经济和投入研发与创新，做专做精做特做强是企业长远发展的必由之路。

2023 年 5 月 4 日

术业有专攻之"小巨人"陶瓷企业成长之路

  近日大家都被"在小小的花园里面挖呀挖呀挖"这首歌给洗脑了吧，甚至还出现了很多衍生版本，已经开始人传人地流行了。特别是歌词中的"在小小的花园里面挖呀挖，种小小的种子，开小小的花"，除了歌词朗朗上口之外，笔者以为，在小小的花园里种小小的种子开小小的花，在大大的花园里种大大的种子开大大的花，看似表现了付出与收获是成正比的，但其实更突出了因地制宜，结合自身的情况去选择合适的发展道路才能够收获成功。特别是在当前的全球经济增长放缓、国内经济欠缺后劲的时候，选择好自己要种什么样的种子是非常关键的。以往我们企业喊口号的时候总是把做大做强作为标杆，但是在市场紧缩周期，企业做精做专做特，首先要能活下来才是首要任务。

  凡是国家鼓励的事情，企业一定要去参与。特别是近年工业和信息化部对中小企业科技创新的扶持政策一定要去了解。目前工业和信息化部对于企业的评价方面，主要基于第一个维度为科技型中小企业，第二个维度为专精特新中小企业，第三个维度为专精特新"小巨人"。其中，专精特新企业补贴金额在20万~30万元，专精特新"小巨人"企业补贴在50万~100万元。科技型中小企业也好，专精特新中小企业也好，都是由省级工业和信息化部门来评定的。专精特新"小巨人"企业是专注于细分市场、创新能力强、市场占有率高、掌握关键核心技术、质量效益优的排头兵企业。专精特新"小巨人"是在专精特新企业里进一步开展的对重点领域、主导产品应优先聚焦制造业短板弱项企业的小巨人项目的认定。今年年初的时候，工业和信息化部印发通知，组织开展第五批专精特新"小巨人"企业培育工作。工业和信息化部此前数据显示，目前我国已培育8997家专精特新"小巨人"企业、848家制造业单项冠军企业。

  对于陶瓷行业来说，特别是上下游中的色釉料原辅材料和机械设备制造企业，不少企业是符合和具备专精特新"小巨人"企业认定资质的。因而，陶瓷企业对于在"自己的花园里面，种什么样的种子，开什么样的花"应当要有一个系统性的前瞻认识和规划。陶瓷产业整体进入收缩周期，企业选择好自己的赛道和做好专一产品也显得更加重要。

2023年6月1日

新工艺、新材料与 2023 年陶瓷企业的创新方向

广州陶瓷工业展是我国陶瓷行业的一次重要盛会，展示了各种创新的工艺技术和新材料。作为我国陶瓷行业的重要展览之一，吸引了众多国内外企业和专业人士。在这个展会上，各种先进的工艺技术和新材料展示了我国陶瓷行业的创新能力和潜力。数字化技术在陶瓷行业的应用越来越广泛，从产品设计到生产制造都得到了优化和改进。通过使用计算机辅助设计软件和先进的生产设备，陶瓷企业能够更高效地实现产品创新和定制化生产。3D 打印技术为陶瓷制造带来了全新的可能性。利用 3D 打印技术，可以实现复杂形状和结构的陶瓷制品的快速生产，同时减少成本及浪费。在陶瓷制造过程中，绿色环保技术的应用越来越受到关注。例如，采用低碳和环保的能源供应，减少废气和废水的排放，以及推广可再生材料的使用等。这些技术的应用不仅符合环保要求，还能提升产品的市场竞争力。

新材料的应用方面，新型釉料的研发和应用为陶瓷产品增添了更多的色彩和纹理效果。例如，通过添加金属氧化物或贵金属颗粒等材料，可以实现陶瓷釉面的金属质感和光泽。高性能陶瓷材料具有优异的物理、化学和机械性能，能够应对特殊的应用需求。例如，耐磨陶瓷材料可应用于磨料、矿山和化工等行业，具有优异的耐磨和耐腐蚀性能。

从我国陶瓷企业的创新方向上看，随着环保意识的提高，消费者对环境友好的产品越来越重视。国内陶瓷色釉料企业应致力于开发环保型的色釉料，减少对环境的污染和危害，并满足市场需求。强化色釉料的稳定性和可控性——色釉料的稳定性和可控性对产品的色彩效果至关重要。陶瓷色釉料企业应不断改进配方和工艺，提高色釉料的稳定性和可控性，以确保产品色彩的一致性和品质的稳定。结合数字化技术的创新，数字化技术为陶瓷色釉料企业带来了新的机遇。利用数字化技术，可以实现色釉料配方的优化和精确控制，提高生产效率和产品质量，并满足个性化定制的需求。

2023 年 7 月 20 日

后 记

我们这一代人非常有幸见证了中国建筑卫生陶瓷行业的高速发展黄金时期，我国不少知名陶企以及相关的机械设备企业都是在这段时间快速成长起来的，特别是陶瓷色釉料行业内的两家上市企业，国瓷康立泰、道氏技术都是借助陶瓷数字化喷墨打印技术普及国产化时期来完成融资，壮大自己的。而疫情之后的未来5年必将是陶瓷行业的大变局之年，产业升级与产品创新的基础是人才，未来陶企之间的终极竞争也必将是资本与人才的竞争。

作为笔者陶业三部曲之一的《陶论——新时代中国建陶大变局》这本书的核心，主要讲的是陶瓷企业如何转型升级与提升竞争力。陶瓷企业的管理者在企业发展规划中应从以下四个方面去提升和研究：一是对企业的长远规划与对行业发展趋势的研判，无论从投资还是产品定位等，必须要贴合行业的发展趋势与市场潮流；二是对于企业管理的方法论和人才的培养，企业组织框架的设计以及搭建，需要掌握几套成熟的管理工具和结合企业特点的改进；三是认清品牌价值与市场推广的重要性，塑造品牌与打造企业的软实力，通过热点事件及潮流app等将推广落地和有针对性地覆盖，找对自己的产品赛道；四是重视环保政策与持续性的产品创新，环保的重要性不言而喻，特别是生产型企业，环保政策在某些时候其实是门槛保护，可以有效地隔绝大部分无实力的行业搅局者。产品持续性的创新是企业的核心竞争力，一定要重视起来和落实落地看结果。

本书能够顺利出版，非常感谢中国建材工业出版社王萌萌编辑多年来的关注与鼓励，并且协助我完成了整本书的规划与定位。同时，也非常感谢《陶城报》《佛山陶瓷》《陶瓷信息报》等行业媒体平台给予我开设专栏撰稿的机会。

最后，非常庆幸我们所处的美好时代，可以让我实现自己多年前的梦想以创作作品。希望在不久的将来，大家能够见到我的陶业三部曲中的第二部《蜕变》和第三部《寻迹》的出版。同时，也非常感激带我入行的师傅以及一路上关照和帮助过我的朋友，感谢你们一路的支持与厚爱。

并以此献给可爱的奇奇和乔乔！

著者
2024年1月